배경지식이
문해력이다

6단계

초등 6학년 ~ 중학 1학년 권장

교과서를 혼자 읽지 못하는 우리 아이?
평생을 살아가는 힘, '문해력'을 키워 주세요!

'배경지식이 문해력이다'

배경지식 학습으로 문해력 키우기

1
교과서 개념 학습의 배경지식이 되는 내용으로 문해력을 키울 수 있습니다.

어려운 뜻의 개념어를 학습자의 눈높이에 맞게 이해하기 쉽게 풀어서 설명하였습니다.

2
학년별&교과별 성취 수준에 맞는 개념어로 구성하였습니다.

각 학년 주요 교과인 국어, 수학, 사회, 과학 교과서의 학습 기준이 되는 성취 기준을 바탕으로 한 개념어 학습이 가능합니다.

3
하나의 개념어를 중심으로 개념을 확장하며 학습할 수 있습니다.

개념어 중심의 학습 내용에서 한 발짝 더 나아간 개념 설명을 제시하여 배경지식을 폭넓게 확장할 수 있습니다.

4
학습 내용을 시각화한 마인드맵과 확인 문제를 통해 배경지식을 체계적으로 익힐 수 있습니다.

개념어와 관련된 학습 내용을 간단한 구조의 마인드맵으로 구성하였습니다.
여러 가지 유형의 확인 문제로 배경지식을 제대로 학습하였는지 확인할 수 있습니다.

5
학습 내용과 함께 인성 동화를 제시하여 인성적인 측면을 강조하였습니다.

9가지 인성 덕목인 효, 예절, 정직, 책임, 존중, 배려, 협동, 소통, 용기를 주제로 한 동화를 구성하여 인성 발달에 도움이 되도록 하였습니다.

EBS 〈당신의 문해력〉 교재 시리즈는 약속합니다.

교과서를 잘 읽고 더 나아가 많은 책과 온갖 글을 읽는 능력을 갖출 수 있도록
문해력을 이루는 **핵심 분야별, 학습 단계별** 교재를 준비하였습니다.
한 권 **5회×4주 학습**으로
아이의 공부하는 힘, 평생을 살아가는 힘을 EBS와 함께 키울 수 있습니다.

어휘가 문해력이다

어휘 실력이 교과서를 읽고 이해할 수 있는지를 결정하는 척도입니다.
〈어휘가 문해력이다〉는 교과서 진도를 나가기 전에 꼭 예습해야 하는 교재입니다.
20일이면 한 학기 교과서 필수 어휘를 완성할 수 있습니다.
국어, 수학, 사회, 과학 교과서 수록 필수 어휘들을 교과서 진도에 맞춰
날짜별, 과목별로 공부하세요.

쓰기가 문해력이다

쓰기는 자기 생각을 표현하는 미래 역량입니다.
서술형, 논술형 평가의 비중은 점점 커지고 있습니다.
객관식과 단답형만으로는 아이들의 생각과 미래를 살펴볼 수 없기 때문입니다.
막막한 쓰기 공부. 이제 단어와 문장부터 하나씩 써 보며 차근차근 학습하는
〈쓰기가 문해력이다〉와 함께 쓰기 지구력을 키워 보세요.

ERI 독해가 문해력이다

독해를 잘하려면 체계적이고 객관적인 단계별 공부가 필수입니다.
기계적으로 읽고 문제만 푸는 독해 학습은 체격만 키우고 체력은 미달인 아이를 만듭니다.
〈ERI 독해가 문해력이다〉는 특허받은 독해 지수 산출 프로그램을 적용하여 글의 난이도를
체계화하였습니다.
단어 · 문장 · 배경지식 수준에 따라 설계된 단계별 독해 학습을 시작하세요.

배경지식이 문해력이다

배경지식은 문해력의 중요한 뿌리입니다.
하루 두 장, 교과서의 핵심 개념을 글과 재미있는 삽화로 익히고 한눈에 정리할 수 있습니다.
시간이 부족하여 다양한 책을 읽지 못하더라도 교과서의 중요 지식만큼은 놓치지 않도록
〈배경지식이 문해력이다〉로 학습하세요.

디지털독해가 문해력이다

디지털독해력은 다양한 디지털 매체 속 정보를 읽어내는 힘입니다.
아이들이 접하는 디지털 매체는 매일 수많은 정보를 만들어 내기 때문에
디지털 매체의 정보를 판단하는 문해력은 현대 사회의 필수 능력입니다.
〈디지털독해가 문해력이다〉로 교과서 내용을 중심으로 디지털 매체 속 정보를 확인하고
다양한 과제를 해결해 보세요.

교재의 구성과 특징

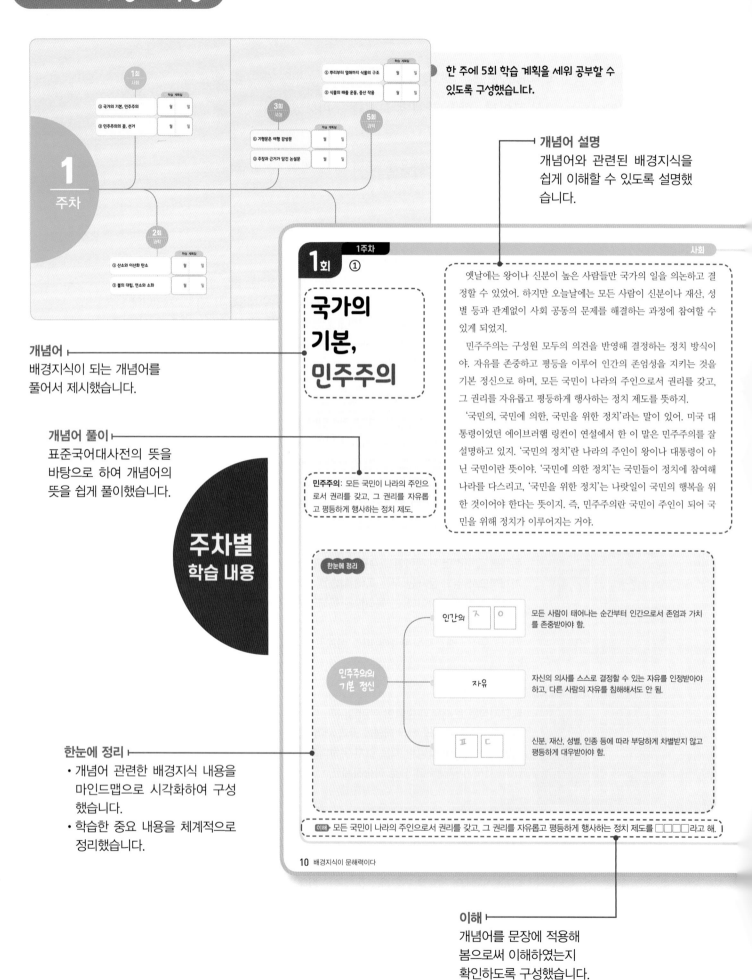

한 주에 5회 학습 계획을 세워 공부할 수 있도록 구성했습니다.

개념어 설명
개념어와 관련된 배경지식을 쉽게 이해할 수 있도록 설명했습니다.

개념어
배경지식이 되는 개념어를 풀어서 제시했습니다.

개념어 풀이
표준국어대사전의 뜻을 바탕으로 하여 개념어의 뜻을 쉽게 풀이했습니다.

주차별 학습 내용

1주차

1회 ①

사회

국가의 기본, 민주주의

민주주의: 모든 국민이 나라의 주인으로서 권리를 갖고, 그 권리를 자유롭고 평등하게 행사하는 정치 제도.

옛날에는 왕이나 신분이 높은 사람들만 국가의 일을 의논하고 결정할 수 있었어. 하지만 오늘날에는 모든 사람이 신분이나 재산, 성별 등과 관계없이 사회 공동의 문제를 해결하는 과정에 참여할 수 있게 되었지.

민주주의는 구성원 모두의 의견을 반영해 결정하는 정치 방식이야. 자유를 존중하고 평등을 이루어 인간의 존엄성을 지키는 것을 기본 정신으로 하며, 모든 국민이 나라의 주인으로서 권리를 갖고, 그 권리를 자유롭고 평등하게 행사하는 정치 제도를 뜻하지.

'국민의, 국민에 의한, 국민을 위한 정치'라는 말이 있어. 미국 대통령이었던 에이브러햄 링컨이 연설에서 한 이 말은 민주주의를 잘 설명하고 있지. '국민의 정치'란 나라의 주인이 왕이나 대통령이 아닌 국민이란 뜻이야. '국민에 의한 정치'는 국민들이 정치에 참여해 나라를 다스리고, '국민을 위한 정치'는 나랏일이 국민의 행복을 위한 것이어야 한다는 뜻이지. 즉, 민주주의란 국민이 주인이 되어 국민을 위해 정치가 이루어지는 거야.

한눈에 정리

민주주의의 기본 정신

인간의 [ㅈ][ㅇ]
모든 사람이 태어나는 순간부터 인간으로서 존엄과 가치를 존중받아야 함.

자유
자신의 의사를 스스로 결정할 수 있는 자유를 인정받아야 하고, 다른 사람의 자유를 침해해서도 안 됨.

[ㅍ][ㄷ]
신분, 재산, 성별, 인종 등에 따라 부당하게 차별받지 않고 평등하게 대우받아야 함.

한눈에 정리
• 개념어 관련한 배경지식 내용을 마인드맵으로 시각화하여 구성했습니다.
• 학습한 중요 내용을 체계적으로 정리했습니다.

이해 모든 국민이 나라의 주인으로서 권리를 갖고, 그 권리를 자유롭고 평등하게 행사하는 정치 제도를 □□□□라고 해.

이해
개념어를 문장에 적용해 봄으로써 이해하였는지 확인하도록 구성했습니다.

개념어 학습
개념어 학습과 보충 학습으로 배경지식을
확장할 수 있게 구성했습니다.

문제
간단한 유형의 학습 내용
관련 문제를 제시했습니다.

▶ 정답과 해설 3쪽

민주주의의 바탕을 이루는 기본 정신

민주주의
국민이 권력을 가지고 그 권력을 스스로 행사하는 제도
로 자유롭고 평등하게 정치 문제를 해결해 가는 정치 방
식을 말해.

인간의 존엄
국민은 누구나 인간으로서 존엄을 지키며 행복하게 살아
갈 권리가 있어. 인간의 존엄은 모든 인간이 태어날 때부
터 지니고 있는 존엄한 가치를 인정하는 것으로 민주주의
의 바탕을 이루는 세 가지 정신 중에서 가장 기본이 되는
정신이야.

자유
남에게 얽매이거나 간섭받지 않고 자신의 바람과 의지에
따라 결정하고 행동하는 것을 말해. 하지만 지나치게 나의
자유만 내세우다 보면 자칫 다른 사람에게 피해를 줄 수도
있어서 자유에는 반드시 책임과 의무가 따른다는 것을 알
아야 해.

평등
모든 사람이 사회적 지위나 신분, 성별, 종교 등을 이유
로 차별받지 않고 동등하게 대우받을 권리를 말해. 그중
가장 중요한 것은 자신이 원하는 일을 할 수 있는 기회를
갖는 것이지.

민주주의를 실천하는 바람직한 태도

관용, 비판적 태도, 양보와 타협, 실천 등이 있어.

일상에서 부딪히는 다양한 문제와 갈등을 해결하려면
대화와 토론을 바탕으로 나와 다른 의견을 인정하고 포용
하는 관용, 사실이나 의견의 옳고 그름을 따져 살펴보는
태도인 비판적 태도, 상대방에게 어떤 일을 배려하고 서
로 협의하는 양보와 타협의 자세가 필요해. 또 함께 결정
한 일은 따르고 실천하는 것도 중요하지.

◉ 민주주의에 대한 설명에 ○표를 하세요.

> 모든 사람이 재산을 공동 소유하여
> 빈부의 차를 없애려는 사회 제도

> 자유를 존중하고 평등을 이루어 인
> 간의 존엄성을 지키는 것이 기본이
> 되는 정치 사상

◉ 에이브러햄 링컨이 말한 민주주의에 대한 설
명을 알맞게 선으로 이어 보세요.

국민의 정치	•	•	나라의 주인은 국민이다.
국민에 의한 정치	•	•	나랏일이 국민 의 행복을 위한 것이어야 한다.
국민을 위한 정치	•	•	국민들이 정치 에 참여해 나라 를 다스린다.

◉ 다음 설명에 알맞은 말을 쓰세요.

> 민주주의 바탕을 이루는 기본 정신 중에서 이
> 것은 남에게 얽매이거나 간섭받지 않고 자신의
> 바람과 의지에 [   ]
> 한다.

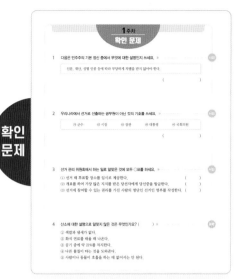

1주차 확인 문제

1 다음은 민주주의 기본 정신 중에서 무엇에 대한 설명인지 쓰세요.

> 신분, 재산, 성별, 인종 등에 따라 부당하게 차별을 받지 않아야 한다.

(   )

2 우리나라에서 선거로 선출하는 공무원이 아닌 것의 기호를 쓰세요.

| ㉠ 군수 | ㉡ 시장 | ㉢ 장관 | ㉣ 대통령 | ㉤ 국회의원 |

(   )

3 선거 관리 위원회에서 하는 일로 알맞은 것에 모두 ○표를 하세요.

(1) 선거 때 투표할 장소를 임시로 제공한다. (   )
(2) 개표를 하여 가장 많은 지지를 받은 당선자에게 당선증을 발급한다. (   )
(3) 선거에 참여할 수 있는 권리를 가진 사람의 명단인 선거인 명부를 작성한다. (   )

4 산소에 대한 설명으로 알맞지 않은 것은 무엇인가요? (   )
① 색깔과 냄새가 없다.
② 화재 연료를 태울 때 나온다.
③ 공기 중에 약 21%를 차지한다.
④ 다른 물질이 타는 것을 도와준다.
⑤ 사람이나 동물이 호흡을 하는 데 쓰여서는 안 된다.

확인 문제

▶ 한 주 동안 학습한 내용을 다양한 문제
유형으로 확인할 수 있도록 구성했습니다.

1주차 정리 학습

사회 국가의 권력, 민주주의

모든 국민이 나라의 주인으로서 권리를 갖고, 그 권리를 자유롭고 평등하게 행사하는 정치 제도를 [   ]
라고 해요.

[   ]민주주의의
기본 정신

사회 민주주의의 꽃, 선거

민주주의 국가에서 [   ]는 국민들이 정치에 참여하는 가장 기본적인 방법이에요.

보통 선거   민주주의의
기본 정신   [   ] 선거

[   ] 선거   [   ] 선거

정리 학습

▶ 한 주의 학습 내용을 빈칸 학습을 통해
정리할 수 있도록 구성했습니다.

인성 동화

갱년기 아빠와 사춘기 딸

아빠랑 얘기가 안 통해요

영서가 집에 들어갔을 때 아빠는 식탁에서 식사를 하고 계셨어요. 아빠의
시선이 핀트로 빠른 영서의 입술로 향하더니 얼굴을 찡그리셨요.
"그게 뭐냐? 뻘에 입술을 바르고, 너무 빠른 거 아냐?"
아빠가 퉁명스럽게 말씀하셨요.
"우리 반 애들 다 발라요. 왜 저만 갖고 그러세요?"
영서가 볼멘소리로 대꾸하자 아빠의 옆에 앉아 있던 엄마가
아빠의 팔꿈치를 톡 쳤어요.
"영서야, 일른 손 씻고 와서 밥 먹어라."
엄마가 부드러운 목소리로 영서를 불렀어요.
"밥 생각 없어요."
영서는 아빠에게 짜소리를 들으며...

밤 벽을 생각을 하니 짜라라 굴는 게 낫겠다는 생각이 들었어요. 스마트폰을
보고 있는데 영서의 방문이 벌컥 열렸어요. 아빠였지요.
"아니, 방에 노크도 없이 들어오시면 어떡해요?"
"아니, 방에 노크? 어서 나와서 밥 먹어."
"싫어요, 저 다이어트 중이에요."
영서는 편지 아빠가 미워서 딱딱한 소리를 냈어요.
"뭐, 다이어트? 밥도 안 먹는 소리 말고, 얼른 나와서 밥 먹어! 아빠는 세상
에서 밥 굶는다는 소리가 제일 싫다. 성장기에 무슨 밥을 굶어."
아빠가 굵은 목소리로 언성을 높였어서 영서는 더 토라져서 방 밖으로
한 발자국도 나가고 싶지 않았어요.
'흥, 아빠 정말 갱년기 같아. 딸 맘은
하나도 모르고.'

▶ 9가지 인성 덕목(효, 예절, 정직, 책임,
존중, 배려, 협동, 소통, 용기)을 담아
생활 속 이야기로 구성했습니다.

차례

1회
사회

1주차

① 국가의 기본, 민주주의 | 월 일

② 민주주의의 꽃, 선거 | 월 일

2회
과학

① 산소와 이산화 탄소 | 월 일

② 불의 대립, 연소와 소화 | 월 일

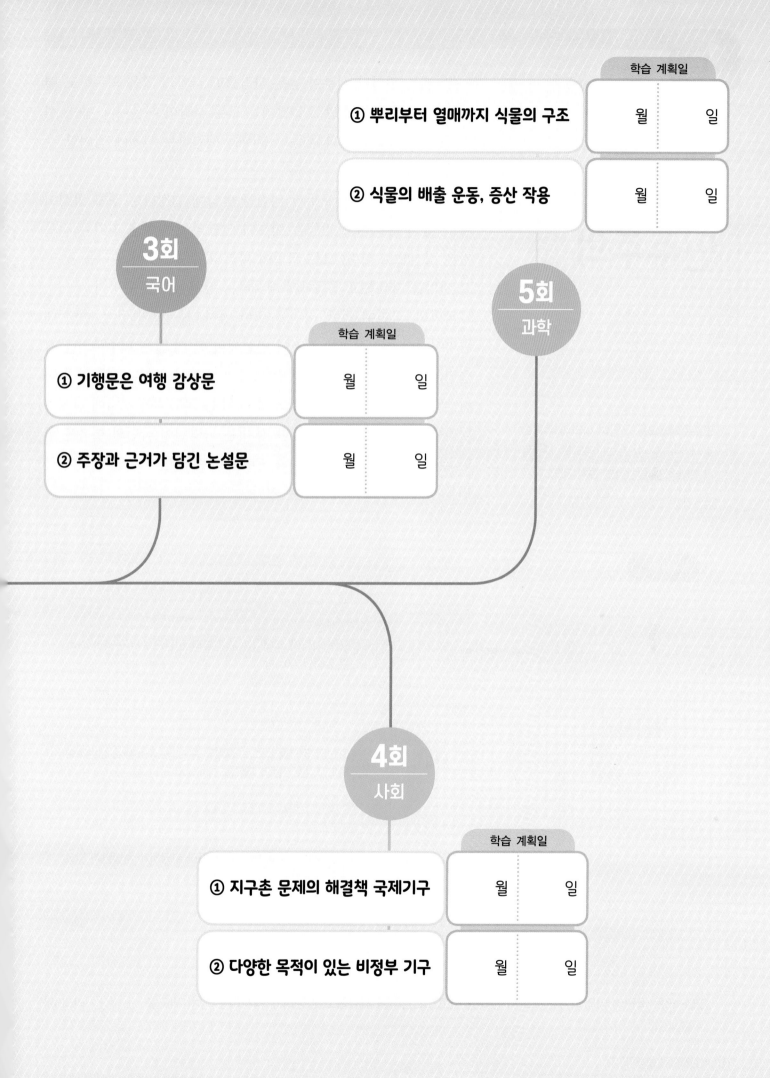

① 뿌리부터 열매까지 식물의 구조

학습 계획일

월　　일

② 식물의 배출 운동, 증산 작용

월　　일

3회
국어

① 기행문은 여행 감상문

학습 계획일

월　　일

② 주장과 근거가 담긴 논설문

월　　일

5회
과학

4회
사회

① 지구촌 문제의 해결책 국제기구

학습 계획일

월　　일

② 다양한 목적이 있는 비정부 기구

월　　일

1회 ①

국가의 기본, 민주주의

민주주의: 모든 국민이 나라의 주인으로서 권리를 갖고, 그 권리를 자유롭고 평등하게 행사하는 정치 제도.

옛날에는 왕이나 신분이 높은 사람들만 국가의 일을 의논하고 결정할 수 있었어. 하지만 오늘날에는 모든 사람이 신분이나 재산, 성별 등과 관계없이 사회 공동의 문제를 해결하는 과정에 참여할 수 있게 되었지.

민주주의는 구성원 모두의 의견을 반영해 결정하는 정치 방식이야. 자유를 존중하고 평등을 이루어 인간의 존엄성을 지키는 것을 기본 정신으로 하며, 모든 국민이 나라의 주인으로서 권리를 갖고, 그 권리를 자유롭고 평등하게 행사하는 정치 제도를 뜻하지.

'국민의, 국민에 의한, 국민을 위한 정치'라는 말이 있어. 미국 대통령이었던 에이브러햄 링컨이 연설에서 한 이 말은 민주주의를 잘 설명하고 있지. '국민의 정치'란 나라의 주인이 왕이나 대통령이 아닌 국민이란 뜻이야. '국민에 의한 정치'는 국민들이 정치에 참여해 나라를 다스리고, '국민을 위한 정치'는 나랏일이 국민의 행복을 위한 것이어야 한다는 뜻이지. 즉, 민주주의란 국민이 주인이 되어 국민을 위해 정치가 이루어지는 거야.

한눈에 정리

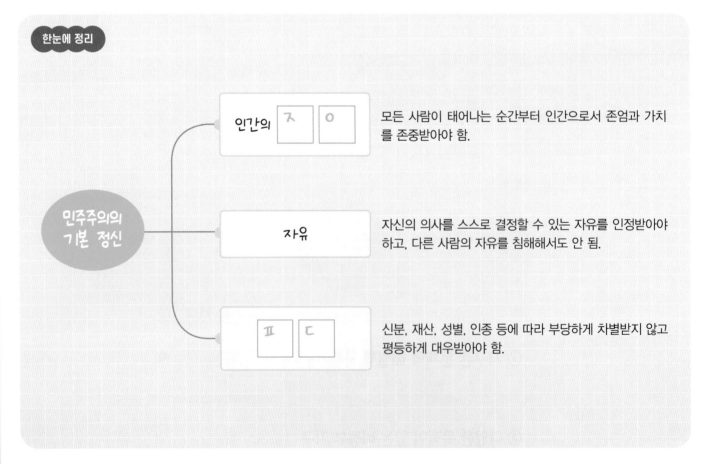

민주주의의 기본 정신

- 인간의 [ㅈ][ㅇ] — 모든 사람이 태어나는 순간부터 인간으로서 존엄과 가치를 존중받아야 함.
- 자유 — 자신의 의사를 스스로 결정할 수 있는 자유를 인정받아야 하고, 다른 사람의 자유를 침해해서도 안 됨.
- [ㅍ][ㄷ] — 신분, 재산, 성별, 인종 등에 따라 부당하게 차별받지 않고 평등하게 대우받아야 함.

이해 ▶ 모든 국민이 나라의 주인으로서 권리를 갖고, 그 권리를 자유롭고 평등하게 행사하는 정치 제도를 □□□□□라고 해.

민주주의의 바탕을 이루는 기본 정신

민주주의

국민이 권력을 가지고 그 권력을 스스로 행사하는 제도로 자유롭고 평등하게 정치 문제를 해결해 가는 정치 방식을 말해.

인간의 존엄

국민은 누구나 인간으로서 존엄을 지키며 행복하게 살아갈 권리가 있어. 인간의 존엄은 모든 인간이 태어날 때부터 지니고 있는 존엄한 가치를 인정하는 것으로 민주주의의 바탕을 이루는 세 가지 정신 중에서 가장 기본이 되는 정신이야.

자유

남에게 얽매이거나 간섭받지 않고 자신의 바람과 의지에 따라 결정하고 행동하는 것을 말해. 하지만 지나치게 나의 자유만 내세우다 보면 자칫 다른 사람에게 피해를 줄 수도 있어서 자유에는 반드시 책임과 의무가 따른다는 것을 알아야 해.

평등

모든 사람이 사회적 지위나 신분, 성별, 종교 등을 이유로 차별받지 않고 동등하게 대우받을 권리를 말해. 그중 가장 중요한 것은 자신이 원하는 일을 할 수 있는 기회를 갖는 것이지.

민주주의를 실천하는 바람직한 태도

관용, 비판적 태도, 양보와 타협, 실천 등이 있어.

일상에서 부딪히는 다양한 문제와 갈등을 해결하려면 대화와 토론을 바탕으로 나와 다른 의견을 인정하고 포용하는 관용, 사실이나 의견의 옳고 그름을 따져 살펴보는 태도인 비판적 태도, 상대방에게 어떤 일을 배려하고 서로 협의하는 양보와 타협의 자세가 필요해. 또 함께 결정한 일은 따르고 실천하는 것도 중요하지.

◉ 민주주의에 대한 설명에 ○표를 하세요.

모든 사람이 재산을 공동 소유하여 빈부의 차를 없애려는 사회 제도

자유를 존중하고 평등을 이루어 인간의 존엄성을 지키는 것이 기본이 되는 정치 사상

◉ 에이브러햄 링컨이 말한 민주주의에 대한 설명을 알맞게 선으로 이어 보세요.

국민의 정치	·	·	나라의 주인은 국민이다.
국민에 의한 정치	·	·	나랏일이 국민의 행복을 위한 것이어야 한다.
국민을 위한 정치	·	·	국민들이 정치에 참여해 나라를 다스린다.

◉ 다음 설명에 알맞은 말을 쓰세요.

민주주의 바탕을 이루는 기본 정신 중에서 이것은 남에게 얽매이거나 간섭받지 않고 자신의 바람과 의지에 따라 결정하고 행동하는 것을 말한다.

1회 ②

민주주의의 꽃, 선거

선거: 선거권을 가진 사람이 공직에 임할 사람을 투표로 뽑는 일.

선거가 왜 필요할까?

오늘날에는 모든 사람이 한자리에 모여 지역의 중요한 일을 결정하기가 어려워. 그래서 자신의 뜻을 전달할 대표자를 뽑아서 그 사람들에게 자신의 생각을 전달하게 하지. 이렇게 국민이 자신들을 대표할 사람을 투표로 직접 뽑는 것을 선거라고 해. 선거는 국민이 정치에 참여하는 가장 기본적인 방법이기 때문에 선거를 민주주의의 꽃이라고 하지. 우리나라에선 대통령, 국회의원, 도지사, 시장, 군수, 구청장, 지방 의회 의원을 선거로 뽑아.

선거를 통해 뽑힌 대표는 국민들의 생활에 큰 영향을 끼치는 중요한 활동을 하게 되므로, 선거는 무엇보다 공정해야 돼. 공정한 선거를 위해서는 네 가지 선거의 기본 원칙인 보통 선거, 평등 선거, 직접 선거, 비밀 선거가 지켜져야 하는데, 선거 관리 위원회에서는 이러한 것들을 관리하지.

한눈에 정리

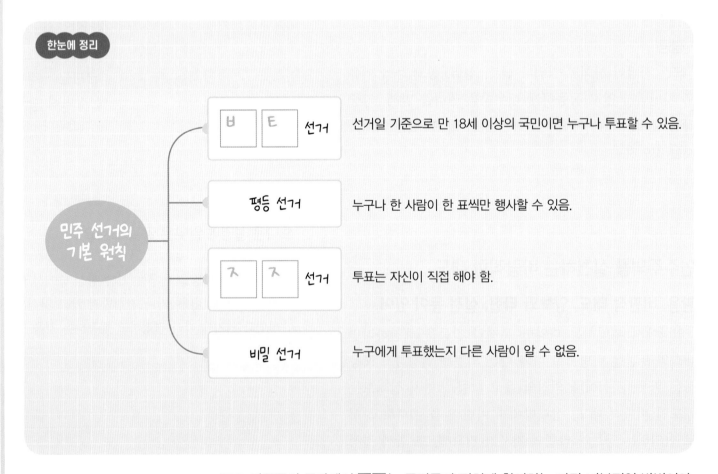

민주 선거의 기본 원칙

- **ㅂ ㅌ 선거** — 선거일 기준으로 만 18세 이상의 국민이면 누구나 투표할 수 있음.
- **평등 선거** — 누구나 한 사람이 한 표씩만 행사할 수 있음.
- **ㅈ ㅈ 선거** — 투표는 자신이 직접 해야 함.
- **비밀 선거** — 누구에게 투표했는지 다른 사람이 알 수 없음.

이해 ▶ 민주주의 국가에서 □□는 국민들이 정치에 참여하는 가장 기본적인 방법이야.

선거권

선거권은 선거에서 투표에 참여할 수 있는 권리를 말해. 이것이 보통 선거 제도야. 보통 선거 제도에 의하면 일정 연령 이상의 모든 국민이 선거에 참여할 수 있어.

피선거권

피선거권은 선거를 통하여 대통령, 국회의원, 국가 기관 또는 지방 자치 단체 기관의 구성원으로 뽑힐 수 있는 자격을 말해. 법이 정한 일정한 결격 사유가 없는 국민이어야 하지.

선거 관리 위원회는 어떤 기관이야?

선거 관리 위원회는 선거와 국민 투표가 공정하게 이루어지도록 부정 선거가 일어나는지 감시해. 선거의 과정은 다음과 같아.

선거인 명부 작성
먼저, 선거에 참여할 수 있는 권리를 가진 사람의 명단인 선거인 명부를 작성해야 해.

후보자 등록 및 선거 운동
대표가 되길 원하는 사람은 선거 관리 위원회에 후보자 등록을 하고, 정해진 기간 동안 유권자들에게 자기를 대표로 뽑아 달라고 지지를 부탁하는 선거 운동을 하지.

투표
유권자들은 선거 운동을 통해 후보자를 살펴보고 자신이 지지하는 후보자에게 지지를 표시하는 투표를 해.

개표 및 당선자 결정, 당선증 발급
개표를 하여 가장 많은 지지를 받은 후보자가 당선자로 결정되고, 당선자는 당선증을 발급 받아 임기를 마칠 때까지 대표로서 일하는 거야.

◉ 알맞은 말에 ○표를 하세요.

(선거 , 회의)는 국민이 자신들을 대표할 사람을 직접 뽑는 활동으로, 민주주의의 꽃이라고 불린다.

◉ 선거의 기본 원칙의 내용에 알맞게 선으로 이어 보세요.

직접 선거	·	·	투표는 자신이 직접 해야 한다.
평등 선거	·	·	누구나 한 사람만이 한 표씩 행사할 수 있다.
비밀 선거	·	·	누구에게 투표했는지 다른 사람이 알 수 없다.

◉ 선거할 때 선거인 명부 작성 과정에서 할 일로 알맞은 것에 ○표를 하세요.

선거에 참여할 수 있는 권리를 가진 사람의 명단을 작성한다. ☐

대표가 되길 원하는 사람은 선거 관리 위원회에 후보자 등록을 한다. ☐

산소와 이산화 탄소

산소: 무색, 무취, 무미의 기체로 지각에서 가장 풍부한 원소.

이산화 탄소: 산소 두 개와 탄소 하나가 결합해 만들어진 화합물로 물질이 탈 때 생기는 색깔이 없는 기체.

우리가 눈으로 볼 수 없지만 우리를 둘러싼 공기는 여러 가지 기체의 혼합물이야. 이 중에서 산소는 공기 중에 약 21%를 차지하고 있어. 산소는 색깔과 냄새가 없는 기체 상태이기 때문에 우리는 감각으로는 느낄 수 없지만 사람을 포함한 동물이 호흡을 하는 데 없어서는 안 되는 중요한 존재이지. 산소는 스스로 타지 않지만 다른 물질이 타는 것을 도와줘. 물질이 탄다는 것은 산소와 결합하는 것이야. 산소가 없다면 어떤 물질도 탈 수 없어.

이산화 탄소는 탄소와 산소의 화합물로, 공기 중에 아주 조금 존재해. 산소와 마찬가지로 색깔과 냄새가 없어. 이산화 탄소는 산소보다 무거워 밑으로 가라앉는 성질이 있어서 불이 났을 때 불이 난 공간을 둘러싸고 산소를 막아 불을 끄는 역할을 하지. 이산화 탄소는 화석 연료를 태울 때에도 주로 나오는데 이는 온실 효과에 가장 큰 영향을 끼쳐. 이산화 탄소의 농도는 점차 증가해서 지구의 온도를 끌어올리고 있고, 결국 지구 온난화가 발생해. 이것이 이산화 탄소를 줄이기 위한 다양한 노력을 해야 하는 이유야.

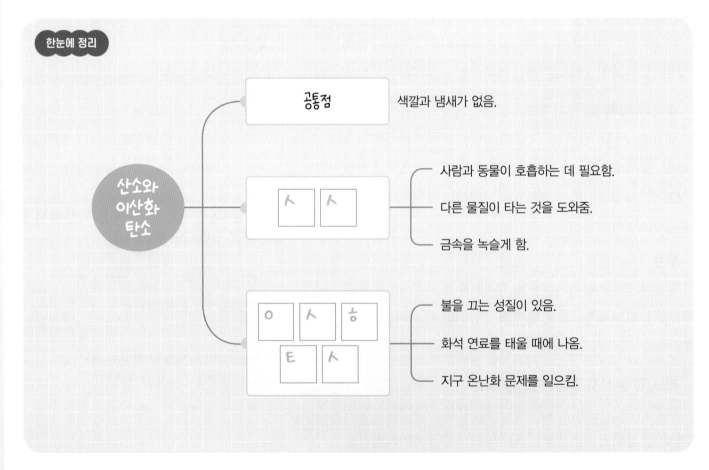

한눈에 정리

산소와 이산화 탄소

공통점 — 색깔과 냄새가 없음.

ㅅ ㅅ
- 사람과 동물이 호흡하는 데 필요함.
- 다른 물질이 타는 것을 도와줌.
- 금속을 녹슬게 함.

ㅇ ㅅ ㅎ
ㅌ ㅅ
- 불을 끄는 성질이 있음.
- 화석 연료를 태울 때에 나옴.
- 지구 온난화 문제를 일으킴.

이해 ▶ □□는 공기 중에 약 21% 정도 존재하고 사람을 포함한 동물이 호흡을 하는 데 없어서는 안 되는 기체야.

산소의 성질과 이용

산소의 성질

산소는 색깔과 냄새가 없고, 스스로 타지 않지만 다른 물질이 타는 것을 도와줘. 그리고 철이나 구리와 같은 금속이 녹슬게 하지.

산소의 이용

산소는 응급 환자의 산소 호흡 장치나 잠수부, 소방관이 사용하는 공기통 등에 이용돼. 또한 금속을 자르거나 붙이는 용접 과정에서 이용되기도 해.

이산화 탄소의 성질과 이용

이산화 탄소의 성질

이산화 탄소는 색깔과 냄새가 없고, 불을 끄고 석회수를 뿌옇게 만드는 성질이 있어.

이산화 탄소의 이용

물질이 타는 것을 막는 성질이 있어 소화기에 이용되거나 드라이 아이스를 만드는 데 이용되기도 하고, 탄산음료의 톡 쏘는 맛을 내는 데 이용되기도 해. 위급할 때 순식간에 부풀어 오르는 자동 팽창식 구명조끼에서도 이용되지.

드라이아이스는 왜 하얀색일까?

대부분의 물질은 기체에서 액체, 액체에서 고체의 과정을 거치는데, 이산화 탄소는 기체 상태에서 고체 상태로 바로 변하기 때문에 압축해서 얼리면 흰색의 고체 드라이아이스가 돼. 얼음은 시간이 지나면 금방 물로 변하지만 드라이아이스는 빨리 녹지 않기 때문에 냉동 식품이나 아이스크림을 포장할 때 이용되지.

◉ 알맞은 말에 ○표를 하세요.

> (산소 , 이산화 탄소)는 색깔과 냄새가 없고 스스로 타지 않지만 다른 물질이 타는 것을 도와준다.

◉ 이산화 탄소의 성질에 모두 ○표를 하세요.

금속을 녹슬게 한다.	
색깔과 냄새가 없다.	
불을 끄는 성질이 있다.	

◉ 산소와 이산화 탄소의 쓰임에 알맞게 선으로 이어 보세요.

산소 •	• 드라이아이스
이산화 탄소 •	• 금속을 자르거나 붙이는 용접 과정

2회 ②

불의 대립,
연소와 소화

연소: 물질이 빛과 열을 내며 타는 현상.
소화: 불을 끄는 것.

연소는 불이 타는 것을, 소화는 불이 꺼지는 것을 말해.

연소는 물질이 산소와 빠르게 반응하여 열과 빛을 내는 현상이야. 연소가 일어나기 위해서는 반드시 다음 세 가지 조건이 모두 갖추어져야 돼.

첫째, 탈 물질이 있어야 해. 아무것도 없는 상태에서 불이 붙을 수 없으니까. 둘째, 산소가 있어야 해. 산소는 다른 물질이 잘 타도록 도와주는 역할을 해. 산소가 없으면 불이 붙지 않아. 셋째, 발화점 이상의 온도가 필요해. 발화점이란 어떤 물질이 불에 직접 닿지 않아도 타기 시작하는 온도를 말해.

그리고 연소를 일으킨 세 가지 조건을 반대로 하면 소화가 돼.

연소는 세 가지 조건을 모두 갖추어야 하지만 소화는 세 가지 요소 중 하나만 없애면 돼.

첫째, 초가 다 타면 꺼지는 것처럼 탈 물질이 없어야 해. 둘째, 산소의 접근을 막아야 해. 마지막으로 발화점 아래로 온도를 낮추어야 해. 물을 부으면 불이 꺼지는 것도 이 때문이야.

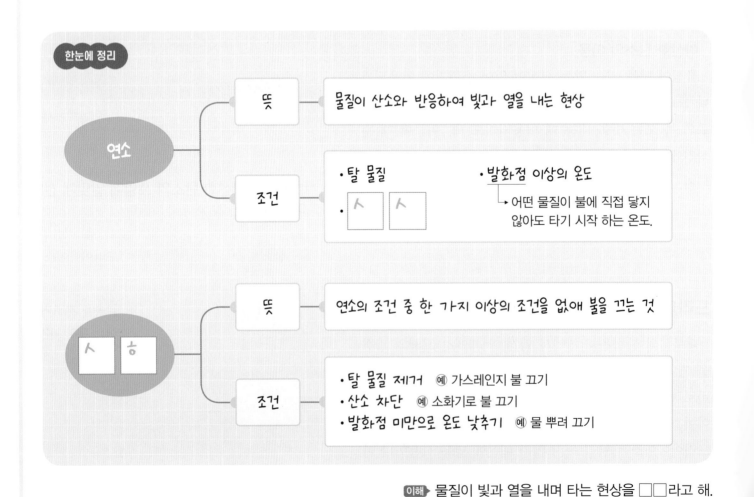

한눈에 정리

연소
- 뜻 ─ 물질이 산소와 반응하여 빛과 열을 내는 현상
- 조건
  - 탈 물질
  - [ㅅ] [ㅅ]
  - 발화점 이상의 온도
    → 어떤 물질이 불에 직접 닿지 않아도 타기 시작 하는 온도.

[ㅅ][ㅎ]
- 뜻 ─ 연소의 조건 중 한 가지 이상의 조건을 없애 불을 끄는 것
- 조건
  - 탈 물질 제거 예) 가스레인지 불 끄기
  - 산소 차단 예) 소화기로 불 끄기
  - 발화점 미만으로 온도 낮추기 예) 물 뿌려 끄기

이해 ▶ 물질이 빛과 열을 내며 타는 현상을 □□라고 해.

소화기

소화기의 종류

소화기는 화재의 초기 단계에서 1차적 화재를 진압할 때 사용할 수 있어.

소화기에 붙어 있는 설명서에 ABC라고 쓰여 있는데 ABC는 화재의 종류야.

A는 종이나 나무 등에 불이 붙는 보통의 화재이고, B는 기름에 의한 화재, C는 전기로 인한 화재이지.

이렇게 화재의 종류가 다르면 사용하는 소화기도 달라야 하는 까닭은 기름에 의한 화재에 물을 뿌리면 불이 더 커지고, 전기에 의한 화재에 물을 사용하면 감전의 위험이 있기 때문이야.

집이나 학교에서 우리가 흔히 볼 수 있는 빨간 소화기는 ABC라고 쓰여 있어. 이것은 A, B, C형 화재에 모두 사용할 수 있는 소화기라는 거야.

◉ 알맞은 말에 ○표를 하세요.

> 불이 타는 세 조건인 탈 물질, 산소, 발화점 이상의 온도 중 한 가지 이상을 제거하면 (연소 , 소화)가 된다.

◉ 소화기 사용법으로 알맞은 것에 ○표를 하세요.

> 소화기의 안전핀을 뽑고 소화기 호스를 빼서 불이 난 쪽으로 향하게 한다. ☐

> 손잡이를 움켜쥐고 바람이 불어오는 쪽을 향하여 한 곳을 집중적으로 뿌려야 한다. ☐

소화기 사용법을 알아볼까?

소화기의 안전핀을 뽑고 소화기 호스를 빼서 불이 난 쪽으로 향하게 해.

손잡이를 움켜쥐고 바람을 등지고 빗자루로 쓸듯이 골고루 뿌려야 해.

◉ 케이크의 촛불을 끄는 원리를 알맞게 선으로 이어 보세요.

· 산소 차단

· 탈 물질 제거

· 발화점 미만으로 온도 낮추기

3회 ①

기행문은 여행 감상문

기행문: 여행하면서 보고, 듣고, 느낀 점을 기록한 글.

여행하면서 보고, 듣고, 느낀 점을 시간적 순서나 장소의 바뀜에 따라 기록한 글을 기행문이라고 해. 다시 말하면 여행을 하면서 새롭게 보고, 듣고, 겪은 사실과 그때 느끼고 생각한 감상을 적은 글을 말하는 거야.

기행문에는 글쓴이의 체험과 느낌이 생생하게 나타나 있어. 새로운 곳을 여행하면서 보고, 듣고, 느낀 점들, 즉 여정, 견문, 감상이 드러나 있어. '여정'은 여행의 과정이나 일정, '견문'은 여행하며 보거나 들은 일, '감상'은 여행하며 든 생각이나 느낌을 말해.

기행문에는 글쓴이가 보거나 들은 것들이 드러나 있지만 글쓴이의 솔직한 마음과 여행지에서 느낀 특별한 감상도 잘 나타나 있어. 그래서 기행문을 읽거나 쓸 때에는 사실 그대로의 내용과 글쓴이의 느낌을 잘 구분해야 해. 그리고 기행문을 읽으면 글쓴이가 보고 들은 것이 실감 나게 나타나 있어서 여행지에 함께 있는 것 같은 느낌을 받기도 하지.

한눈에 정리

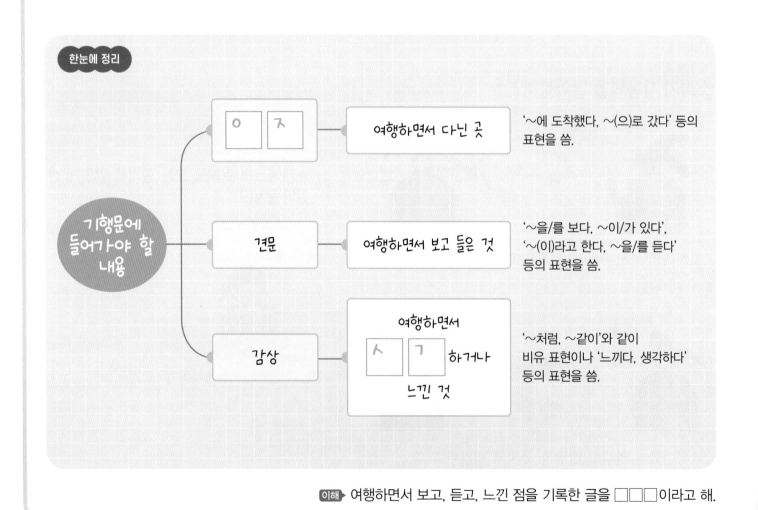

이해 ▶ 여행하면서 보고, 듣고, 느낀 점을 기록한 글을 □□□이라고 해.

기행문의 짜임

처음 부분

먼저 여행을 떠나게 된 동기와 여행에 대한 기대, 출발할 때의 날씨나 기분, 여행지 이름, 함께 가는 사람, 교통편 등을 써야 해.

가운데 부분

출발 전에 조사한 여행지의 자료에서 보거나 읽었던 내용을 직접 본 것에 대한 느낌이나 생각, 그리고 직접 본 것과 읽었던 자료와의 차이점, 여행지에서 보거나 들어 알게 된 여러 가지 정보와 그것에 대한 느낌, 얽힌 이야기 등을 구체적으로 소개하면 돼. 또 여헹지에서 있었던 일, 만났던 사람, 먹었던 음식, 잊을 수 없는 일을 쓰면 좋아.

끝부분

돌아오면서 있었던 일이나 여행을 하고 난 후의 전체적인 느낌, 여행에서 배운 것, 다짐한 것, 앞으로의 계획이나 각오 등으로 마무리하면 돼.

기행문의 형식에는 어떤 것들이 있을까?

일기 형식의 기행문이 있어.

기행문 형식 가운데 자신의 생각이나 느낌을 가장 많이 담을 수 있는 형식이야. 일기가 갖춰야 할 날짜, 날씨, 느낌을 반드시 써넣어야겠지?

편지 형식의 기행문이 있어.

여행을 하면서 편지를 주고받을 대상을 생각하고 쓴 글이야. 여행 자료나 사진을 함께 보내어 받는 사람에게 여행하고 싶은 마음이 들게 한다면 잘 쓴 기행문이 될 수 있어.

안내문 형식의 기행문이 있어.

같은 곳을 여행할 사람들을 생각하며 쓰는 형식이야. 자신이 안내받았던 내용, 여행지의 역사와 찾아가는 방법, 감상하는 방법, 즐기는 방법 등을 자세하게 쓰면 훌륭한 안내문이 될 수 있어.

◉ 기행문에 들어갈 내용을 알맞게 선으로 이어 보세요.

여정	•	•	여행하면서 다닌 곳
견문	•	•	여행하면서 보고 들은 것
감상	•	•	여행하면서 든 생각이나 느낌

◉ 알맞은 말에 ○표를 하세요.

기행문의 가운데 부분에는 여행지에서 있었던 일, 먹었던 음식, 잊을 수 없는 일과 여행에서 (만났던 사람 , 여행을 떠나게 된 동기) 등을 쓰면 좋아.

◉ 일기 형식의 기행문에 대한 설명에 ○표를 하세요.

| 자신의 생각이나 느낌을 가장 많이 담을 수 있는 형식이야. | ☐ |
| 받는 사람에게 여행하고 싶은 마음이 들게 할 수 있는 형식이야. | ☐ |

3회 ②

주장과 근거가 담긴 논설문

논설문: 어떤 문제에 대한 자신의 주장을 논리적으로 내세워 설득하는 글.

　　자신의 주장을 논리적으로 증명하려면 어떻게 해야 할까? 누구나 그렇다고 생각할 수 있도록 믿을 만한 근거를 내세워야겠지? 정확하지 않은 것을 사실인 것처럼 말해서는 안 되고 타당한 주장과 근거를 들어야 해. 이렇게 어떤 문제에 대한 자신의 주장을 논리적으로 내세워 상대방을 설득하는 글을 논설문이라고 해. 논설문의 주장은 글쓴이의 주관적인 주장이므로 자신의 주장이 어떻게 받아들여질 것인가를 살펴보는 것도 필요해. 또 논설문은 주장이 타당해야 하며, 근거가 적절해야 하고 명료한 문장을 사용해야 해. 근거를 뒷받침하는 증거나 자료는 객관적이고 체계적이어야 하지. 그렇지 않으면 자신의 생각이 분명하게 드러나지 않아서 읽은 사람이 글의 핵심을 정확하게 파악하지 못할 수 있어.

　　논설문은 서론, 본론, 결론과 같이 일정한 짜임이 있어야 하고, 그 내용은 처음부터 끝까지 일관성 있게 써야 해.

한눈에 정리

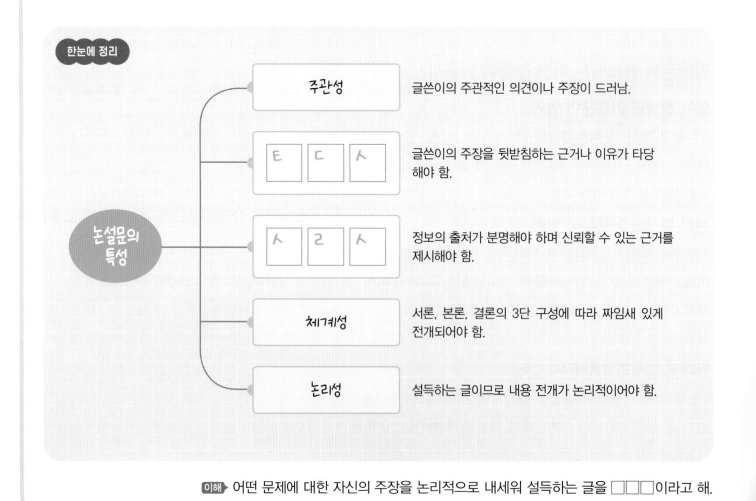

논설문의 특성

주관성	글쓴이의 주관적인 의견이나 주장이 드러남.
E ㄷ ㅅ	글쓴이의 주장을 뒷받침하는 근거나 이유가 타당해야 함.
ㅅ ㄹ ㅅ	정보의 출처가 분명해야 하며 신뢰할 수 있는 근거를 제시해야 함.
체계성	서론, 본론, 결론의 3단 구성에 따라 짜임새 있게 전개되어야 함.
논리성	설득하는 글이므로 내용 전개가 논리적이어야 함.

이해 ▶ 어떤 문제에 대한 자신의 주장을 논리적으로 내세워 설득하는 글을 □□□이라고 해.

논설문 쓰는 방법

서론

문제 상황이나 주장의 동기, 자신의 주장을 쓰고, 호기심을 불러일으키는 내용이나 흥미를 끄는 질문으로 시작해도 좋아.

본론

본론은 서론의 주장을 근거와 함께 이야기하면 돼. 주장을 뒷받침하는 타당한 근거를 구체적이고 사실적인 자료를 활용하여 제시해야 해. 서론이나 결론보다는 내용이 많아야겠지?

결론

결론은 본론에서 펼친 내용을 요약하고 주장을 강조해서 마무리해 주면 돼. 앞에 쓴 내용과 주장이 일치해야 하고, 문장을 간결하게 쓰도록 해야 해. 결론은 전체의 길이에 비해 길면 안 되고, 주장을 실천했을 때 나타날 긍정적인 모습으로 마무리해도 좋아.

주장을 논리적으로 내세우는 방법은?

일반적인 원리에서 구체적 사실을 이끌어 내는 방법이 있어.

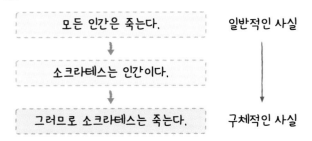

구체적인 사실에서 일반적인 원리를 이끌어 내는 방법이 있어.

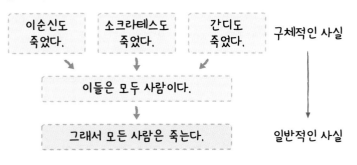

◉ 논설문의 특성으로 알맞은 것에 모두 ○표를 하세요.

| 논리성 | 체계성 | 허구성 | 신뢰성 |

◉ 알맞은 말에 ○표를 하세요.

논설문의 짜임에서 호기심을 불러일으키는 내용이나 흥미를 끄는 질문으로 문제 상황이나 주장을 말하는 단계는 (서론 , 본론)이다.

◉ 논리적으로 증명하는 방법과 그것에 대한 설명을 알맞게 선으로 이어 보세요.

일반적 원리에서 구체적 사실을 이끌어 내는 방법

다양한 경험을 통해 일반적인 결론을 내리는 방법

확실한 사실에서 구체적인 진리를 이끌어 내는 방법

4회 ①

지구촌 문제의 해결책 국제기구

국제기구: 어떤 국제적인 목적이나 활동을 위해서 두 나라 이상의 회원국으로 구성된 조직체.

오늘날에는 국가가 서로 협력할 일도 많아지고 분쟁도 잦아졌어. 그렇기 때문에 다른 나라와 정치, 경제적으로 긴밀한 관계를 맺으면서 이에 따라 나라 사이에서 일어나는 여러 문제를 해결하기 위해 여러 국제기구들이 생겨났지.

국제 연합(UN)은 세계 평화를 위해 노력하는 대표적인 국제기구로, 총 가입국이 193개국이야. 세계 평화를 목적으로 국제적인 갈등을 해결하고, 평화를 위협하는 나라나 단체를 제지하는 일을 하지. 유럽 연합(EU)은 유럽 27개국이 모인 국제기구로, 유로(€)로 화폐 단위를 통일하고, 회원국이 하나의 국가처럼 움직이지. 세계 보건 기구(WHO)는 인류가 건강하게 생활할 수 있도록 도와주지. 건강에 관한 다양한 연구를 하고, 질병을 예방하기 위해 힘써. 또 전염병 등이 발생하면 환자를 치료하고 피해를 최소화하기 위해 노력해. 경제 개발 협력 기구(OECD)는 경제 발전을 위해 만들어진 국제기구야.

한눈에 정리

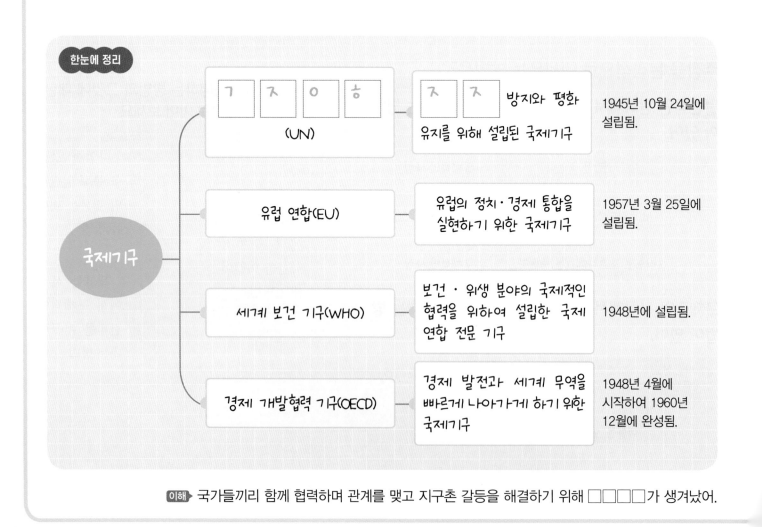

ㄱ ㅈ ㅇ ㅎ (UN)	ㅈ ㅈ 방지와 평화 유지를 위해 설립된 국제기구	1945년 10월 24일에 설립됨.
유럽 연합(EU)	유럽의 정치·경제 통합을 실현하기 위한 국제기구	1957년 3월 25일에 설립됨.
세계 보건 기구(WHO)	보건·위생 분야의 국제적인 협력을 위하여 설립한 국제 연합 전문 기구	1948년에 설립됨.
경제 개발협력 기구(OECD)	경제 발전과 세계 무역을 빠르게 나아가게 하기 위한 국제기구	1948년 4월에 시작하여 1960년 12월에 완성됨.

이해 국가들끼리 함께 협력하며 관계를 맺고 지구촌 갈등을 해결하기 위해 □□□□가 생겨났어.

국제 연합의 관할 안에 있는 기구

국제 통화 기금(IMF)

외화가 세계 각 나라에 원활하고 안정적으로 공급되도록 하고 세계 경제의 발전을 위해 설립된 국제기구야. 국제 통화 기금에 가입한 나라들이 낸 돈을 이용하여 환율을 안정시키고, 경제 위기를 겪는 나라에 자금을 지원하는 일을 하지.

세계 무역 기구 (WTO)

나라끼리 공정한 무역을 할 수 있도록 세계 무역 질서를 바로 세우는 국제기구야. 나라 사이에 무역 분쟁이 일어났을 때 조정하는 역할도 해. 세계 무역 기구에서는 각 나라가 좀 더 쉽게 무역을 할 수 있도록 자유 무역을 방해하는 행위나 제도들을 고쳐 나가고 있어.

국제 원자력 기구(IAEA)

전 세계의 핵에너지가 평화적으로 이용되도록 하기 위해 설립된 국제기구야. 각 나라 간의 과학적·기술적 정보 교류를 활발히 하고, 핵연료가 군사 목적으로 사용되지 않도록 막고 있어. 우리나라는 이 기구에 1957년도에 가입했어.

국제 연합(UN)은 어떻게 만들어진 거야?

1900년대 전후로 영국, 프랑스, 독일 등 서양의 강대국이 전 세계에 서로 더 많은 식민지를 차지하려고 싸우다가 1914년에 제1차 세계 대전이 일어났지. 4년이란 긴 시간 동안 끔찍한 전쟁이 계속되면서 많은 사람들이 죽었어. 1919년에 전쟁이 끝났을 때 여러 나라 지도자들은 전쟁을 막기 위해 '국제 연맹'을 만들었지. 그런데 얼마 되지 않아 독일과 이탈리아 등에서 개인보다 국가나 사회를 중요시한다는 전체주의가 나타났고 이로 인해 제2차 세계 대전이 일어났어. 제2차 세계 대전이 끝난 후 사람들은 전쟁의 무서움과 함께 평화의 필요성을 절실히 느꼈고 국제 연맹의 뒤를 이어 '국제 연합'을 만들었어.

◎ 알맞은 말에 ○표를 하세요.

인류가 건강하게 생활할 수 있도록 건강에 관한 다양한 연구를 하고, 질병을 예방하기 위해 힘쓰는 국제기구는 (세계 보건 기구 , 경제 개발 협력 기구)이다.

◎ 국제 연합(UN)에 대한 설명으로 알맞은 것에 ○표를 하세요.

세계 평화 유지가 목표인 국제기구이다. □

제2차 세계 대전이 시작될 무렵 만들어졌다. □

◎ 국제 연합의 관할 안에 있는 기구와 그 기구가 하는 일을 알맞게 선으로 이어 보세요.

국제 통화 기금 (IMF) • • 나라끼리 공정한 무역을 할 수 있도록 세계 무역 질서를 바로 세우는 국제기구

세계 무역 기구 (WTO) • • 외화가 세계 각 나라에 원활하게 공급되도록 하고 세계 경제의 발전을 위해 설립된 국제기구

4회 ②

다양한 목적이 있는 비정부 기구

비정부 기구: 지역, 국가, 종교에 상관없이 조직된 자발적인 시민 단체.

가끔 외국의 지도나 웹 사이트에 우리나라의 '동해'가 '일본해'로 실려 있는 것에 대해 알리는 뉴스나 신문 기사를 보곤 해. 그럴 때마다 반크라는 단체가 '일본해'를 '동해'라고 바로 잡아 준다는 뉴스를 들어본 적이 있을 거야. 반크는 우리나라에 대해 잘못 알려진 사실을 바로잡기 위해 노력하는 단체로 비정부 기구에 속해. 특히 독도가 대한민국 땅이라는 것을 알리는 활동 등을 하고 있어.

대표적인 비정부 기구 몇 곳을 살펴보면 그린피스는 핵 실험을 반대하고 자연 보호 운동을 목적으로, 12명의 환경 보호 운동가들이 모여 결성한 국제적인 환경 보호 단체야.

국경 없는 의사회는 1968년 나이지리아 내전에 파견된 프랑스 의사와 언론인들이 전쟁 중에 더 많은 사람들을 돕기 위해 설립한 의료 구조 단체야. 국경이나 정치적 상황에 관계없이 도움이 필요한 사람들을 지원하고 아프리카의 난민을 돕는 데 많은 노력을 기울였지. 그래서 1999년 노벨 평화상을 수상했어.

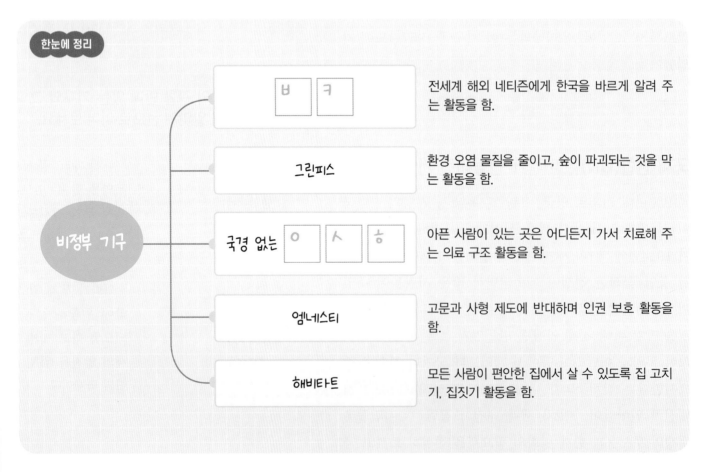

한눈에 정리

비정부 기구

- ㅂ ㅋ : 전세계 해외 네티즌에게 한국을 바르게 알려 주는 활동을 함.
- 그린피스 : 환경 오염 물질을 줄이고, 숲이 파괴되는 것을 막는 활동을 함.
- 국경 없는 ㅇ ㅅ ㅎ : 아픈 사람이 있는 곳은 어디든지 가서 치료해 주는 의료 구조 활동을 함.
- 엠네스티 : 고문과 사형 제도에 반대하며 인권 보호 활동을 함.
- 해비타트 : 모든 사람이 편안한 집에서 살 수 있도록 집 고치기, 집짓기 활동을 함.

이해 □□□ □□는 지역, 국가, 종교에 상관없이 조직된 자발적인 시민 단체야.

어린이들을 위한 비정부 기구

세이브 더 칠드런

'아이들을 구하라'라는 뜻을 가지고 있는 이 단체는 세계 모든 어린이들의 권리를 보호하기 위해 만들어졌지. 1919년에 설립된 이후, 우리나라를 포함한 전세계 회원국이 가난과 질병, 학대로 고통 받는 아이들을 위해 활동하고 있어.

수단의 어린이 장학회

수단 남부의 작은 마을 톤즈에서 의사로, 선생님으로, 밴드 지휘자로, 건축가로 봉사와 희생의 삶을 살았던 이태석 신부님은 경제적 어려움을 겪는 학생들에게 교육을 받을 기회를 주었고, 사람들에게 외면받는 한센병 환자들을 돌보았어. 그의 고귀한 나눔의 정신은 여러 사람들을 일깨웠고, 수단 어린이 장학회를 통해 모아진 후원금으로 톤즈에 학교와 병원을 세웠지.

국제 연합 아동 기금(유니세프)

국제 연합 아동 기금은 국제 연합에 있는 비정부 기구로 보호를 필요로 하는 어린이들에게 예방 접종, 영양 보충을 해 주고, 기초 교육을 받을 수 있도록 도와 주는 등의 활동을 해. 1946년에 만들어진 후 위급 사태에 처해 있는 아동들과 특히 저개발국 아동들의 복지 계획에 대하여 관심을 가졌고 1965년에는 노벨 평화상을 받았어.

분쟁 지역 어린이들을 위해 할 수 있는 일은?

세계 각지에서 지난 수십 년간 발생한 분쟁으로 많은 어린이가 목숨을 잃거나 부상당하여 불구가 되었어. 또한 많은 어린이가 전투원이 되어 분쟁에 강제로 동원되고 있어. 이러한 친구들을 위해 할 수 있는 일 중에는 분쟁 지역에 관심을 가지고 국제 구호 단체의 모금 활동에 적극적으로 참여하며 분쟁 지역의 친구를 후원을 하는 방법이 있어. 이러한 활동이 우리에게는 간단한 일이지만, 분쟁 지역의 친구들에게는 큰 도움이 돼.

◉ 비정부 기구와 그 기구에 대한 설명을 선으로 이어 보세요.

반크	·	·	내전이나 전쟁 중에 사람들을 돕기 위해 설립한 의료 구호 단체
그린피스	·	·	우리나라에 대해 잘못 알려진 사실을 바로잡기 위해 노력하는 단체
국경 없는 의사회	·	·	핵 실험을 반대하고 자연 보호 운동을 목적으로 한 국제적인 환경 보호 단체

◉ 국경 없는 의사회와 유니세프의 공통점으로 알맞은 것에 ○표를 하세요.

| 노벨 평화상을 수상하였다. | ☐ |
| 민간이 아닌 국가가 중심이 되어 다양한 활동을 하는 단체이다. | ☐ |

◉ 알맞은 말에 ○표를 하세요.

가난과 질병, 학대로 고통 받는 어린이들의 권리를 보호하기 위해 만들어진 비정부 기구는 (해비타트 , 세이브 더 칠드런)이다.

5회 ①

뿌리부터 열매까지 식물의 구조

식물의 구조: 식물은 뿌리, 줄기, 잎, 꽃과 열매로 이루어져 있음.

　화단에는 다양한 식물이 자라고 있어. 식물은 뿌리, 줄기, 잎 그리고 꽃과 열매로 이루어져 있는데, 그중 뿌리는 땅속에 있어서 잘 보이지 않아. 굵고 곧은 뿌리 주변에 가는 뿌리가 있는 것도 있고, 파 뿌리처럼 굵기가 비슷한 여러 가닥의 뿌리가 수염처럼 달려 있는 것도 있어. 뿌리는 땅속에서 물을 흡수하고 식물이 쓰러지지 않도록 하고 양분을 저장하는 역할을 해.

　식물의 줄기는 모양이 다양해. 굵고 곧은 것도 있고, 가늘고 길어 다른 식물을 감거나 땅 위를 기는 것도 있어. 줄기는 물이 이동하는 통로 역할을 해. 뿌리에서 흡수한 물이 줄기를 통해 위로 올라가지. 또 줄기는 식물을 지지하거나 양분을 저장하기도 해.

　사람이 음식을 먹어야 살 수 있는 것처럼 식물도 물과 양분이 필요해. 식물에서 양분을 만드는 일을 하는 곳은 잎이야. 식물이 스스로 양분을 만드는 것을 광합성이라고 하는데, 광합성은 주로 잎에서 일어나. 꽃은 꽃가루받이를 거쳐 씨를 만들고, 열매는 어린 씨를 보호하고 익은 씨를 멀리 퍼뜨리는 일을 해.

한눈에 정리

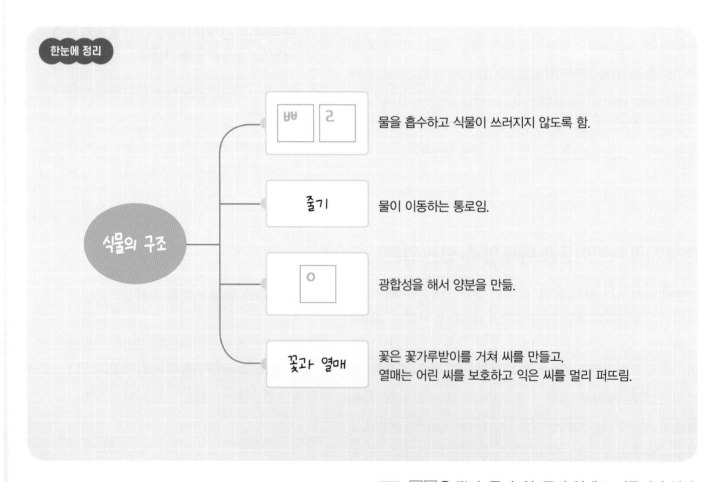

	물을 흡수하고 식물이 쓰러지지 않도록 함.
식물의 구조	줄기 → 물이 이동하는 통로임.
	○ → 광합성을 해서 양분을 만듦.
	꽃과 열매 → 꽃은 꽃가루받이를 거쳐 씨를 만들고, 열매는 어린 씨를 보호하고 익은 씨를 멀리 퍼뜨림.

이해 ▶ □□은 뿌리, 줄기, 잎, 꽃과 열매로 이루어져 있어.

광합성과 양분의 이동

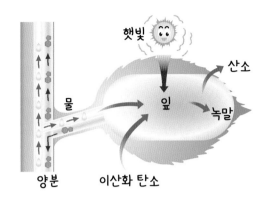

광합성

광합성은 식물이 빛과 이산화 탄소, 뿌리에서 흡수한 물을 이용하여 스스로 양분을 만드는 거야. 광합성을 통해 만든 양분은 녹말이고 광합성은 주로 잎에서 일어나.

양분의 이동

광합성을 통해 잎에서 만든 양분은 줄기를 거쳐 뿌리, 줄기, 열매 등 필요한 곳으로 운반되어 사용돼. 그리고 감자와 같이 줄기에 양분을 저장하기도 하고, 고구마나 당근처럼 뿌리에 양분을 저장하기도 해.

광합성은 잎에서만 일어날까?

광합성은 식물의 잎에서 주로 일어나지만 줄기, 꽃, 뿌리 등에서도 일어나. 식물에서 초록색으로 보이는 부분은 모두 광합성이 일어나지. 무가 자라면 땅 위로 솟은 뿌리가 초록색으로 보이는데, 그건 뿌리에서도 광합성이 일어나기 때문이야.

◉ 식물에서 물을 흡수하는 역할을 하는 것에 ○표를 하세요.

뿌리	줄기	잎

◉ 식물의 줄기가 하는 일에 모두 ○표를 하세요.

씨를 만든다.	☐
물이 이동하는 통로이다.	☐
양분을 저장하기도 한다.	☐

◉ 다음 설명에 알맞은 말을 쓰세요.

식물이 빛과 이산화 탄소, 뿌리에서 흡수한 물을 이용하여 스스로 양분을 만드는 것을 말한다.

☐☐☐

5회 ②

식물의 배출 운동, 증산 작용

증산 작용: 잎에 도달한 물이 기공을 통해 식물 밖으로 빠져나가는 것.

사람은 몸속에 있는 물을 땀이나 오줌으로 배출하는데, 식물은 어떨까? 식물의 뿌리에서 흡수한 물은 줄기를 통해 잎에 도달하지. 잎에 도달한 물은 광합성에 이용하지만 남은 물은 식물 밖으로 내보내. 물이 식물 안에 머무르면 뿌리는 더 이상 물을 흡수할 수 없거든. 그러면 물과 양분을 얻지 못하게 되지. 그래서 물을 식물 밖으로 내보내는 거야. 잎의 뒷면에는 우리 눈에는 보이지 않는 작은 구멍이 있는데, 이것을 기공이라고 해. 이렇게 잎에 도달한 물이 기공을 통해 식물 밖으로 빠져나가는 것을 증산 작용이라고 하지. 예를 들면 나뭇가지에 비닐봉지를 씌우고 물에 담가 두면 비닐봉지에 물방울이 맺히는 걸 볼 수 있어. 그건 잎에 도달한 물이 기공을 통해 밖으로 나갔기 때문에 생긴 거야.

증산 작용은 주로 낮에 일어나는데 식물 안에 물이 많을 때, 햇빛이 강할 때, 습도가 낮을 때, 온도가 높을 때 잘 일어나지. 그리고 증산 작용은 뿌리에서 흡수한 물을 식물의 꼭대기까지 끌어올릴 수 있도록 돕고 식물의 온도를 조절하는 역할도 하지.

한눈에 정리

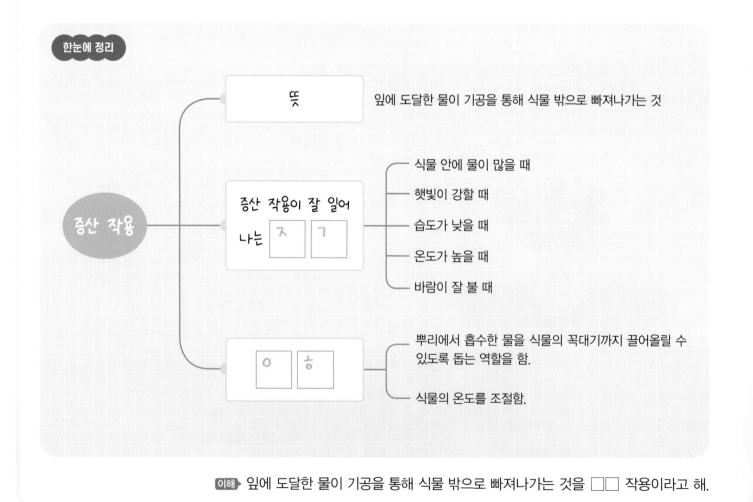

뜻 — 잎에 도달한 물이 기공을 통해 식물 밖으로 빠져나가는 것

증산 작용

증산 작용이 잘 일어나는 ㅈ ㄱ
- 식물 안에 물이 많을 때
- 햇빛이 강할 때
- 습도가 낮을 때
- 온도가 높을 때
- 바람이 잘 불 때

ㅇ ㅎ
- 뿌리에서 흡수한 물을 식물의 꼭대기까지 끌어올릴 수 있도록 돕는 역할을 함.
- 식물의 온도를 조절함.

이해 ▶ 잎에 도달한 물이 기공을 통해 식물 밖으로 빠져나가는 것을 □□ 작용이라고 해.

기공은 어떻게 생겼지?

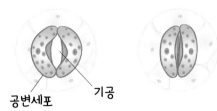

공변세포 기공

▲ 기공이 열렸을 때   ▲ 기공이 닫혔을 때

　기공은 잎의 뒷면에 있는데, 두 개의 공변세포에 의해 열리거나 닫혀. 즉 한 쌍의 공변세포 사이의 빈 공간이 기공인 거야. 공변세포 안쪽 세포벽이 바깥쪽 세포벽보다 두꺼워 공변세포로 물이 들어와 팽창하면 바깥쪽 세포벽이 더 많이 늘어나 공변세포가 바깥쪽으로 휘어지면서 기공이 열리게 되는 거야.

　기공은 증산 작용을 조절하는 일 이외에도 광합성에 필요한 이산화 탄소가 들어오고 광합성의 결과로 만들어진 산소가 나가는 통로 역할도 해.

뿌리에서 흡수한 물은 어떻게 올라갈까?

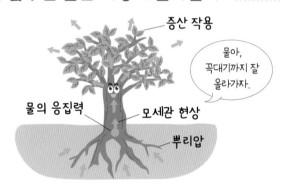

증산 작용

물아, 꼭대기까지 잘 올라가자.

물의 응집력   모세관 현상

뿌리압

뿌리압

물관의 물을 밀어 올리기 위해 뿌리에 생기는 압력이야.

물의 응집력

물 분자 사이에 서로 잡아당기는 힘이야.

모세관 현상

폭이 좁은 관(모세관)에서 액체와 관 사이의 서로 끌어당기는 힘에 의해 액체가 관을 따라 올라가는 현상이야.

증산 작용

잎에 도달한 물이 기공을 통해 밖으로 빠져나가는 작용이야.

◉ 식물에서 증산 작용이 일어나는 곳에 ○표를 하세요.

| 잎 | 줄기 | 뿌리 |

◉ 알맞은 말에 ○표를 하세요.

증산 작용은 잎의 (앞면 , 뒷면)에 있는 기공을 통해 물이 밖으로 나가는 현상입니다.

◉ 증산 작용이 잘 일어나는 조건에 모두 ○표를 하세요.

온도가 높을 때	
습도가 높을 때	
햇빛이 강할 때	

1 다음은 민주주의 기본 정신 중에서 무엇에 대한 설명인지 쓰세요. » .... 사회

> 신분, 재산, 성별 인종 등에 따라 부당하게 차별을 받지 않아야 한다.

(   )

2 우리나라에서 선거로 선출하는 공무원이 <u>아닌</u> 것의 기호를 쓰세요. » .... 사회

> ㉮ 군수   ㉯ 시장   ㉰ 장관   ㉱ 대통령   ㉲ 국회의원

(   )

3 선거 관리 위원회에서 하는 일로 알맞은 것에 모두 ○표를 하세요. » .... 사회

(1) 선거 때 투표할 장소를 임시로 제공한다.   (   )
(2) 개표를 하여 가장 많은 지지를 받은 당선자에게 당선증을 발급한다.   (   )
(3) 선거에 참여할 수 있는 권리를 가진 사람의 명단인 선거인 명부를 작성한다.   (   )

4 산소에 대한 설명으로 알맞지 <u>않은</u> 것은 무엇인가요? (   ) » .... 과학

① 색깔과 냄새가 없다.
② 화석 연료를 태울 때 나온다.
③ 공기 중에 약 21%를 차지한다.
④ 다른 물질이 타는 것을 도와준다.
⑤ 사람이나 동물이 호흡을 하는 데 없어서는 안 된다.

▶ 정답과 해설 13쪽

5 이산화 탄소로 인한 대표적인 환경 문제는 무엇인지 알맞은 말을 쓰세요. 》········ 과학

지구 (   ) 문제

6 소화기로 불을 끄는 것은 불을 끄는 원리 중 무엇에 해당하는지 알맞은 것에 ○표를 하세요. 》········ 과학

(1) 산소 차단   (   )

(2) 탈 물질 제거   (   )

(3) 발화점 미만으로 온도 낮추기   (   )

7 다음은 기행문에 들어가야 할 '여정', '견문', '감상' 중에서 무엇에 해당하는지 쓰세요. 》········ 국어

> 이 집채만 한 바위는 조선 시대부터 이 자리에 있었고 마을 사람들은 이 바위가 어떻게 오게 되었는지 아무도 알지 못한다고 하였다.

(   )

8 논설문을 쓸 때 서론 부분에 들어가야 할 내용을 두 가지 고르세요. (,   ) 》········ 국어

① 문제 상황을 제시한다.

② 주장에 대한 근거를 제시한다.

③ 흥미를 끄는 질문으로 시작한다.

④ 내용을 요약하고 주장을 강조한다.

⑤ 주장을 뒷받침하는 사실적인 자료를 활용한다.

9 논설문의 특성이 <u>아닌</u> 것의 기호를 쓰세요. » .... 국어

| ㉮ 주관성 | ㉯ 타당성 | ㉰ 논리성 | ㉱ 문학성 |

(   )

10 국제기구가 생겨난 까닭으로 알맞은 것에 ○표를 하세요. » .... 사회

(1) 나라 사이에서 일어나는 여러 문제를 해결하기 위해서   (   )

(2) 정부 간의 협력보다는 민간이 국제 협력에 더 효과적이어서   (   )

11 다음과 같은 역할을 하는 국제기구는 무엇인가요? (   ) » .... 사회

> 인류가 건강하게 생활할 수 있도록 건강에 관한 다양한 연구를 하고, 질병을 예방하기 위해 힘쓴다.

① 국제 연합(UN)

② 유럽 연합(EU)

③ 국제 통화 기금(IMF)

④ 세계 보건 기구(WHO)

⑤ 경제 개발 협력 기구(OECD)

▶ 정답과 해설 **14**쪽

12 다음과 같은 활동을 하는 우리나라의 비정부 기구는 무엇인지 쓰세요. 》 ─────────── 사회

> 일본해로 표기가 된 사이트를 발견하면 동해로 바로잡는다.

(   )

13 식물의 구조 중에서 광합성을 통해 녹말을 만드는 곳의 기호를 쓰세요. 》 ─────── 과학

> ㉮ 잎   ㉯ 줄기   ㉰ 뿌리   ㉱ 꽃과 열매

(   )

14 다음 빈칸에 알맞은 말을 두 글자로 쓰세요. 》 ─────────── 과학

> 증산 작용은 잎에 도달한 물이 (   )을/를 통해 식물 밖에 나가는 것을 말한다.

15 낮과 밤 중에서 증산 작용이 잘 일어나는 때는 언제인지 쓰세요. 》 ─────── 과학

(   )

사회   국가의 기본, 민주주의

모든 국민이 나라의 주인으로서 권리를 갖고, 그 권리를 자유롭고 평등하게 행사하는 정치 제도를 [ ][ ]

[ ][ ] 라고 해요.

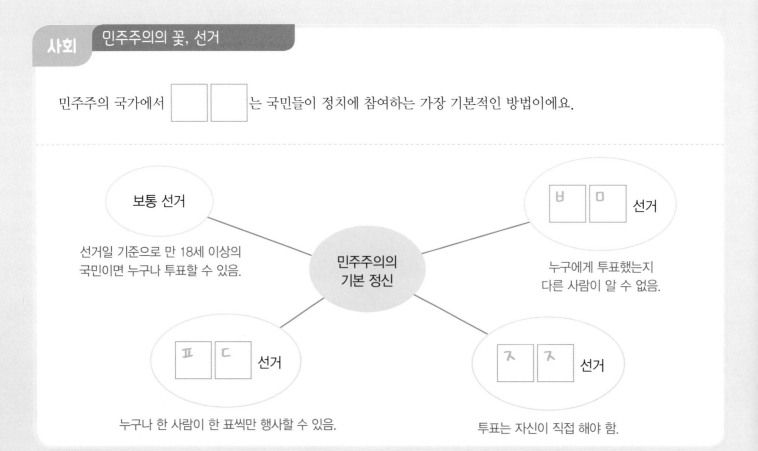

인간의 [ㅈ][ㅇ]

민주주의의 기본 정신

[ㅍ][ㄷ]

모든 사람이 태어나는 순간부터 인간
으로서 존엄과 가치를 존중받아야 함.

신분, 재산, 성별, 인종 등에 따라 부당하게
차별받지 않고 평등하게 대우받아야 함.

[ㅈ][ㅇ]

자신의 의사를 스스로 결정할 수 있는 자유를 인정받아야 하고,
다른 사람의 자유를 침해해서도 안 됨.

사회   민주주의의 꽃, 선거

민주주의 국가에서 [ ][ ] 는 국민들이 정치에 참여하는 가장 기본적인 방법이에요.

보통 선거

선거일 기준으로 만 18세 이상의
국민이면 누구나 투표할 수 있음.

민주주의의 기본 정신

[ㅂ][ㅁ] 선거

누구에게 투표했는지
다른 사람이 알 수 없음.

[ㅍ][ㄷ] 선거

누구나 한 사람이 한 표씩만 행사할 수 있음.

[ㅈ][ㅈ] 선거

투표는 자신이 직접 해야 함.

과학 산소와 이산화 탄소

⬜⬜는 공기 중에 약 21% 정도 존재하고 사람을 포함한 동물이 호흡을 하는 데 없어서는 안 되는 기체예요.

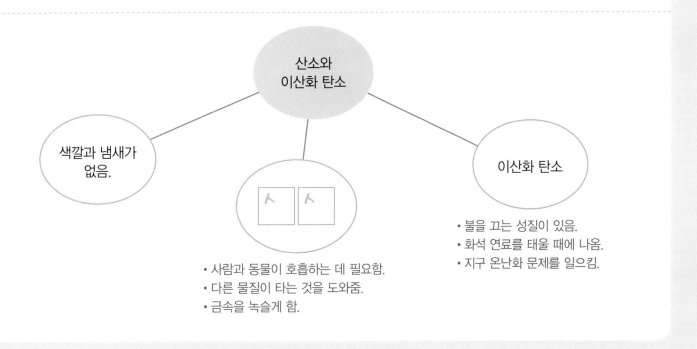

- 산소와 이산화 탄소
- 색깔과 냄새가 없음.
- ㅅㅅ
  - 사람과 동물이 호흡하는 데 필요함.
  - 다른 물질이 타는 것을 도와줌.
  - 금속을 녹슬게 함.
- 이산화 탄소
  - 불을 끄는 성질이 있음.
  - 화석 연료를 태울 때에 나옴.
  - 지구 온난화 문제를 일으킴.

과학 불의 대립, 연소와 소화

물질이 빛과 열을 내며 타는 현상을 ⬜⬜라고 해요.

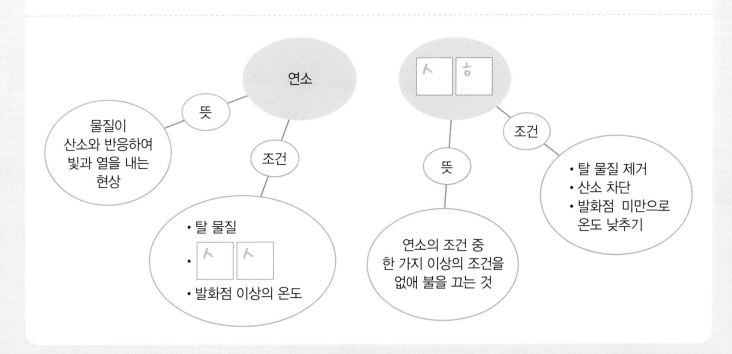

- 연소
  - 뜻: 물질이 산소와 반응하여 빛과 열을 내는 현상
  - 조건:
    - 탈 물질
    - ㅅㅅ
    - 발화점 이상의 온도
- ㅅㅎ
  - 뜻: 연소의 조건 중 한 가지 이상의 조건을 없애 불을 끄는 것
  - 조건:
    - 탈 물질 제거
    - 산소 차단
    - 발화점 미만으로 온도 낮추기

어떤 문제에 대한 자신의 주장을 논리적으로 내세워 설득하는 글을 □□□ 이라고 해요.

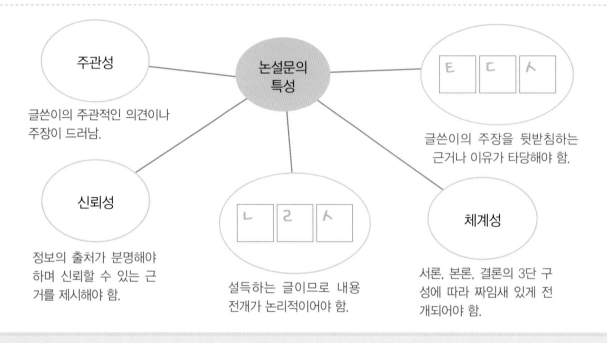

주관성

글쓴이의 주관적인 의견이나 주장이 드러남.

논설문의 특성

ㅌ ㄷ ㅅ

글쓴이의 주장을 뒷받침하는 근거나 이유가 타당해야 함.

신뢰성

정보의 출처가 분명해야 하며 신뢰할 수 있는 근거를 제시해야 함.

ㄴ ㄹ ㅅ

설득하는 글이므로 내용 전개가 논리적이어야 함.

체계성

서론, 본론, 결론의 3단 구성에 따라 짜임새 있게 전개되어야 함.

국가들끼리 함께 협력하며 관계를 맺고 지구촌 갈등을 해결하기 위해 □□□□ 가 생겨났어요.

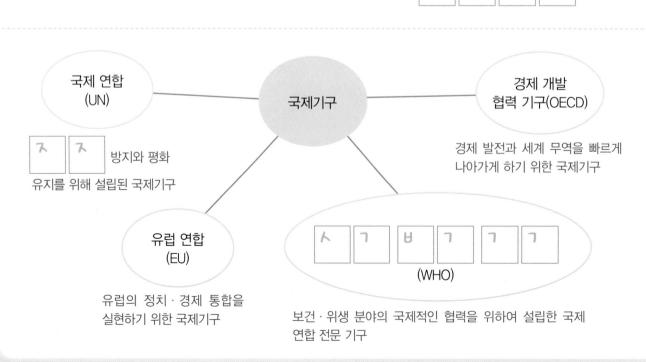

국제 연합 (UN)

국제기구

경제 개발 협력 기구(OECD)

ㅈ ㅈ 방지와 평화 유지를 위해 설립된 국제기구

경제 발전과 세계 무역을 빠르게 나아가게 하기 위한 국제기구

유럽 연합 (EU)

ㅅ ㄱ ㅂ ㄱ ㄱ ㄱ (WHO)

유럽의 정치 · 경제 통합을 실현하기 위한 국제기구

보건 · 위생 분야의 국제적인 협력을 위하여 설립한 국제 연합 전문 기구

과학 뿌리부터 열매까지 식물의 구조

⬜⬜ 은 뿌리, 줄기, 잎, 꽃과 열매로 이루어져 있어요.

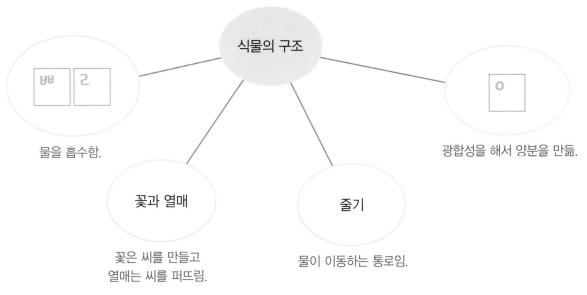

식물의 구조

ㅃ ㄹ — 물을 흡수함.

ㅇ — 광합성을 해서 양분을 만듦.

꽃과 열매 — 꽃은 씨를 만들고 열매는 씨를 퍼뜨림.

줄기 — 물이 이동하는 통로임.

과학 식물의 배출 운동, 증산 작용

잎에 도달한 물이 기공을 통해 식물 밖으로 빠져나가는 것을 ⬜⬜ 작용이라고 해요.

증산 작용

ㅇ 에 도달한 물이 기공을 통해 식물 밖으로 빠져나가는 것.

식물 안에 물이 많을 때, 햇빛이 강할 때, 습도가 낮을 때, 온도가 높을 때 바람이 잘 불 때, ㅈ ㅅ 작용이 잘 일어남.

뿌리에서 흡수한 물을 식물의 꼭대기까지 끌어올릴 수 있도록 돕고 식물의 온도를 조절함.

갱년기 아빠와 사춘기 딸

아빠랑 얘기가 안 통해요

영서가 집에 들어갔을 때 아빠는 식탁에서 식사를 하고 계셨어요. 아빠의 시선이 틴트를 바른 영서의 입술로 향하더니 얼굴을 찡그리셨죠.

"그게 뭐냐? 벌써 입술을 바르고. 너무 빠른 거 아냐?"

아빠가 퉁명스럽게 말했어요.

"우리 반 애들 다 발라요. 왜 저만 갖고 그러세요?"

영서가 볼멘소리로 대꾸하자 아빠의 옆에 앉아 있던 엄마가 아빠의 옆구리를 툭 쳤어요.

"영서야, 얼른 손 씻고 와서 밥 먹어야지."

엄마가 부드러운 목소리로 영서를 불렀어요.

"밥 생각 없어요."

영서는 아빠에게 잔소리를 들으며

밥 먹을 생각을 하니 차라리 굶는 게 낫겠다는 생각이 들었어요. 스마트폰을
보고 있는데 영서의 방문이 벌컥 열렸어요. 아빠였지요.

"아빠, 제 방에 노크도 없이 들어오시면 어떡해요?"

"아니, 딸 방에 노크? 어서 나와서 밥 먹어."

"싫어요. 저 다이어트 중이에요."

영서는 왠지 아빠가 미워서 맘에도 없는 소리를 했어요.

"뭐, 다이어트? 말도 안 되는 소리 말고, 얼른 나와서 밥 먹어! 아빠는 세상
에서 밥 굶는다는 소리가 제일 싫다. 성장기에 무슨 밥을 굶어."

아빠가 굳은 목소리로 언성을 높였어요. 영서는 더 토라져서 방 밖으로
한 발자국도 나가고 싶지 않았지요.

'흥, 아빠 정말 갱년기 같아. 딸 맘은
하나도 모르고.'

뱃속에서 꼬르륵 소리가 들렸지만 영서는 반항심이 생겨서 절대로 안 나가 겠다는 결심을 했어요. 그때 방문을 두드리는 소리가 들렸어요.

"영서야, 엄만데 혹시 들어가도 될까?"

"아뇨, 싫어요."

"밥 안 먹겠다고 하면 당장 내쫓아!"

아빠가 큰소리로 화내시는 목소리가 방문 너머로 들렸어요. 그런 아빠를 달 래는 엄마의 목소리도 나지막하게 들려왔지요.

"여보, 영서는 사춘기야. 당신이 그렇게 대하면 더 비뚤어진다는 거 몰라 요? '딸바보 아빠'가 왜 이렇게 변했어요?"

영서는 사춘기 호르몬 때문인지 정말로 마구 비뚤어지고 싶었어요. 몸이 자 라면서 마음도 아파진다는 말이 맞나 봐요. 사춘기가 되기 전까지 영서는 아 빠의 사랑을 듬뿍 받는 착한 딸이었어요. 그런데 지금은 그런 착한 딸로 남아 있기가 자꾸 싫어졌어요. 다른 아이들처럼 틴트도 바르고 눈썹도 그려서 더 예뻐지고 싶었어요. 좋아하는 아이돌의 콘서트장에도 맘껏 가고 덕질도 하고 싶었어요. 그런 영서의 마음을 왜 아빠는 몰라주는 걸까요?

'아, 몰라. 우리 학교는 왜 이런 걸 다하나 몰라.'

가정 통신문을 살펴보며 영서는 얼굴을 찡그렸어요. 5월을 맞이해서 특별 행 사로 '아빠의 날' 행사를 한다는 거였지요. 아이들이 비교적 엄마하고는 친하지 만 아빠와는 서먹한 경우가 많아서 특별히 그런 행사를 준비했다는 거예요.

'치, 이런 걸 왜 해? 이렇게 하루 행사 한다고 해서 아빠랑 갑자기 사이가 좋아지겠냐고?'

영서는 마음속으로 툴툴댔어요. 아빠랑 집에서 마주치는 것도 어색한데 그 날 온종일 아빠랑 여러 가지 행사를 치러야 한다니……. 정말 숨 막힐 것 같 았지요. 그런 영서의 마음 한 구석에는 늘 바쁜 아빠가 이런 행사에 참여할

수 없을 거란 생각도 있었지요.

'이건 말도 안 돼. 그럼, 아빠가 없는 아이들은 어떡해? 아빠가 외국에서 일

하시는 분이라면? 만약 아빠가 일이 너무 바빠서 오지 못하는 아이들은?

그런 애들은 어떡하라고!'

영서는 자신이 그런 아이들 중에 하나가 될 것 같은 불길한 마음이 들었어

요. 아빠가 오시는 것도 안 오시는 것도 다 안 좋은 것 같았어요. 영서는 식탁

위에 가정 통신문을 올려놓았어요. OX 표시를 해서 다시 담임 선생님께 드려

야 했거든요. 그날은 아빠 일이 늦게 끝나는 모양이었어요. 영서는 잠들 때까

지 아빠 얼굴을 보지 못했어요.

다음 날 아침, 밥을 먹으려고 식탁에 앉은 영서는 선명하게 동그라미 표시

가 되어 있는 것을 보았어요. 그걸 보게 된 영서는 마음이 알쏭달쏭했어요. 좋

은 것 같기도 하고, 안 좋은 것 같기도 했어요.

'요즘 내가 왜 이러지? 온종일 마음이 왔다갔다 하는 것 같고. 내가 좀 이상

해진 것 같아.'

영서의 마음속은 혼란스러웠지만 입술에 붉은색 틴트를 바르고 앞머리를

동그랗게 마는 손길은 무척 바빴어요.

이어지는 내용은 72쪽에 >>>

1회
사회

학습 계획일

① 나랏일을 맡아보는 국가 기관 ———— 월 　 일

② 경제 활동의 주체 가계, 기업, 정부 ———— 월 　 일

2
주차

2회
사회/국어

학습 계획일

① 해결해요, 지구촌 환경 문제 ———— 월 　 일

② 다양한 낱말의 의미 관계 ———— 월 　 일

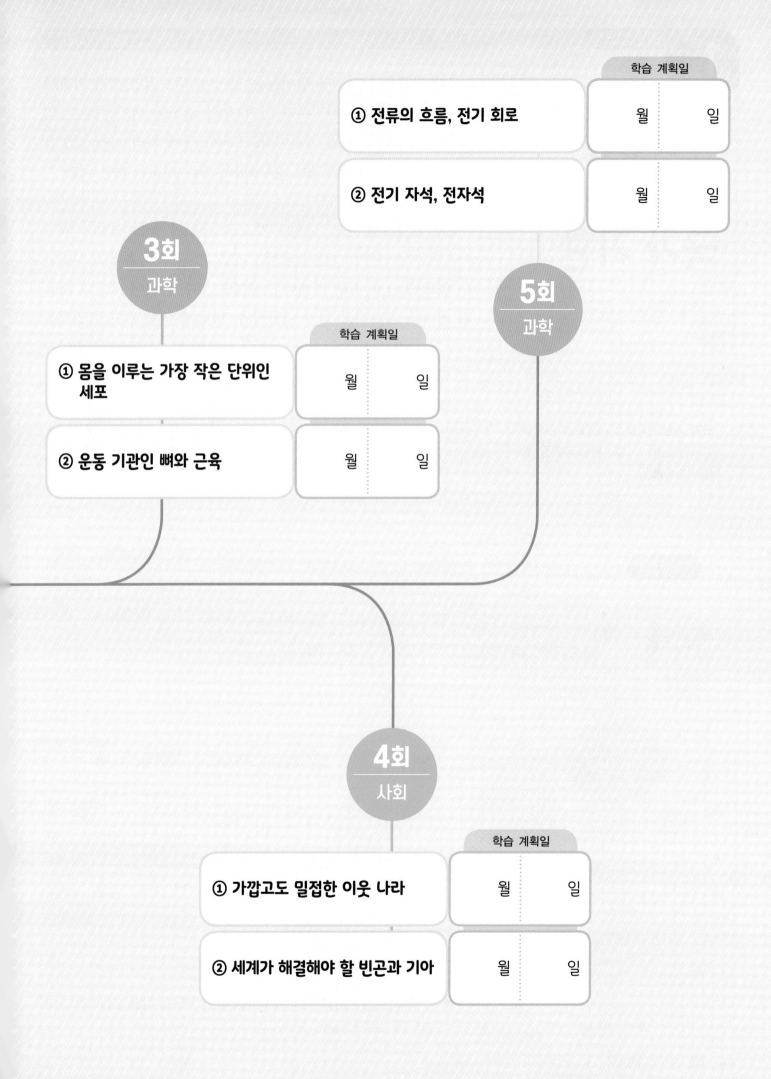

① 전류의 흐름, 전기 회로

학습 계획일

월   일

② 전기 자석, 전자석

월   일

3회
과학

① 몸을 이루는 가장 작은 단위인
세포

학습 계획일

월   일

② 운동 기관인 뼈와 근육

월   일

5회
과학

4회
사회

① 가깝고도 밀접한 이웃 나라

학습 계획일

월   일

② 세계가 해결해야 할 빈곤과 기아

월   일

나랏일을 맡아보는 국가 기관

국가 기관: 국정을 운영하기 위하여 설치한 입법 · 사법 · 행정 기관을 통틀어 이르는 말.

국가 기관은 나랏일을 맡아보는 곳이야. 대표적인 국가 기관에는 입법부, 행정부, 사법부가 있지. 법을 만드는 국가 기관인 입법부는 국회인데 입법 기관이라고도 해. 법에 따라 나라 살림을 하는 국가 기관인 행정부는 정부, 법에 따라 재판을 하는 국가 기관인 사법부는 법원이야.

모두 나랏일을 하는 곳인데 셋으로 나누어 놓은 까닭은 왜일까? 이는 한 국가 기관이 국가의 중요한 일을 마음대로 처리할 수 없도록 하고 서로 견제하고 균형을 이루게 하여 국민의 자유와 권리를 지키려고 했기 때문이야. 이렇게 국가 기관의 권력을 나누어 가지고 서로 감시하는 민주 정치의 원리를 권력 분립이라고 해.

국회가 만든 법이 옳지 않다고 생각할 때 대통령은 그 법을 거부할 수도 있고, 국회는 정부가 일을 잘하는지 국정 감사를 할 수가 있어. 그리고 법원에서는 국회에서 만든 법이 헌법에 맞는지를 심사할 수가 있지.

한눈에 정리

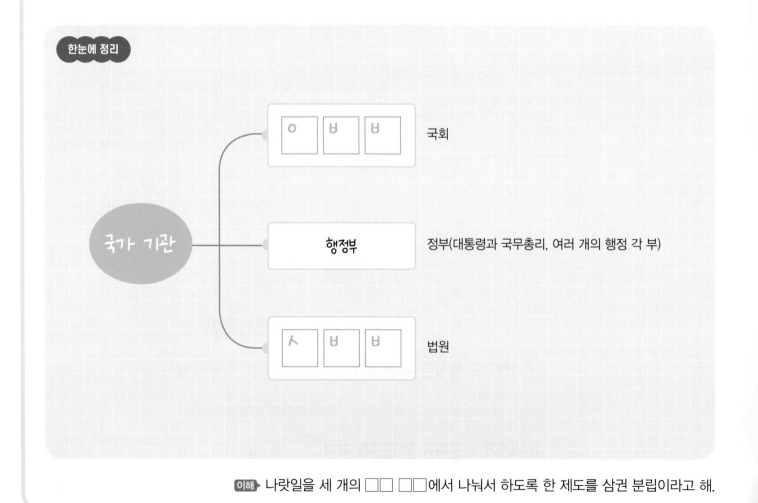

ㅇ ㅂ ㅂ	국회
행정부	정부(대통령과 국무총리, 여러 개의 행정 각 부)
ㅅ ㅂ ㅂ	법원

국가 기관

이해 ▶ 나랏일을 세 개의 □□ □□에서 나눠서 하도록 한 제도를 삼권 분립이라고 해.

국가 기관의 종류

입법부(입법 기관)

법을 만드는 일을 하는 기관으로, 국회가 이에 해당해. 국회는 국민이 대표하는 국회 의원들이 나라의 중요한 일을 의논하고 결정하는 곳이야. 법을 만

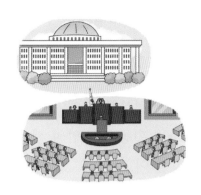

들고, 고치거나 없애는 일은 국회에서 하는 가장 중요한 일이라고 할 수 있지.

행정부

국가가 발전하고 번영할 수 있도록 여러 가지 정책을 개발하고 실천하는 기관으로, 정부가 이에 해당해. 정부 조직에는 대통령을 중심으로 국무총리와 여러 개의 부, 처, 청 그리고 위원회가 있어. 대통령을 중심으로 법에 따라 나라의 살림을 맡아 하지.

사법부

법에 따라 재판을 하는 기관으로, 법원이 이에 해당해. 법관으로 구성되어 있으며, 대표자는 대법원장이야. 법관은 국민들의 권리를 보호하고 정의를 지키기 위해 헌법과 법률에 의해 양심에 따라 자유롭게 심판하도록 규정하고 법관의 신분을 보장하고 있어. 그리고 법률이 헌법에 어긋나지 않는지 판단하며 지위가 높은 공무원들의 파면을 심판하는 헌법 재판소가 있지.

삼권 분립을 하면 어떤 점이 좋아?

한 국가 기관에서 마음대로 정치하는 것을 막을 수 있어.

한 사람에게 나라를 다스리는 모든 힘을 주면 자기만 옳다고 생각해서 다른 사람의 말을 듣지 않고 나랏돈을 마음대로 쓰고 나랏일을 엉망으로 할지도 몰라. 그래서 국가에서는 세 국가 기관에 나랏일에 대한 권한을 똑같이 나누어 주어 서로 견제와 균형을 이루도록 한 거야.

◉ 알맞게 선으로 이어 보세요.

입법부 •   • 법을 만든다.

행정부 •   • 법에 따라 재판을 한다.

사법부 •   • 법에 따라 나라의 살림을 한다.

◉ 알맞은 말에 ○표를 하세요.

입법부는 국민을 대표하는 국회 의원들이 나라의 중요한 일을 의논하고 결정하는 곳으로 (국회 , 정부)가 이에 해당한다.

◉ 삼권 분립을 하면 좋은 점에 ○표를 하세요.

한 국가 기관에 권력을 집중시킬 수 있다. ☐

한 국가 기관에서 마음대로 정치하는 것을 막을 수 있다. ☐

1회 ②

경제 활동의 주체 가계, 기업, 정부

가계: 소비의 주체인 '가정'.
기업: 영리를 얻기 위하여 재화나 용역을 생산하고 판매하는 조직체.
정부: 행정을 맡아보는 국가 기관.

민서네 부모님은 회사에 다니시는데, 민서네 가족은 부모님이 일을 해서 받은 월급으로 식료품도 사고 다양한 소비 활동을 하지. 이처럼 생산 활동에 참여해 얻은 소득으로 소비 활동을 하는 가족을 '가계'라고 해.

가계는 가장 기본적인 경제 주체야. 그밖에 기업과 정부를 포함해서 가계, 기업, 정부를 경제 활동의 3대 주체라고 해. 가계의 생산 활동과 소비 활동은 기업의 생산 활동 및 이윤 추구와 밀접하게 연결되어 있어. 그리고 가계, 기업, 정부가 서로 긴밀하게 연결되어 한 나라의 경제를 움직이지. 기업은 재료를 사서 제품을 만들고, 이를 판매하여 그 수익금으로 직원들의 월급과 세금 등의 지출을 해. 가계는 직장에서 받은 월급으로 생활비를 사용하는데, 이렇게 지출된 돈의 대부분은 상품 소비로 다시 기업에 들어가지. 정부는 국민과 기업으로부터 세금을 받아서 국가 경영에 지출하는데, 그 지출된 돈은 다시 기업이나 가계의 수입이 돼. 이렇게 가계, 기업, 정부는 밀접하게 연결되어 있어.

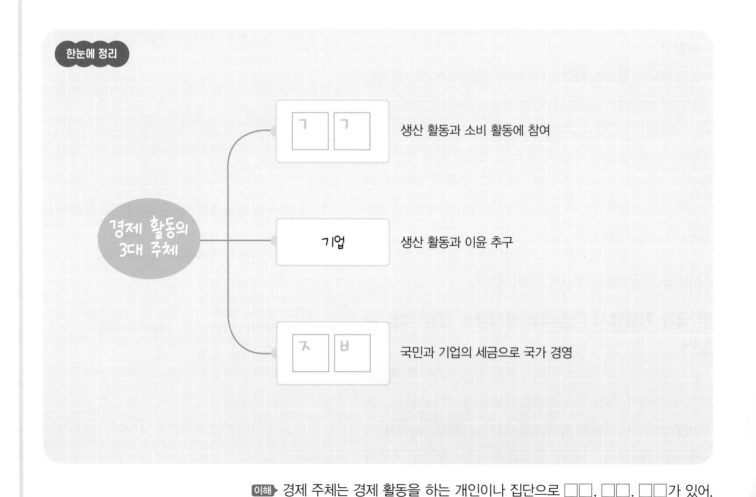

한눈에 정리

경제 활동의 3대 주체

- ㄱ ㄱ — 생산 활동과 소비 활동에 참여
- 기업 — 생산 활동과 이윤 추구
- ㅈ ㅂ — 국민과 기업의 세금으로 국가 경영

이해 ▶ 경제 주체는 경제 활동을 하는 개인이나 집단으로 ☐☐, ☐☐, ☐☐가 있어.

경제 활동의 3대 주체

가계

가계는 주로 소비 활동을 하지만 회사에 다니는 등의 생산 활동을 해. 기업에게 노동력을 제공하고 소득을 얻으면 그 소득을 정부에 세금으로 내지.

기업

이윤을 얻기 위한 생산 활동을 주로 하지. 자본과 노동력, 토지 등을 이용해서 사람들이 생활하는 데 필요한 물건을 만들어 판매하거나 서비스를 가계와 정부에 제공해 이윤을 얻는 거야. 대신 가계에는 임금을 주고, 정부에는 세금을 내.

정부

국민 생활에 꼭 필요하지만 일반 기업에는 맡길 수 없는 나라 경제를 위한 활동을 세금으로 하지. 예를 들면 도로나 다리 등을 건설하고, 공무원을 뽑아 공공 서비스에 해당하는 업무를 할 수 있도록 하는 등 나라의 경제 성장을 돕는 일을 해. 또 경제 주체들 사이에서 경제 활동이 바르게 이루어지도록 규칙을 정하는 일도 해.

돈이나 대가를 받지 않고 하는 생산 활동도 있어?

집에서 요리하기, 청소하기, 쓰레기 버리기, 금붕어 먹이 주기 등과 같은 일들은 모두 돈을 받지 않고 하지만 자신과 가족에게 꼭 필요한 생산 활동이야.

학교 운동장에서 휴지 줍기, 선생님을 도와 수업 준비하기, 화분에 물 주기, 모둠의 도우미로서 친구들 도와주기 등은 학교에서 필요한 생산 활동이지.

봉사 활동도 생산 활동에 해당돼. 봉사 활동은 돈을 받지 않고 하지만 우리의 일상생활에서 없어서는 안 될 매우 소중한 생산 활동이야.

◉ 다음 설명에 알맞은 말을 쓰세요.

생산 활동에 참여해 얻은 소득으로 소비 활동을 하는 가족을 말한다.

☐ ☐

◉ 알맞은 말에 ○표를 하세요.

기업은 (세금 , 이윤)을 얻기 위한 생산 활동을 주로 한다.

◉ 돈이나 대가를 받지 않고 하는 생산 활동에 ○표를 하세요.

회사에 다니고 월급을 받는다. ☐

무료 급식소를 찾아가 봉사 활동을 한다. ☐

기업에서 사람들이 필요한 물건을 만들어 판매한다. ☐

해결해요, 지구촌 환경 문제

지구촌 환경 문제: 세계 곳곳에서 발생하는 여러 가지 환경 문제.

한 나라나 일부 지역에서 발생한 문제가 지구촌 문제로 번지는 경우가 많아. 오늘날 환경 문제도 마찬가지야.

먼저 해양 오염 문제를 들 수 있어. 일상생활에서 사용하고 버린 플라스틱 쓰레기가 바다로 떠내려가 심각하게 오염시키고, 해양 동물들이 이 플라스틱 쓰레기를 먹이로 착각해 먹고 있어.

열대 우림 파괴와 지구 온난화 역시 심각한 지구촌 환경 문제 중 하나야. 아마존 열대 우림은 지구촌 허파라고 불리는데 경제 개발 과정에서 심각하게 파괴되었어. 그리고 지구 온난화로 인해 바다의 온도가 오르면서 여러 가지 문제가 발생해.

이러한 지구촌 환경 문제를 해결하기 위해 개인은 일회용품 사용을 줄이고, 친환경 제품을 사용하려는 노력을 해야 해. 기업은 환경의 사회적 책임을 실천하기 위해 친환경 소재 개발과 제품의 생산을 늘려야 하고, 국가는 '파리 기후 협정' 같은 환경 보호 관련 국제 규약을 지켜야 하지. 세계는 국제기구나 국제 환경 단체 활동을 통해 적극적으로 해결할 수 있어.

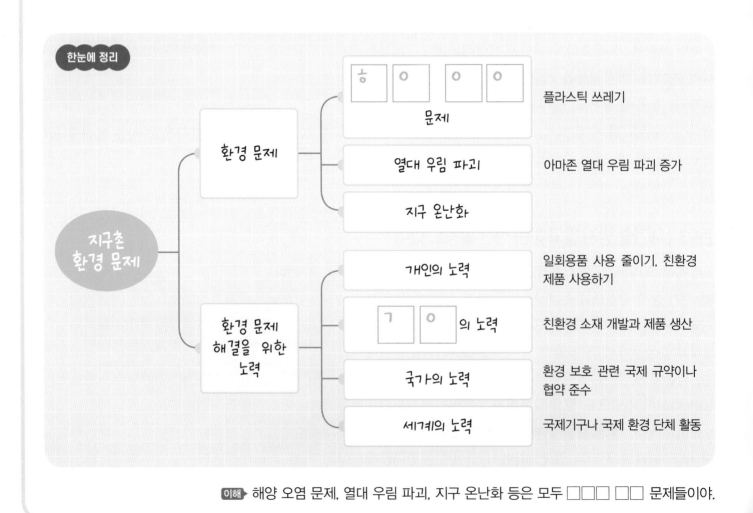

한눈에 정리

- 지구촌 환경 문제
  - 환경 문제
    - ㅎ ㅇ ㅇ ㅇ 문제 — 플라스틱 쓰레기
    - 열대 우림 파괴 — 아마존 열대 우림 파괴 증가
    - 지구 온난화
  - 환경 문제 해결을 위한 노력
    - 개인의 노력 — 일회용품 사용 줄이기, 친환경 제품 사용하기
    - ㄱ ㅇ 의 노력 — 친환경 소재 개발과 제품 생산
    - 국가의 노력 — 환경 보호 관련 국제 규약이나 협약 준수
    - 세계의 노력 — 국제기구나 국제 환경 단체 활동

이해 ▶ 해양 오염 문제, 열대 우림 파괴, 지구 온난화 등은 모두 □□□ □□ 문제들이야.

플라스틱의 생태계 순환

우리가 사용하고 버린 플라스틱은 미세 플라스틱으로 분해되면서 바다 환경에 큰 문제가 되고 있어. 그뿐만 아니라 합성 섬유로 만든 옷, 치약 등에도 미세 플라스틱이 포함되어 있어. 미세 플라스틱은 크기가 작아서 하수 처리 과정에서 걸러지지 않고 그대로 바다와 강으로 흘러들어 가게 돼. 독성이 강한 미세 플라스틱은 먹이사슬에 의해 결국 우리 인간에게 되돌아오게 되는 거야.

종이로 옷을 만든다고?

환경 오염을 일으키는 플라스틱을 생각하면 어떤 물건이 떠올라? 보통 플라스틱으로 된 일회용 그릇이나 음료수병을 생각하지. 그런데 석유나 석탄 등으로 만든 합성 섬유에도 엄청난 양의 미세 플라스틱이 있다는 거 알고 있니? 나일론이나 폴리에스테르, 아크릴 같은 합성 섬유는 크기 1mm 미만의 미세 플라스틱 실로 이루어져 있어.

지구촌 환경 문제를 해결하기 위한 노력으로 친환경 제품의 생산과 소비 생활이 이루어지고 있어. 전통 한지로 옷을 만드는 것도 이런 노력 가운데 하나지. 닥나무로 만드는 전통 한지는 질기고 찢어지지 않아 천 년을 간다고 해.

◉ 알맞은 말에 ○표를 하세요.

일상생활에서 사람들에 의해 사용하고 버려진 (나무 , 플라스틱) 쓰레기가 바다로 떠내려가 심각한 해양 오염 문제를 일으키고 있다.

◉ 알맞은 말에 ○표를 하세요.

지구의 허파라고 불리는 (아마존 열대 우림 , 사하라 사막)이 경제 개발 과정에서 심각하게 파괴되고 있다.

◉ 알맞은 내용에 모두 ○표를 하세요.

지구촌 환경 문제는 어느 한 나라의 노력으로 해결된다.

해양 오염으로 인한 피해는 결국 인간에게 되돌아온다.

전통 한지로 만든 옷은 지구촌 환경 문제를 위한 노력이다.

2회 ②

다양한 낱말의 의미 관계

낱말의 의미 관계: 낱말들이 의미 중심으로 맺고 있는 관계.

낱말들의 다양한 의미 관계를 이해하면 글 속에서 그 뜻을 짐작하는 데 좋을 뿐 아니라 실제 언어 생활에 있어서도 도움이 돼. 의미의 관계를 이루는 것 중에서 '다의어'와 '동형어'를 살펴보려고 해.

다의어는 두 가지 이상의 뜻을 가진 낱말을 말해. '얼굴'이라는 낱말의 뜻을 떠올려 봐. '눈, 코, 입이 있는 머리의 앞면.'이나 '주위에 잘 알려져서 얻은 평판이나 명예 또는 체면.', '어떤 분야에 활동하는 사람.', '어떤 심리 상태가 나타난 형색.', '어떤 사물의 본래 상태를 그대로 보여 주는 대표적 상징.'과 같은 뜻이 있어. '다리' 역시 '몸의 일부분(예 팔과 다리).'이라는 뜻과 '물체를 받치는 아랫부분(예 책상 다리).'이라는 뜻을 가진 다의어야.

동형어는 글자만 같고 뜻은 다른 낱말이야. 생각이나 느낌 등을 표현하고 전달하는 소리인 '말'과 동물인 '말'은 우연히 글자가 같을 뿐이지 서로 다른 뜻의 낱말이잖아? 바로 이러한 것들을 동형어라고 해.

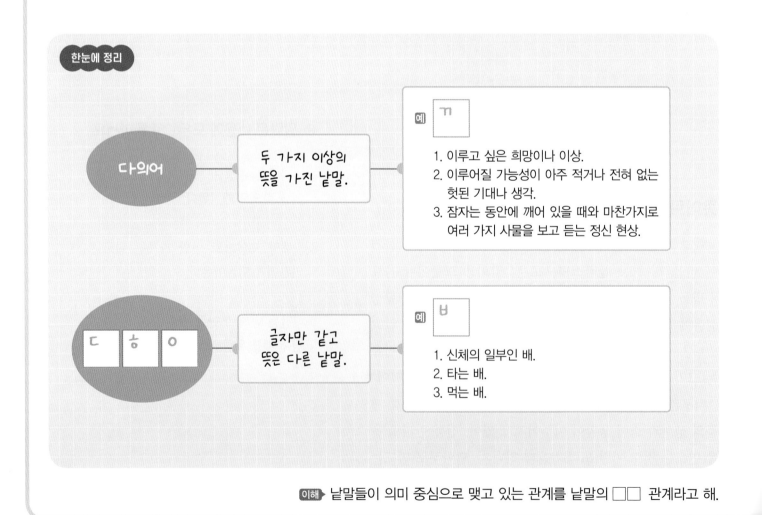

한눈에 정리

다의어 —— 두 가지 이상의 뜻을 가진 낱말. —— 예 ㄲ
1. 이루고 싶은 희망이나 이상.
2. 이루어질 가능성이 아주 적거나 전혀 없는 헛된 기대나 생각.
3. 잠자는 동안에 깨어 있을 때와 마찬가지로 여러 가지 사물을 보고 듣는 정신 현상.

ㄷ ㅎ ㅇ —— 글자만 같고 뜻은 다른 낱말. —— 예 ㅂ
1. 신체의 일부인 배.
2. 타는 배.
3. 먹는 배.

이해 낱말들이 의미 중심으로 맺고 있는 관계를 낱말의 □□ 관계라고 해.

낱말 간의 의미 관계 더 알아보기

유의 관계

소리는 다르지만 뜻이 비슷한 낱말들이야. 가리키는 대상의 범위가 다르기도 하고, 약간의 느낌 차이가 있기도 해.

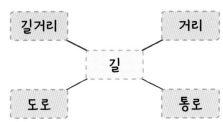

반의 관계

의미가 서로 반대되거나 또는 짝을 이루어 관계를 맺은 낱말들이야.

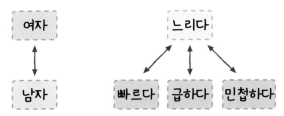

상하 관계

낱말들 사이에서 하나의 낱말이 다른 낱말을 포함하는 경우가 있는데, 포함하는 낱말을 상의어, 포함되는 낱말을 하의어라고 해.

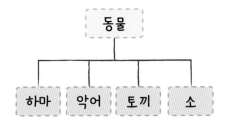

사전에 다의어, 동형어가 어떻게 나와 있을까?

다의어	동형어
먹다 「1」 음식을 입을 통하여 배 속에 들여보내다. 「2」 마음이나 감정을 품다. 「3」 나이를 더하다.	**눈¹** 빛의 자극을 받아 물체를 볼 수 있는 감각 기관. **눈²** 대기 중의 수증기가 찬 기운을 만나 얼어서 땅 위로 떨어지는 얼음 결정체.

◉ 알맞게 선으로 이어 보세요.

다의어	•	•	글자만 같고 뜻은 다른 낱말.
동형어	•	•	두 가지 이상의 뜻을 가진 낱말.

◉ 다음 밑줄 그은 '얼굴'은 어떤 뜻으로 쓰인 것인지 알맞은 것에 ◯표를 하세요.

동생이 신이 난 <u>얼굴</u>로 놀이터로 나갔어.

눈, 코, 입이 있는 머리의 앞면.	☐
어떤 심리 상태가 나타난 형색.	☐
주위에 잘 알려져서 얻은 평판이나 명예 또는 체면.	☐

◉ 상하 관계에 해당하는 예를 나타낸 것에 ◯표를 하세요.

길: 길거리, 거리, 도로, 통로	☐
동물: 하마, 악어, 토끼, 소	☐

3회 ①

몸을 이루는 가장 작은 단위인 세포

세포: 대부분 생물의 몸을 이루는 구조적, 기능적 기본 단위.

모든 생물은 세포로 이루어져 있어. 세포는 생물체를 이루는 기본 단위인데 크기가 작아서 맨눈으로 관찰하기 힘들어. 그래서 세포를 관찰할 때는 현미경을 사용해야 해.

광학 현미경으로 양파와 겉껍질을 관찰하면 마치 벽돌이 쌓여 있는 것처럼 보이는데, 벽돌 모양 하나가 세포인 거야. 세포는 세포벽과 세포막으로 둘러싸여 있고 그 안에 핵이 있어. 세포벽은 세포의 모양을 일정하게 유지하고 세포를 보호하는 역할을 해. 세포막은 세포 내부와 외부를 드나드는 물질의 출입을 조절해 줘. 핵은 세포에서 가장 중심인데 여러 유전 정보를 포함하고 생명 활동을 조절하는 역할을 하기 때문에 세포에 핵이 없다면 정상적인 생명 활동을 할 수 없어. 이외에도 식물 세포 안에는 미토콘드리아, 엽록체, 액포 등과 같은 세포 소기관이 있어.

동물의 몸도 세포로 이루어져 있는데, 식물과는 조금 달라. 식물 세포에는 세포벽이 있지만 동물 세포에는 세포벽이 없거든. 그래서 동물 세포는 대체로 둥근 형태인 경우가 많아.

한눈에 정리

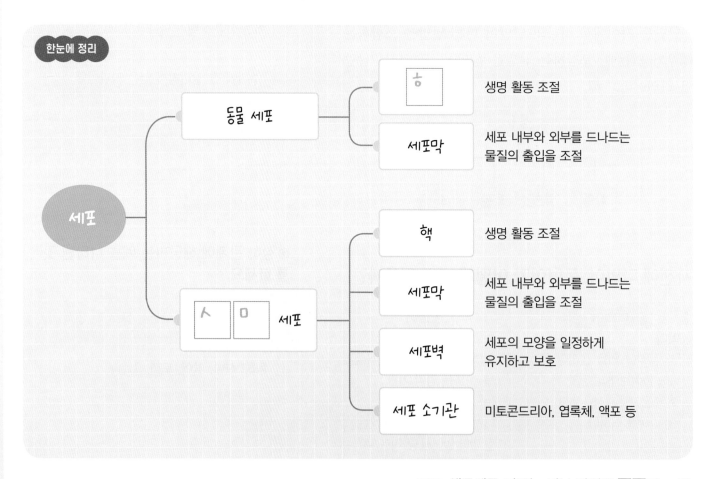

이해 ▶ 생물체를 이루는 기본 단위를 □□라고 해.

▶ 정답과 해설 23쪽

식물 세포의 구조

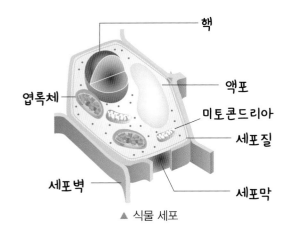

▲ 식물 세포

식물 세포는 세포막, 세포벽, 핵 외에도 미토콘드리아, 엽록체, 액포 등으로 이루어져 있어. 미토콘드리아는 생명 활동에 필요한 에너지를 공급하는 일을 하고, 엽록체는 광합성으로 녹말을 만드는 일을 해. 또 액포는 생명 활동 중에 생기는 노폐물을 저장하고 분해하는 곳이야. 식물은 배설 기관이 없기 때문에 액포에서 그 역할을 하고 있지. 그 중에서 세포벽, 엽록체, 액포는 식물 세포에만 있어.

세포는 모두 맨눈으로 볼 수 없을 만큼 크기가 작을까?

대부분의 세포들은 맨눈으로 볼 수 없을 만큼 크기가 매우 작아. 하지만 맨눈으로 볼 수 있는 세포도 있어. 타조알, 달걀, 개구리알 등이 그래. 알은 하나의 세포로 되어 있거든. 또 동물의 난자도 맨눈으로 볼 수 있는 크기야.

큰 생물의 세포는 작은 생물의 세포보다 더 클까?

생물의 크기가 크다고 해서 세포의 크기가 큰 것은 아니야. 생물의 크기는 세포의 크기보다 세포의 수에 따라 달라지기 때문이야. 즉 큰 생물은 세포의 크기가 큰 것이 아니라 세포의 수가 많은 거야.

◉ 빈칸에 공통으로 들어갈 알맞은 말을 쓰세요.

• 모든 생물은 (   )로 이루어져 있다.
• (   )는 생물체를 이루는 기본 단위이다.

◉ 알맞게 선으로 이어 보세요.

핵 •

세포벽 •

• 생명 활동을 조절하는 역할을 한다.

• 세포의 모양을 일정하게 유지하고 세포를 보호하는 역할을 한다.

◉ 식물 세포에만 있는 것을 골라 ○표를 하세요.

핵   세포막   엽록체

운동 기관인 뼈와 근육

뼈: 척추동물의 살 속에서 몸을 지탱하는 단단한 조직으로 된 것.
근육: 우리 몸속에서 뼈를 보호하고 몸이 움직일 수 있도록 해 주는 살의 조직.

앉았다가 일어나고, 걷고 달리는 이런 동작을 할 수 있는 것은 뼈와 그 뼈를 움직이게 하는 근육이 있기 때문이야. 우리 몸속 기관 중에서 움직임에 관여하는 뼈와 근육을 운동 기관이라고 해.

우리 몸속 뼈는 생김새가 다양해. 그리고 뼈의 종류에 따라 하는 일이 달라. 근육에 둘러싸여 있는 뼈는 우리 몸의 형태를 유지해 주고, 움직일 수 있게 도와줘. 그리고 심장이나 폐, 뇌 등 중요한 몸속 기관을 보호하는 역할을 해. 뼈는 혼자서는 움직일 수 없고, 근육이 있어야지만 움직일 수 있어.

근육은 뼈에 붙어 있는 힘살인데, 이것이 줄어들거나 늘어나면서 뼈를 움직이게 해 줘. 근육은 뇌로부터 명령을 받아 움직이는 거야. 우리 얼굴에는 근육이 있어서 다양한 표정을 지을 수 있지.

우리 몸을 구성하는 뼈는 종류와 생김새가 다양하며 움직임도 서로 달라. 우리 몸은 크고 작은 뼈 200여 개가 근육과 힘줄로 단단하게 연결되어 있어 우리가 자유롭게 움직일 수 있는 거야.

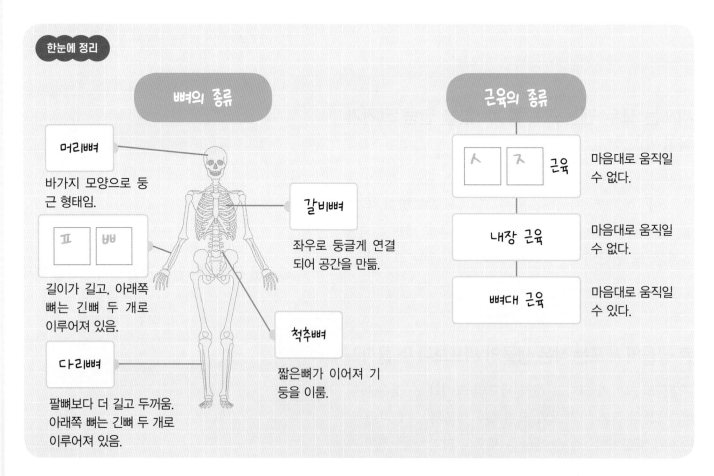

한눈에 정리

뼈의 종류

머리뼈
바가지 모양으로 둥근 형태임.

ㅍ ㅃ
길이가 길고, 아래쪽 뼈는 긴뼈 두 개로 이루어져 있음.

다리뼈
팔뼈보다 더 길고 두꺼움. 아래쪽 뼈는 긴뼈 두 개로 이루어져 있음.

갈비뼈
좌우로 둥글게 연결되어 공간을 만듦.

척추뼈
짧은뼈가 이어져 기둥을 이룸.

근육의 종류

ㅅ ㅈ 근육	마음대로 움직일 수 없다.
내장 근육	마음대로 움직일 수 없다.
뼈대 근육	마음대로 움직일 수 있다.

이해▶ 사람의 몸에서 운동에 관여하는 기관은 □와 □□이 있어.

뼈와 근육의 역할

뼈

뼈는 몸의 형태를 만들고 지지하며 뇌와 심장과 폐 등 우리 몸속의 여러 기관을 보호해.

근육

뼈와 연결되어 있는 근육은 길이가 줄어들거나 늘어나면서 뼈를 움직임으로써 우리가 움직일 수 있게 해 줘. 뼈대 근육은 운동을 관할하는 근육이고, 내장 근육은 주로 소화 기관이나 혈관 벽 등을 비롯하여 주머니 모양의 방광, 자궁 등의 벽을 이루는 근육이야. 심장 근육은 심장의 벽을 이루는 근육이지. 뼈대 근육은 마음대로 움직일 수 있지만, 내장 근육이나 심장 근육은 마음대로 움직일 수가 없어.

팔은 어떻게 구부러지고 펴질까?

근육은 질긴 힘줄로 뼈와 연결되어 있어서, 근육이 줄어들면 뼈를 잡아당기고 근육이 늘어나면 뼈를 놓기 때문에 우리 몸이 움직일 수 있는 거지. 팔이 움직이는 모습을 살펴볼까?

팔뼈에 붙어 있는 안쪽 근육이 줄어들면, 이 근육의 작용으로 바깥쪽 근육이 늘어나면서 뼈가 따라 올라와 팔이 구부러지는 거야.

안쪽 근육이 줄어듦.

바깥쪽 근육이 늘어남.

반대로 팔 안쪽 근육이 늘어나면 바깥쪽 근육은 줄어들면서 팔이 펴지고 뼈가 따라 내려가는 거야.

안쪽 근육이 늘어남.

바깥쪽 근육이 줄어듦.

◉ 알맞은 말에 ○표를 하세요.

> (뼈 , 근육)은(는) 우리 몸의 형태를 만들어 주고, 심장이나 폐, 뇌 등 중요한 몸속 기관을 보호하는 역할을 한다.

◉ 우리 몸 속의 뼈와 그에 대한 설명을 알맞게 선으로 이어 보세요.

머리뼈 •	• 바가지 모양으로 둥근 형태이다.
갈비뼈 •	• 짧은뼈가 이어져 기둥을 이룬다.
척추뼈 •	• 좌우로 둥글게 연결되어 공간을 만든다.

◉ 알맞은 것에 ○표를 하세요.

근육은 뼈에 붙어 있다.	☐
뼈는 근육을 움직이게 한다.	☐
근육의 길이는 위치에 상관없이 일정하다.	☐

가깝고도 밀접한 이웃 나라

이웃 나라는 국경을 마주하고 있는 인접한 나라나 정치, 경제, 사회, 문화적으로 밀접한 관련을 맺고 있는 나라를 말해.

우리나라와 국경을 마주하고 있는 나라는 중국, 일본, 러시아야. 우리나라의 서쪽에 위치한 중국은 세계에서 네 번째로 영토가 넓고, 세계에서 가장 인구가 많아. 우리나라 동쪽에 있는 일본은 네 개의 큰 섬과 3000개가 넘는 작은 섬들로 이루어진 나라야. 화산과 지진 활동이 활발하며, 사방이 바다로 둘러싸여 있지. 우리나라 북쪽에 있는 러시아는 세계에서 영토가 가장 넓은 나라야. 엄청 추운 겨울이 길고 서늘한 여름은 짧대.

무역이나 교류를 통해 우리나라와 밀접한 관계를 맺고 있는 나라도 있어. 미국은 우리나라와 무역을 많이 하는 나라 중 하나야. 각종 지하 자원과 에너지 자원이 풍부해. 사우디아라비아는 세계적인 원유 수출국으로 우리나라가 석유의 원재료인 원유를 수입하는 대표적인 나라야. 베트남은 우리나라가 수출을 많이 하는 나라 중 하나야. 넓은 평야가 발달해 벼가 많이 재배되어 세계적인 쌀 수출 국가지.

이웃 나라: 국경을 마주하고 있거나 정치, 경제, 문화적으로 밀접한 관계를 맺고 있는 나라.

한눈에 정리

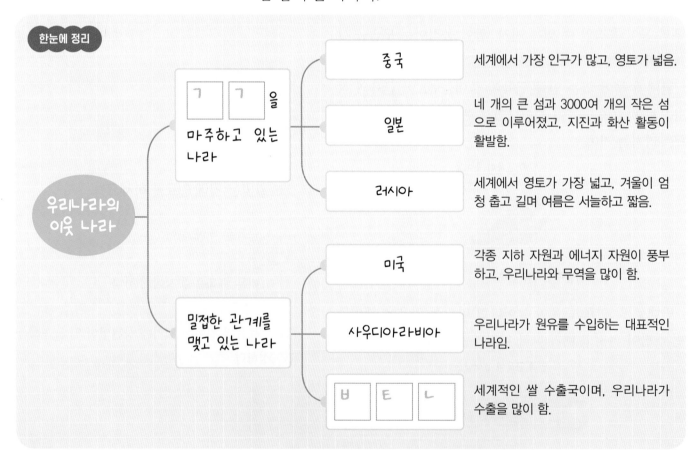

우리나라의 이웃 나라

ㄱ ㄱ 을 마주하고 있는 나라

중국 — 세계에서 가장 인구가 많고, 영토가 넓음.

일본 — 네 개의 큰 섬과 3000여 개의 작은 섬으로 이루어졌고, 지진과 화산 활동이 활발함.

러시아 — 세계에서 영토가 가장 넓고, 겨울이 엄청 춥고 길며 여름은 서늘하고 짧음.

밀접한 관계를 맺고 있는 나라

미국 — 각종 지하 자원과 에너지 자원이 풍부하고, 우리나라와 무역을 많이 함.

사우디아라비아 — 우리나라가 원유를 수입하는 대표적인 나라임.

ㅂ ㅌ ㄴ — 세계적인 쌀 수출국이며, 우리나라가 수출을 많이 함.

이해 ▶ 국경을 마주하고 있는 나라나 정치, 경제, 사회, 문화적으로 밀접한 관련을 맺고 있는 나라를 ☐☐ ☐☐라고 해.

우리나라와 이웃 나라의 생활 모습 /////////////////

문자

우리나라, 중국, 일본은 지리적으로 가까이 있어서 오래 전부터 활발히 교류했어. 그래서 중국 문자인 한자의 영향을 받아 한자 문화권에 속하게 되었지. 일본은 중국의 한자와 한자의 일부를 변형하거나 간단하게 만든 '히라가나'를 사용해. 우리나라는 한글이 만들어지기 전에 한자를 썼어. 지금도 한자로 된 표지판을 쉽게 볼 수 있고, 우리말에는 한자어가 많아.

식생활 도구

우리나라, 중국, 일본은 음식을 먹을 때 젓가락을 사용해. 하지만 세 나라의 젓가락 재질이나 모양은 서로 달라. 우리나라는 김치처럼 절인 음식을 많이 먹기 때문에 국물이 스며들지 않는 금속 젓가락을 사용하고, 중국은 큰 식탁에 둘러앉아 뜨겁고 기름진 음식을 먹기 때문에 젓가락이 길고 끝이 뭉툭해. 일본은 섬나라로 습하기 때문에 쉽게 녹슬지 않는 나무로 젓가락을 만들고, 생선 요리가 많아 가시를 편하게 바를 수 있도록 젓가락의 끝이 뾰족한 거야.

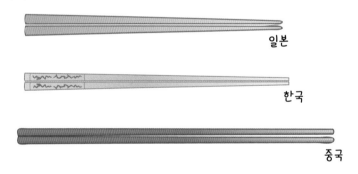

일본

한국

중국

러시아는 유럽에 속한 나라일까, 아시아에 속한 나라일까? /////////////////

세계에서 영토가 가장 넓은 러시아는 아시아와 유럽 두 개 대륙에 걸쳐 있는 나라인데 영토의 대부분이 아시아에 속해. 하지만 대다수의 사람들이 유럽에 가까운 서남부 지역에 살기 때문에 언어나 음식 문화 등 생활 모습은 유럽과 비슷하지.

◉ 우리나라와 국경을 마주하고 있는 나라를 모두 골라 ◯표를 하세요.

미국	일본	영국	러시아
중국	베트남	필리핀	사우디아라비아

◉ 알맞게 선으로 이어 보세요.

미국 •	• 지하 자원과 에너지 자원이 풍부하다.
베트남 •	• 우리나라가 석유 원재료인 원유를 수입하는 나라이다.
사우디 아라비아 •	• 벼가 많이 재배되어 세계적으로 쌀을 많이 수출하는 국가이다.

◉ 알맞은 말에 ◯표를 하세요.

러시아는 영토의 대부분이 (유럽 , 아시아)에 속한 나라이다. 하지만 대다수의 사람들은 (유럽 , 아시아)에 가까운 서남부 지역에 살기 때문에 생활 모습은 유럽과 비슷하다.

4회 ②

세계가 해결해야 할 빈곤과 기아

빈곤: 가난해서 생활하는 것이 어려운 상태.

기아: 먹을 것이 없어 굶주리는 것.

먹을 것이 넘쳐나고 많은 사람이 살을 빼기 위해 노력하는 지금, 세계의 수많은 사람이 굶주리고 있다는 사실을 아니? 기아와 빈곤은 아직도 해결되지 않은 지구촌 문제 중 하나야.

전 세계적으로 보면 모든 사람이 섭취할 수 있는 양의 식량을 생산하는데 왜 이런 빈곤과 기아 문제가 발생할까?

가장 큰 원인은 전쟁과 자연재해야. 전쟁은 수많은 인명과 재산 피해를 주고, 오랫동안 빈곤과 기아에 시달리게 해. 또 가뭄으로 식량 생산이 크게 줄거나 홍수나 태풍, 지진 등으로 집과 일터, 식량을 잃기도 하지.

이렇게 빈곤과 기아 문제를 겪고 있는 사람들을 돕기 위해 모금 활동을 펼치고, 물건과 식량 등을 지원해. 빈곤 때문에 교육을 받지 못하는 사람들이 교육을 받을 수 있도록 학교를 짓고, 교사를 보내기도 하지. 가뭄으로 큰 피해를 입은 곳에는 가뭄에 강한 작물을 키울 수 있도록 농업 기술을 지원해. 또 지구촌 사람들이 함께 참여할 수 있는 다양한 캠페인을 벌이기도 한단다.

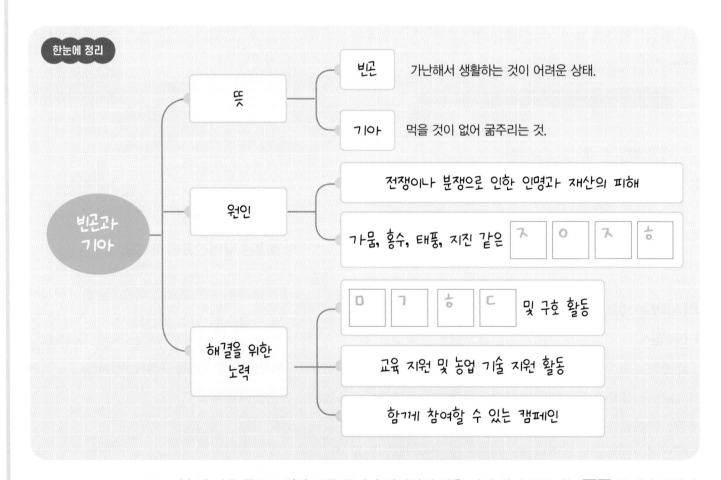

한눈에 정리

빈곤과 기아

- 뜻
  - 빈곤 — 가난해서 생활하는 것이 어려운 상태.
  - 기아 — 먹을 것이 없어 굶주리는 것.
- 원인
  - 전쟁이나 분쟁으로 인한 인명과 재산의 피해
  - 가뭄, 홍수, 태풍, 지진 같은 ㅈ ㅇ ㅈ ㅎ
- 해결을 위한 노력
  - ㅁ ㄱ ㅎ ㄷ 및 구호 활동
  - 교육 지원 및 농업 기술 지원 활동
  - 함께 참여할 수 있는 캠페인

이해 ▶ 계속된 가뭄 등으로 식량 부족 문제가 발생하면 먹을 것이 없어 굶주리는 ☐☐ 문제가 발생해.

빈곤과 기아의 사례 ////////////////

아프리카 대륙의 여러 나라는 매년 극심한 가뭄에 시달리고 있어. 가뭄이 계속되면 농작물 수확이 어려워서 식량이 부족해지고, 심각한 빈곤과 기아 문제로 이어져.

시리아는 2011년부터 지금까지 한 나라에서 싸우는 내전을 겪는 나라야. 오랜 전쟁과 폭력으로 기반 시설이 파괴되고, 사회는 마비되었지. 지금도 계속 빈곤과 기아 인구가 늘고 있어.

빈곤과 기아 문제를 겪는 나라들 ////////////////

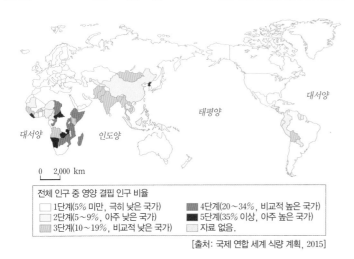

0   2,000 km

전체 인구 중 영양 결핍 인구 비율
☐ 1단계(5% 미만, 극히 낮은 국가)   ▨ 4단계(20~34%, 비교적 높은 국가)
☐ 2단계(5~9%, 아주 낮은 국가)   ■ 5단계(35% 이상, 아주 높은 국가)
▨ 3단계(10~19%, 비교적 낮은 국가)   ☐ 자료 없음.

[출처: 국제 연합 세계 식량 계획, 2015]

이것은 세계 기아 지도야. 각 나라의 영양실조 등 굶주림의 문제를 겪는 사람들의 비율을 파악해 지도에 나타낸 것이지. 지도를 보면 붉은색으로 갈수록 영양 결핍 비율이 높은 지역을 나타내. 유럽이나 미국 등에 비해 아프리카와 아시아 지역에서 영양 결핍 비율이 매우 높게 나타나고 있어.

세계의 농업 생산력으로 보면, 전 세계 인구가 먹고 남을 만큼 식량을 생산한다는데 왜 이런 일이 일어날까? 유엔에서는 자연재해, 전쟁 등과 함께 식량이 제대로 분배되지 않기 때문이라고 지적하고 있어.

◉ 알맞게 선으로 이어 보세요.

빈곤 •	• 먹을 것이 없어 굶주리는 것.
기아 •	• 가난해서 생활하는 것이 어려운 상태.

◉ 빈곤과 기아의 원인으로 알맞은 것에 ○표를 하세요.

가뭄	식량 생산
전쟁	영양 섭취

◉ 알맞은 것에 ○표를 하세요.

전쟁은 오랫동안 빈곤과 기아에 시달리게 한다.   ☐

기아는 아프리카 일부 지역의 문제이다.   ☐

전 세계 식량 생산이 인구 증가에 비해 턱없이 부족하다.   ☐

5회 ①

전류의 흐름, 전기 회로

전기 회로: 전류가 흐를 수 있도록 전지, 전선, 전구 등을 연결해 놓은 통로.

전기가 흐를 수 있게 전지, 전선, 전구 등 여러 가지 전기 부품을 연결한 것을 전기 회로라고 해. 이때 전기 회로에 흐르는 전기를 전류라고 하는데 이 전류는 (+)극에서 (−)극으로 흐르는 거야.

전지를 연결하는 방법은 전지 두 개 이상을 서로 다른 극끼리 연결하는 전지의 직렬 연결과, 전지 두 개 이상을 같은 극끼리 묶어서 연결하는 전지의 병렬 연결이 있어. 전지의 직렬 연결은 전류가 두 배로 흘러 전구가 밝게 빛나지만 그만큼 전기가 쉽게 소모돼. 하지만 전지 병렬 연결은 한 개의 전지를 연결했을 때와 같은 밝기로 빛나서 전지를 더 오래 쓸 수 있어.

전구를 연결하는 방법도 두 가지가 있어. 전구 두 개를 직렬 연결하면 전구가 한 줄에 있어 전류의 흐름에 방해가 돼. 전구 두 개를 병렬 연결하면 전구 한 개를 연결한 전기 회로가 여러 개 있는 것과 같아서 전구의 밝기는 전기 회로에 전구 한 개가 연결되어 있을 때와 같은 거지. 따라서 직렬 연결한 것보다 병렬 연결한 전기 회로의 전구가 더 밝아.

한눈에 정리

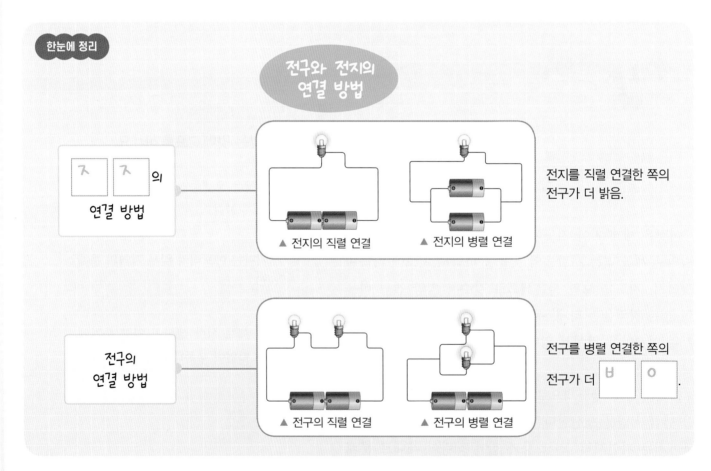

전구와 전지의 연결 방법

ㅈ ㅈ 의 연결 방법

▲ 전지의 직렬 연결　　▲ 전지의 병렬 연결

전지를 직렬 연결한 쪽의 전구가 더 밝음.

전구의 연결 방법

▲ 전구의 직렬 연결　　▲ 전구의 병렬 연결

전구를 병렬 연결한 쪽의 전구가 더 ㅂ ㅇ.

이해 ▶ 전류가 흐를 수 있도록 전지, 전선, 전구 등을 연결해 놓은 것을 ☐☐ ☐☐라고 해.

여러 가지 전기 부품

전구는 빛을 내는 전기 부품이야. 전구의 꼭지와 꼭지쇠로 전류가 흐르면 필라멘트에 빛이 나.

전기 끼우개는 전기 회로를 만들 때 전기 끼우개에 전구를 끼워 사용하면 선을 쉽게 연결할 수 있지.

전지는 전기 회로에 전류를 흐르게 해. 전지의 (+)극과 (−)극을 연결하면 전류가 흘러.

전지 끼우개는 전기 회로를 만들 때 전지 끼우개를 사용하면 전지를 전선에 쉽게 연결할 수 있어.

집게 달린 전선은 전류가 흐르는 통로야. 전선에 집게를 연결하면 전선을 여러 가지 전기 부품에 쉽게 연결할 수 있어.

스위치는 전기 회로에 전류를 흐르게 하거나 흐르지 않게 할 수 있어.

도체와 부도체

도체는 전자가 자유롭게 움직여 전기가 통하는 물질을 말해. 대표적인 도체로 철, 구리, 알루미늄, 흑연 등이 있어.

부도체는 전자가 자유롭게 움직이지 못하기 때문에 전기가 통하지 않은 물질을 말해. 종이, 유리, 비닐, 나무 등이 부도체에 해당하지.

반도체란 무엇일까?

부도체보다는 전기가 잘 통하지만 도체보다는 잘 통하지 않는 물질로 낮은 온도에서는 전기가 잘 통하지 않고 높은 온도에 전기가 잘 통해.

반도체는 전자 제품의 핵심 부품으로 사용되는데 컴퓨터, 텔레비전, 자동차 등 전기 제품 중에 반도체를 부품으로 사용하지 않는 것이 거의 없다고 보면 돼.

◉ 알맞은 말에 ○표를 하세요.

전기 회로에서 (전류 , 전구)는 전지의 (+)극에서 (−)극으로 흐른다.

◉ 다음 전구의 연결 방법을 알맞게 선으로 이어 보세요.

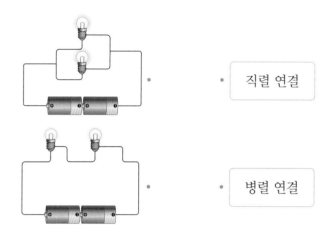

· 직렬 연결

· 병렬 연결

◉ 전기 회로에 대해 알맞게 설명한 것에 ○표를 하세요.

(가)   (나)

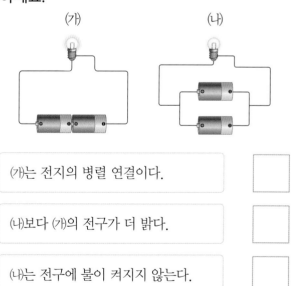

(가)는 전지의 병렬 연결이다. ☐

(나)보다 (가)의 전구가 더 밝다. ☐

(나)는 전구에 불이 켜지지 않는다. ☐

5회 ②

전기 자석, 전자석

전자석: 전류가 흐르면 자석이 되고, 전류를 끊으면 원래의 상태로 돌아가는 자석.

철심에 에나멜선을 감아 전기 회로와 연결한 다음 스위치를 닫으면 전류가 흐르는 전선 주위에 자석의 성질인 자기장이 형성되어 철심에 클립을 붙여 보면 클립이 붙게 돼. 반대로 스위치를 열어 전류를 흐르지 않게 하면 클립이 떨어지지. 전류가 흐르지 않아 자석의 성질을 잃어버리기 때문이야. 이처럼 전류가 흐르면 자석이 되고, 전류를 끊으면 자석의 성질을 잃고 원래의 상태로 되돌아가는 자석을 전자석이라고 해.

전자석은 직렬로 연결된 전지의 개수를 다르게 해 자기장의 세기를 조절할 수 있으며, 전류의 방향을 바꿔 양쪽 극을 서로 바꿀 수 있는 등의 장점이 있어.

전자석의 세기는 전기 회로에 직렬로 연결한 전지 개수가 많을수록, 에나멜선의 굵기가 굵을수록, 에나멜선을 많이 감을수록 커져. 이처럼 전자석은 비교적 쉽게 자석의 세기를 조절할 수 있고, 필요할 때만 자석의 성질을 만들 수 있어 생활에서 널리 이용되고 있어.

한눈에 정리

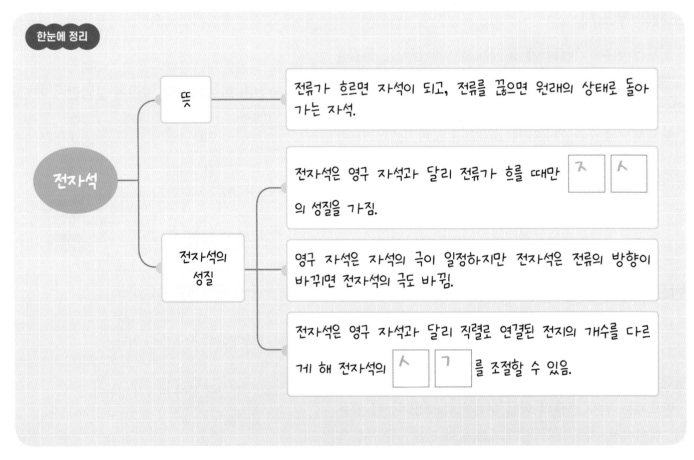

전자석

뜻: 전류가 흐르면 자석이 되고, 전류를 끊으면 원래의 상태로 돌아가는 자석.

전자석의 성질:
- 전자석은 영구 자석과 달리 전류가 흐를 때만 ㅈ ㅅ 의 성질을 가짐.
- 영구 자석은 자석의 극이 일정하지만 전자석은 전류의 방향이 바뀌면 전자석의 극도 바뀜.
- 전자석은 영구 자석과 달리 직렬로 연결된 전지의 개수를 다르게 해 전자석의 ㅅ ㄱ 를 조절할 수 있음.

이해 ▶ 전류가 흐르면 자석이 되고, 전류를 끊으면 원래의 상태로 돌아가는 자석을 □□□이라고 해.

전자석을 만드는 방법

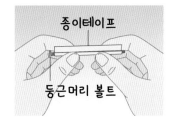

둥근머리 볼트에 종이테이프를 감습니다.

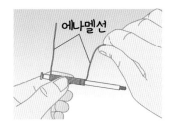

종이 테이프를 감은 둥근 머리 볼트에 에나멜선을 120번 정도 한쪽 방향으로 촘촘하게 감습니다.

에나멜선 양쪽 끝부분을 사포로 겉면을 벗겨 냅니다.

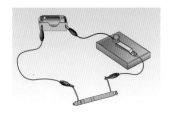

에나멜선 양쪽 끝부분을 전기 회로에 연결해 전자석을 완성합니다.

전자석의 쓰임은 무엇이 있을까?

　쇠붙이를 들어 올리는 기중기는 폐차장이나 무거운 쇠붙이를 옮기는 공장에서 주로 활용돼. 스피커에도 전자석이 이용되는데 음향 신호가 전류 신호로 바뀌어 스피커에 전달돼. 스피커의 전자석에 전류 신호가 흐르게 되면 전류 신호의 변화에 따라서 전자석의 세기와 극성이 달라지면서 스피커의 고깔을 진동시키게 돼. 전자석이 가장 많이 사용되는 예는 전동기야. 전기 면도기, 냉장고, 스피커, 선풍기, 세탁기, 컴퓨터 등의 전기 제품은 물론 자동차 등의 각종 기계에도 전자석을 이용한 전동기가 사용되고 있어.

◉ 다음 설명에 알맞은 말을 쓰세요.

> 전류가 흐르면 자석이 되고, 전류를 끊으면 원래의 상태로 돌아가는 자석을 말한다.

☐ ☐ ☐

◉ 알맞은 말에 ○표를 하세요.

> (직렬 , 병렬)로 연결된 전지의 개수를 다르게 해 전자석의 세기를 조절할 수 있다.

◉ 우리 생활에서 전자석이 쓰이는 예로 알맞은 것에 모두 ○표를 하세요.

기중기	☐
보온병	☐
스피커	☐

1 사법부에 대한 설명으로 알맞은 것은 무엇인가요? ( ) »----------------- 사회

① 법을 만드는 일을 하는 기관이다.
② 국무총리와 여러 개의 부, 처, 청 등이 있다.
③ 국회 의원들이 나라의 중요한 일을 하고 결정하는 곳이다.
④ 대통령을 중심으로 법에 따라 나라의 살림을 맡아 하는 곳이다.
⑤ 지위가 높은 공무원들의 파면을 심판하는 헌법 재판소가 있다.

2 경제 활동의 3대 주체로 다음에 해당하는 것은 무엇인지 두 글자로 쓰세요. »----------------- 사회

이윤을 얻기 위한 생산 활동을 주로 한다.

( )

3 생산 활동에 대한 설명으로 알맞지 않은 것에 △표를 하세요. »----------------- 사회

(1) 봉사 활동은 생산 활동에 속하지 않는다. ( )
(2) 자신과 가족을 위해 하는 집안일은 생산 활동이다. ( )
(3) 생산 활동에 참여해 얻은 소득으로 소비 활동을 하는 가족을 '가계'라고 부른다.
( )

4 다음 중 지구촌 환경 문제를 해결하기 위해 개인이 할 수 있는 일로 알맞은 것의 기호를 쓰세요. »----------------- 사회

㉮ 친환경 소재 개발 　㉯ 일회용품 사용 줄이기 　㉰ 파리 기후 협정 국제 규약 채택

( )

▶ 정답과 해설 **29**쪽

5 다음 문장에서 다의어에 해당하는 것을 찾아 기호를 쓰세요. 》------------ 국어

> <u>위쪽</u> 마을에 새로 만들어진 저 <u>다리</u>로 가면 쉽게 <u>옆</u> <u>동네</u>로 갈 수 있다.
> ㉮   ㉯   ㉰ ㉱

(   )

6 다음 중 '동물'의 하의 관계가 <u>아닌</u> 것은 무엇인가요? (   ) 》------------ 국어

① 소나무
② 강아지
③ 독수리
④ 고양이
⑤ 송아지

7 세포에서 핵이 하는 일로 알맞은 것에 ○표를 하세요. 》------------ 과학

(1) 생명 활동을 조절하는 역할을 한다.   (   )
(2) 세포의 모양을 일정하게 유지시킨다.   (   )
(3) 세포 내부와 외부를 드나드는 물질의 출입을 조절해 준다.   (   )

8 알맞은 말에 각각 ○표를 하세요. 》------------ 과학

> 식물 세포와 동물 세포 모두 크기가 매우 작아 맨눈으로 관찰하기 어렵다는 공통점이 있다. 그러나 식물 세포에는 (핵 , 세포벽)이 있지만 동물 세포에는 (핵 , 세포벽)이 없다는 차이점도 있다.

9 다음은 뼈와 근육 중에서 무엇에 대한 설명인지 쓰세요. 》 〔과학〕

> 심장이나 폐, 뇌 등 중요한 몸속 기관을 보호하는 역할을 한다.

(   )

10 우리나라가 석유의 원재료인 원유를 수입하는 나라는 어디인지 기호를 쓰세요. 》 〔사회〕

> ㉮ 중국   ㉯ 일본   ㉰ 러시아   ㉱ 베트남   ㉲ 사우디아라비아

(   )

11 중국에 대한 설명으로 알맞은 것에 ○표를 하세요. 》 〔사회〕

(1) 세계에서 영토가 가장 넓은 국가이다.   (   )

(2) 세계적으로 쌀 수출을 많이 하는 국가이다.   (   )

(3) 우리나라의 서쪽에 위치해 있고 세계에서 인구가 가장 많다.   (   )

▶ 정답과 해설 **30**쪽

12 빈곤과 기아를 겪는 원인 중에서 자연재해가 <u>아닌</u> 것을 찾아 기호를 쓰세요. 》 ┈┈┈┈┈┈┈┈┈┈ 사회

> ㉮ 홍수   ㉯ 가뭄   ㉰ 전쟁   ㉱ 지진

(   )

13 다음 중 전지를 오래 쓸 수 있는 전지 연결 방법을 찾아 기호를 쓰세요. 》 ┈┈┈┈┈┈┈┈┈ 과학

㉮   ㉯

(   )

14 다음 빈칸에 들어갈 알맞은 말을 세 글자로 쓰세요. 》 ┈┈┈┈┈┈┈┈┈┈┈┈┈┈┈ 과학

> 전류가 흐르면 자석이 되고, 전류를 끊으면 자석의 성질을 잃고 원래의 상태로 되돌아가는 자석
> 을 [   ]이라고 한다.

(   )

15 전자석이 사용되지 <u>않은</u> 것은 무엇인가요? (   ) 》 ┈┈┈┈┈┈┈┈ 과학

① 냉장고
② 세탁기
③ 선풍기
④ 텔레비전
⑤ 전기 면도기

사회 | 나랏일을 맡아보는 국가 기관

나랏일을 세 개의 ☐☐☐☐ 에서 나눠서 하도록 한 제도를 삼권 분립이라고 해요.

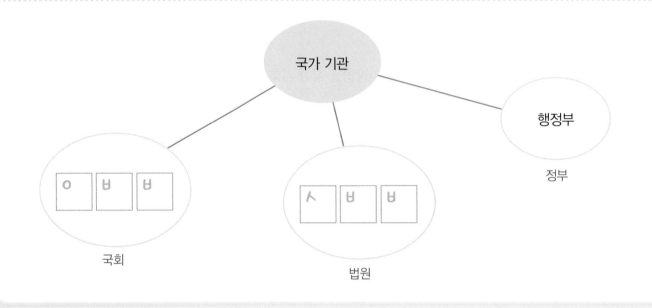

국가 기관

ㅇ ㅂ ㅂ

국회

ㅅ ㅂ ㅂ

법원

행정부

정부

사회 | 경제 활동의 주체 가계, 기업, 정부

경제 주체는 경제 활동을 하는 개인이나 집단으로 ☐☐ , ☐☐ , ☐☐ 가 있어요.

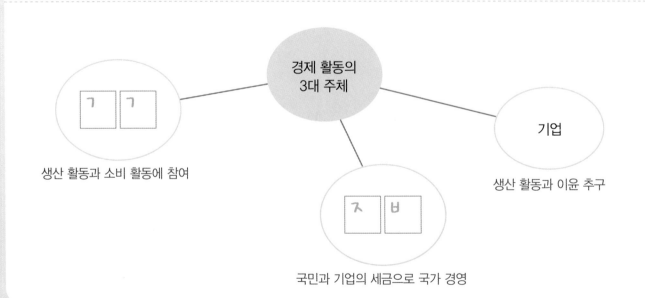

경제 활동의
3대 주체

ㄱ ㄱ

생산 활동과 소비 활동에 참여

ㅈ ㅂ

국민과 기업의 세금으로 국가 경영

기업

생산 활동과 이윤 추구

국어 다양한 낱말의 의미 관계

낱말들이 의미 중심으로 맺고 있는 관계를 낱말의 ☐☐ 관계라고 해요.

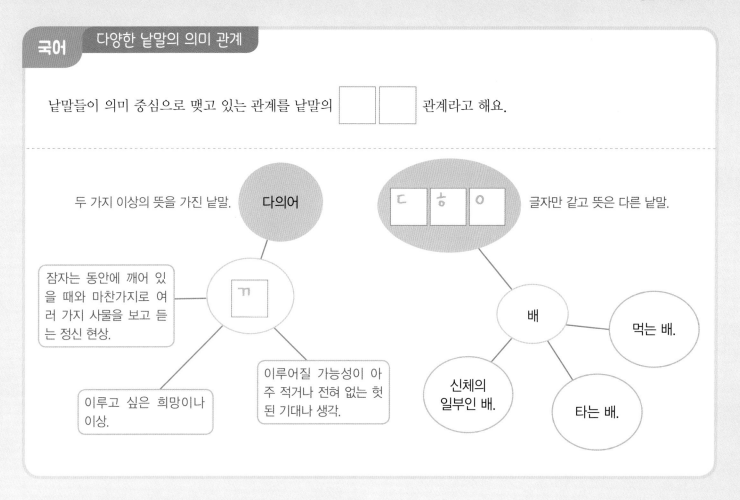

두 가지 이상의 뜻을 가진 낱말. **다의어**

잠자는 동안에 깨어 있을 때와 마찬가지로 여러 가지 사물을 보고 듣는 정신 현상.

ㄲ

이루고 싶은 희망이나 이상.

이루어질 가능성이 아주 적거나 전혀 없는 헛된 기대나 생각.

ㄷㅎㅇ 글자만 같고 뜻은 다른 낱말.

배

신체의 일부인 배.

먹는 배.

타는 배.

과학 몸을 이루는 가장 작은 단위인 세포

생물체를 이루는 기본 단위를 ☐☐라고 해요.

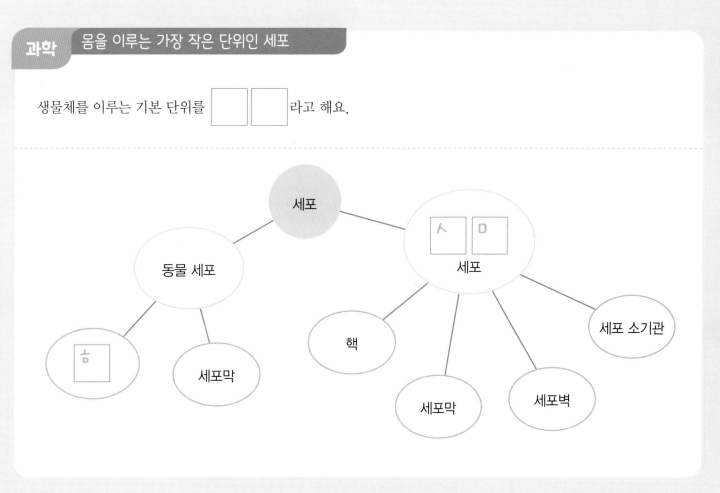

세포

동물 세포

ㅎ

세포막

ㅅㅁ 세포

핵

세포막

세포벽

세포 소기관

사람의 몸에서 운동에 관여하는 기관은 □ 와 □□ 이 있어요.

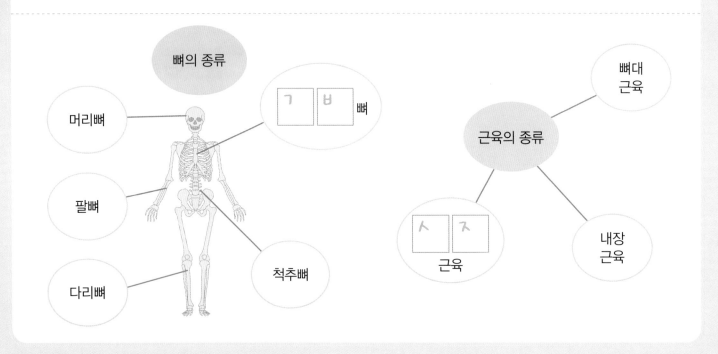

국경을 마주하고 있는 나라나 정치, 경제, 사회, 문화적으로 밀접한 관련을 맺고 있는 나라를

□□□□ 라고 해요.

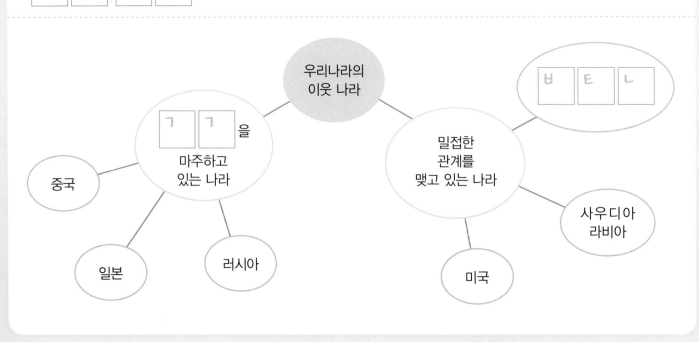

과학 전류의 흐름, 전기 회로

전류가 흐를 수 있도록 전지, 전선, 전구 등을 연결해 놓은 것을 ☐ ☐ ☐ ☐ 라고 해요.

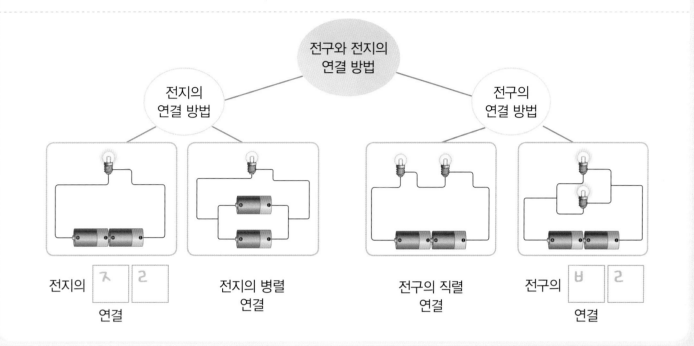

전지의 ㅈ ㄹ 연결

전지의 병렬 연결

전구의 직렬 연결

전구의 ㅂ ㄹ 연결

과학 전기 자석, 전자석

전류가 흐르면 자석이 되고, 전류를 끊으면 원래의 상태로 돌아가는 자석을 ☐ ☐ ☐ 이라고 해요.

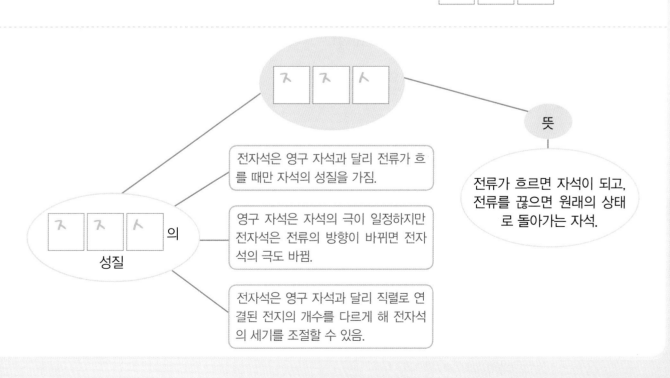

ㅈ ㅈ ㅅ

뜻

ㅈ ㅈ ㅅ 의 성질

전자석은 영구 자석과 달리 전류가 흐를 때만 자석의 성질을 가짐.

영구 자석은 자석의 극이 일정하지만 전자석은 전류의 방향이 바뀌면 전자석의 극도 바뀜.

전자석은 영구 자석과 달리 직렬로 연결된 전지의 개수를 다르게 해 전자석의 세기를 조절할 수 있음.

전류가 흐르면 자석이 되고, 전류를 끊으면 원래의 상태로 돌아가는 자석.

'아빠의 날' 특집 행사

'아빠의 날' 특집 행사가 열리는 날이에요.

아빠와 함께 영서는 오랜만에 나란히 학교로 향했지요. 아빠도 학교 나들이에 긴장한 모습이었어요. 운동복을 입고 오라는 학교의 안내에 새 운동복을 사시고, 아침부터 머리를 올렸다내렸다 부쩍 신경 쓰시는 모습이었어요. 영서는 아빠의 모습이 낯설었어요.

"나, 어떠냐? 괜찮냐?"

교문을 들어서면서 아빠가 슬쩍 영서에게 물었어요.

"뭐가요?"

"너무 늙어 보이지 않니? 아니면 너무 촌스러워 보이나? 다른 아빠들도 많이 와 있을 텐데 아빠만 너무 달라 보이면 네가 창피해 할까 봐 신경 쓰여서 그래."

영서는 우뚝 멈춰 섰어요.

'아, 그래서 아빠가 그렇게 유별나게……. 그런 줄도 모르고.'

영서는 왠지 아빠한테 미안해졌어요. 그래서 아빠 얼굴을 쳐다보며 대답했지요.

"뭐, 아이돌 같지는 않지만 그런대로 괜찮아요. 그럭저럭 아저씨로는."

아빠가 빙긋 웃었어요.

"그렇게 웃으니까 더 낫네, 뭐. 덜 늙어 보여요."

"그러냐? 하하하."

"그렇게 빙구처럼은 웃지 말고요."

영서의 경고에 아빠가 다시 입을 딱 붙였지요.

"아빠, 긴장하지 말고요. 아저씨들이 다 그렇지 뭐. 멋있으면 얼마나 멋있겠어요? 연예인도 아니고."

"그럼 우리 영서랑 오랜만에 손잡고 들어갈까?"

"아이, 그건 싫어요!"

영서랑 아빠랑 농담을 주고받는 것도 오랜만의 일이었어요.

'어릴 때는 아빠랑 정말 잘 지냈었는데 왜 이렇게 사이가 멀어진 걸까?'

영서는 갑자기 아쉽다는 생각이 들었지요.

교실에는 반 아이들의 아빠들이 모여 있었어요. 키, 나이, 외모 모두 달랐지만 자기 아이한테서 눈을 떼지 못한다는 것은 모두 같았지요.

'아빠의 날' 행사 프로그램은 정말 많았어요.

첫 번째는 아빠와 함께 이인삼각달리기!

영서는 아빠가 체육복 바지를 무릎까지 걷어 올려서 깜짝 놀랐어요.

"아빠, 왜 그렇게 하시는 거예요? 아이, 창피해요!"

영서 말에 아빠가 흐허허, 웃으셨어요.

"이렇게 바지통을 단단히 접어야 잘 뛸 수 있어. 아빠가 학생 때는 달리기 선수였단다. 너랑 같이 뛰는 거니, 잘 달려야지."

첫 번째 시합은 영서와 아빠가 이겼어요. 그다음 시합에서 영서와 아빠는 정말 열심히 뛰었지만, 상대 선수 팀이 워낙 잘 달려서 간발의 차로 아쉽게 지고 말았어요. 아빠가 헉헉거리면서 힘들어 하셨어요.

"아빠, '달리기 선수'였다면서요?"

"아이고, 이제 나이가 들어서 그런지 예전 같지가 않네."

영서와 아빠는 열심히 뛰었지만 아쉽게도 선두 그룹에 끼지는 못했지요. 아빠는 무척 아쉬워했지만 사실 영서는 꼭 이기고 싶은 생각은 없었기에 큰 불

만은 없었어요. 아빠 때문에 졌느니 네가 느려서 졌느니 옥신각신하는 팀도 있었어요. 그런 팀은 왠지 집에서도 그렇게 싸울 것 같아서 별로 좋아 보이지는 않았어요.

두 번째는 아빠와 함께 요리하기.

강당 안의 테이블에는 김밥 재료가 준비되어 있었어요. 영서와 아빠는 일을 나누기로 했어요. 김밥 재료 썰기와 김에 밥과 재료들을 넣는 것은 아빠가, 재료 볶기와 김밥을 둘둘 마는 것은 영서가 하기로 했지요.

"아빠, 요리해 본 적은 있어요?"

영서가 물었어요. 아빠가 집에서 요리하는 것을 거의 본 적이 없었기 때문에 과연 요리를 할 수 있는지 알 수가 없었거든요.

"하하, 엄마랑 결혼하기 전에는 아빠가 혼자 밥을 해먹었단다."

"뭐라고요? 아빠가 집에서 요리하는 거 한 번도 본 적이 없는데."

"너 어릴 땐 아빠가 이유식도 만들어 먹이고 그랬는데……."

"아! 그랬었구나. 전혀 몰랐어요."

영서는 자기가 아빠를 잘 몰랐다는 생각이 들었어요. 둘은 손발을 맞춰서 척척 김밥을 쌌어요. 김밥을 다 싼 팀은 먹어도 된다는 말에 두 사람은 식탁으로 갔어요.

"넌 어릴 때부터 김밥을 참 좋아했어. 그래서 그때는 아빠가 김밥도 곧잘 쌌었는데. 지금은 너무 바빠져서 집에 일찍 오기도 힘드네."

생각해 보니 아빠가 바빠지면서 둘 사이가 차츰 벌어졌던 것 같았어요. 그래도 두 사람이 힘을 합쳐 만든 김밥은 아주 맛있었어요.

이어지는 내용은 106쪽에 >>>

3 주차

1회 사회

	학습 계획일
① 나라 살림을 꾸리는 세금	월 일
② 국내 총생산, 국민 총소득	월 일

2회 과학

	학습 계획일
① 볼록 렌즈의 특징, 빛의 굴절	월 일
② 무지개 빛, 빛의 분산	월 일

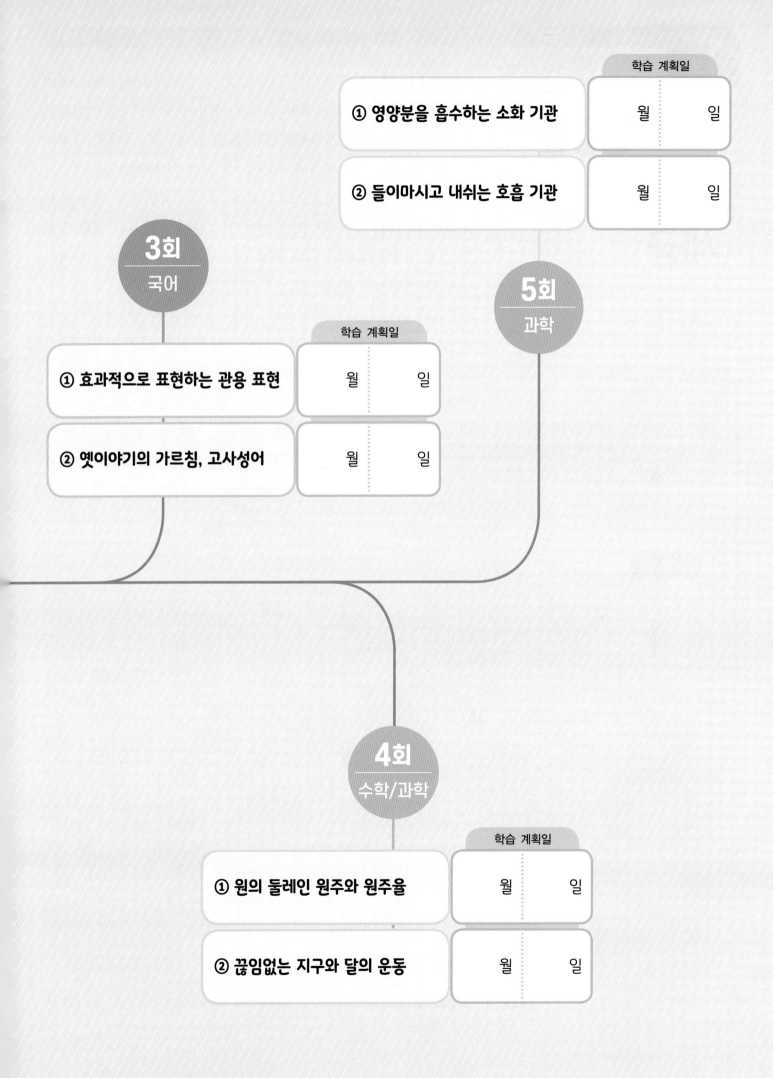

3회
국어

① 효과적으로 표현하는 관용 표현

학습 계획일
월　일

② 옛이야기의 가르침, 고사성어

학습 계획일
월　일

① 영양분을 흡수하는 소화 기관

학습 계획일
월　일

② 들이마시고 내쉬는 호흡 기관

학습 계획일
월　일

5회
과학

4회
수학/과학

① 원의 둘레인 원주와 원주율

학습 계획일
월　일

② 끊임없는 지구와 달의 운동

학습 계획일
월　일

1회 ①

나라 살림을 꾸리는 세금

세금: 국가나 지방 자치 단체가 필요한 돈을 마련하기 위해 국민으로부터 거두어들이는 돈.

헌법에서 제시한 국민의 의무가 있는데 그중의 하나가 납세의 의무야. 세금은 국가나 지방 자치 단체가 필요한 돈을 마련하기 위해 국민으로부터 거두어들이는 돈을 말하는데 국민은 나라의 살림을 튼튼히 하기 위하여 세금을 내야 할 의무가 있는 거지.

정부는 국민이 낸 세금으로 나라를 지키고 국민들의 건강을 보호하는 등 많은 일을 해. 또 가난하거나 나이가 많아서 생활이 힘든 사람들에게 생활하는 데 필요한 최소한의 생활비를 지원하는 것도 다 세금으로 하지.

우리가 내는 세금은 직접세와 간접세로 나눌 수 있는데, 부모님이 받는 월급에서 떼어지는 세금은 직접세야. 그리고 소비자가 물건을 살 때 붙는 세금은 간접세라고 해.

세금은 또 누가 걷느냐에 따라서 국세와 지방세로 나눌 수 있어. 국가에서 거두는 국세에는 소득세, 상속세, 법인세 등이 있고, 지방 자치 단체에서 거두는 지방세로는 주민세, 재산세, 자동차세 등이 있어.

한눈에 정리

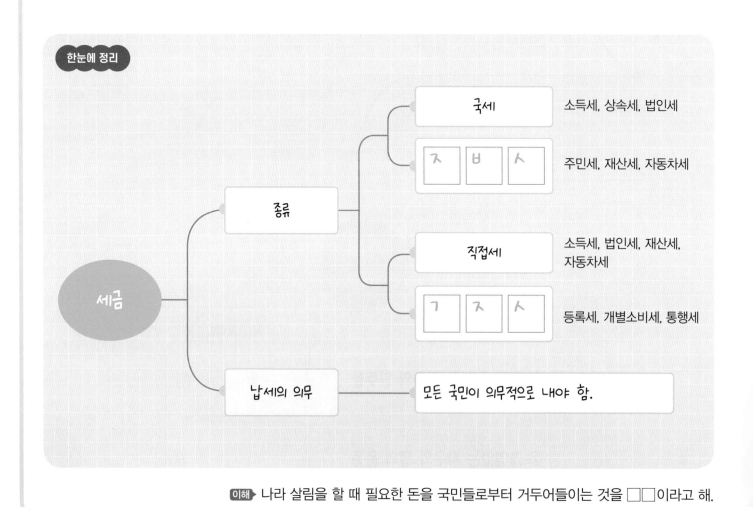

국세		소득세, 상속세, 법인세
ㅈ	ㅂ	ㅅ	주민세, 재산세, 자동차세

종류

직접세		소득세, 법인세, 재산세, 자동차세
ㄱ	ㅈ	ㅅ	등록세, 개별소비세, 통행세

세금

납세의 의무 ── 모든 국민이 의무적으로 내야 함.

이해 ▶ 나라 살림을 할 때 필요한 돈을 국민들로부터 거두어들이는 것을 □□이라고 해.

직접세와 간접세

직접세

직접세는 개인이나 기업이 벌어들인 소득에 세금을 부과하는 것으로 소득세라고도 해. 직접세를 내야 하는 소득은 근로 소득, 이자 소득, 재산 소득, 사업 소득, 증여 소득 등이 있어.

간접세

간접세는 부가가치세, 개별소비세, 관세 등이 있지.

천을 구해서 옷을 만들면 재료비보다 훨씬 높은 값으로 팔 수 있어. 명품 옷일수록 더욱 비싸게 팔릴 거야. 그 옷값에 매겨진 세금이 부가가치세야. 부가가치세는 물건이나 서비스를 판매한 사람이 가지고 있다가 신고 기간 내에 신고하고 납부해야 돼.

사치성 상품이나 골프장이나 경마장 같은 특정한 장소에서 소비하는 것에 대해 특별히 높은 세율을 적용하는 세금을 개별소비세라고 해. 에너지 절약, 환경 오염 방지 등의 목적으로 이와 관련 있는 상품에 개별소비세를 붙여서 소비량을 줄이기도 해.

외국의 상품을 우리나라로 들여올 때 그 상품에 부과하는 세금을 관세라고 해. 관세의 주된 목적은 국내 산업을 보호하기 위함이야.

여러 사람이 이용하는 것은 모두 세금으로 운영하는 공공시설일까?

여러 사람들이 이용한다고 다 공공시설은 아니야. 정부나 공공 단체 등에서 시민들이 낸 세금으로 만들고 관리하는 것을 공공시설이라고 해. 따라서 극장이나 백화점, 대형 마트는 공공시설이 아니야. 공공시설의 또 다른 특징은 대부분 무료로 이용할 수 있거나, 아주 적은 이용료만 내면 된다는 사실이야. 돈이 없는 사람들도 마음 놓고 이용할 수 있는 거지.

◉ 세금의 쓰임새에 대한 설명에 ○표를 하세요.

국가나 지방 자치 단체가 필요한 돈을 마련하기 위해 국민으로부터 거두어들이는 돈이다. ☐

기업에서 물건을 만들 때 필요한 재료를 구입하기 위해 쓰인다. ☐

◉ 알맞은 말에 ○표를 하세요.

국가에서 거두는 세금인 소득세, 상속세, 법인세 등은 (국세 , 지방세)에 해당한다.

◉ 알맞게 선으로 이어 보세요.

관세 • • 외국의 상품을 우리나라로 들여올 때 그 상품에 부과하는 세금

개별소비세 • • 사치성 상품, 고급 서비스의 소비에 대해 특별히 높은 세율을 적용하는 세금

1회 ②

국내 총생산, 국민 총소득

국내 총생산: 생산한 사람의 국적에 상관없이 일정한 기간 안에 한 나라에서 만들어진 물건과 서비의 가치를 돈으로 계산한 것.

국민 총소득: 일정한 기간에 한 나라에서 국민이 벌어들인 소득.

국민 소득을 나타내는 기준에는 여러 가지가 있는데 그중 대표적인 것은 국내 총생산(GDP)과 국민 총소득(GNP)이야.

국내 총생산(GDP)은 생산한 사람이 외국인이든 우리나라 사람이든 국적에 상관없이 일정한 기간에 한 나라에서 만들어진 물건과 서비스의 가치를 돈으로 계산한 것이야. 국내 총생산(GDP)이 많아지면 경제가 성장했다고 하고, 반대로 줄어들면 경제 성장이 마이너스가 되었다고 하지.

국민 총소득(GNP)은 일정한 기간에 한 나라에서 국민이 벌어들인 소득을 말해. 국민 총소득은 어느 나라에서 벌었든, 우리나라 국민이 벌어들인 돈이라면 모두 포함시켜.

최근 나라 간 경제 교류가 활발해지면서 GNP보다는 GDP를 더 중요하게 생각해. 외국에 진출한 우리나라 기업은 현지 외국인과 일하며 그 나라에서 돈을 쓰지만 우리나라에 진출한 외국 기업은 우리나라 사람을 고용하고 우리나라에서 돈을 쓰기 때문이야.

한눈에 정리

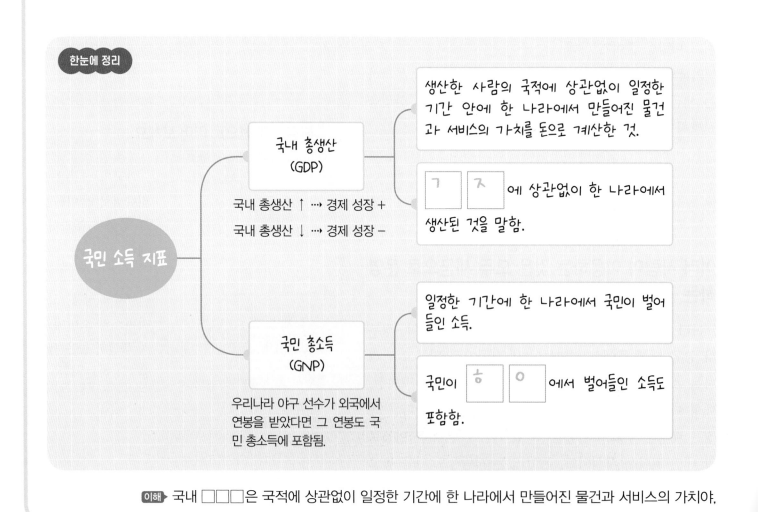

이해 국내 □□□은 국적에 상관없이 일정한 기간에 한 나라에서 만들어진 물건과 서비스의 가치야.

▶ 정답과 해설 **36**쪽

경제 성장률과 1인당 국민 총소득

경제 성장률

경제 성장률은 올해의 국내 총생산이 지난해의 국내 총생산에 비해서 얼마나 증가했는지를 백분율로 나타낸 것이야. 올해 경제 성장률이 5%라고 하면, 이것은 지난해에 비해서 5% 성장했다는 뜻이야.

대개 경제 성장률이 높으면 생산과 판매, 소득이 늘어나고 기업들도 많은 돈을 벌게 되지만 그렇다고 경제 성장률이 높다고 무조건 좋은 것은 아니야. 지나치게 빨리 성장하면 인플레이션이나 환경 오염 같은 부작용도 생길 수 있기 때문이지.

1인당 국민 총소득

대체로 국민 총소득이 높은 나라와 1인당 국민 총소득이 높은 나라는 서로 다르게 나타나는 경우가 많아. 1인당 국민 총소득이란 국민 총소득을 그 나라의 인구 수로 나눈 거야. 인구가 많아 국민 총소득은 높은데 1인당 국민 총소득이 낮다면, 그 나라 국민 개개인이 잘 산다고 할 수는 없을 거야.

국가 경제 위기를 극복한 사례는 무엇이 있을까?

우리는 1997년 말에 외환 위기라는 큰 어려움을 겪었어. 이 경제 위기를 해결하기 위해 정부는 1997년 12월 말 국제 통화 기금 (IMF)에서 돈을 빌렸어. 이때 많은 기업이

문을 닫았고, 일자리를 잃은 근로자도 많았어.

이 경제 위기를 극복하기 위해 우리는 금 모으기 운동에 참여하고, 국산품을 애용하였어. 기업은 기술 개발에 힘썼지. 정부는 일자리를 잃은 사람들에게 일자리를 주기 위해 힘썼어. 모두가 노력한 결과, 4년 후 우리나라는 IMF의 빚을 모두 갚을 수 있었지.

◉ 알맞게 선으로 이어 보세요.

| 국내 총생산 | · | · | 외국인이 국내에서 벌어들인 돈을 포함한다. |
| 국민 총소득 | · | · | 우리나라 사람이 외국에서 벌어들인 돈을 포함한다. |

◉ 알맞은 말에 ○표를 하세요.

국내 총생산이 지난해의 국내 총생산에 비해서 얼마나 증가했는지를 백분율로 나타낸 것을 (물가지수 , 경제 성장률)이라고 한다.

◉ 1인당 국민 총소득에 대한 설명에 ○표를 하세요.

국민 총소득을 그 나라의 인구 수로 나눈 수를 말한다.

국민 총소득이 높은 나라는 반드시 1인당 국민 총소득도 높다.

2회 ①

볼록 렌즈의 특징, 빛의 굴절

빛이 비스듬히 나아갈 때 서로 다른 물질의 경계에서 빛이 꺾여 나아가는 것을 빛의 굴절이라고 해. 빛이 공기와 물의 경계에서 굴절하기 때문에 물체가 물속에 있을 때는 실제와 다르게 보이지.

우리가 사용하는 물건 중에도 빛을 굴절시키는 물건이 있어. 바로 볼록 렌즈야. 볼록 렌즈는 가운데가 가장자리보다 두꺼운 렌즈인데, 볼록 렌즈로 물체를 보면 빛을 굴절시키기 때문에 실제 모습과 다르게 보여. 볼록 렌즈의 가운데가 볼록하기 때문에 볼록 렌즈를 통과한 빛은 모두 가운데로 모이게 돼. 그래서 실제 물체보다 크게 보이기도 하고, 실제 물체와 달리 상하좌우가 바뀌어 보일 때도 있지.

우리 생활에서 볼록 렌즈는 어디에 이용될까? 돋보기, 현미경, 망원경, 쌍안경 등 물체를 크게 보이게 하기 위해 만든 물건에는 대부분 볼록 렌즈가 이용되지.

빛의 굴절: 빛이 비스듬히 나아갈 때 서로 다른 물질의 경계에서 빛이 꺾여 나아가는 것.

한눈에 정리

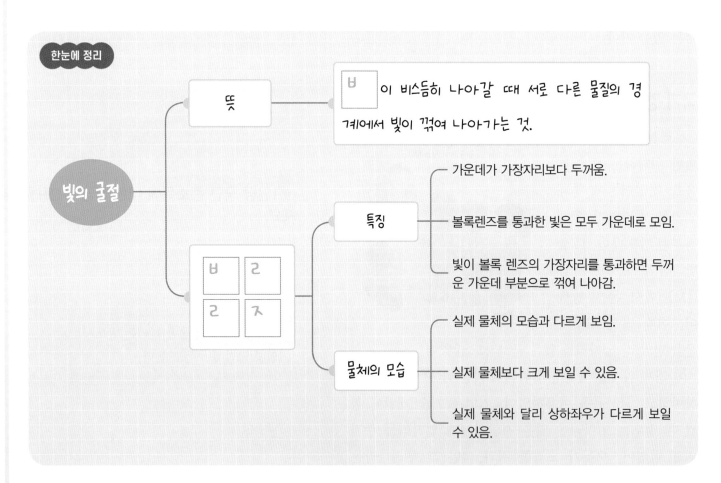

뜻 — ㅂ 이 비스듬히 나아갈 때 서로 다른 물질의 경계에서 빛이 꺾여 나아가는 것.

빛의 굴절

ㅂㄹㄹㅈ

특징
- 가운데가 가장자리보다 두꺼움.
- 볼록렌즈를 통과한 빛은 모두 가운데로 모임.
- 빛이 볼록 렌즈의 가장자리를 통과하면 두꺼운 가운데 부분으로 꺾여 나아감.

물체의 모습
- 실제 물체의 모습과 다르게 보임.
- 실제 물체보다 크게 보일 수 있음.
- 실제 물체와 달리 상하좌우가 다르게 보일 수 있음.

이해 서로 다른 물질의 경계에서 빛이 꺾여 나아가는 것을 빛의 □□이라고 해.

물고기가 보이는 곳에 없다고?

실제로 내가 어디 있는지 모를걸?

연못에 있는 물고기를 볼 때 물고기는 우리가 생각하는 위치에는 없다는 걸 알고 있니? 물고기에 닿아 반사된 빛은 물속에서 공기 중으로 나올 때 물과 공기의 경계에서 굴절되어 우리 눈으로 들어오지. 그런데 우리는 눈으로 들어온 빛의 연장선에 물고기가 있다고 생각해. 하지만 물속에 있는 실제 물고기의 위치는 우리가 생각하는 물고기의 위치보다 아래쪽에 있어.

볼록 렌즈로 햇빛을 모을 수 있다고?

볼록 렌즈로 햇빛 모으기

햇빛을 볼록 렌즈에 통과시키면 가장자리를 통과한 빛이 가운데 쪽으로 굴절되지. 그래서 햇빛이 한곳으로 모이게 돼. 볼록 렌즈로 햇빛을 모은 곳은 주변보다 밝기가 밝고 온도가 높아.

볼록 렌즈를 이용해 그림 그리기

볼록 렌즈로 햇빛을 모으면 온도가 높아져 종이를 태울 수 있어. 그래서 볼록 렌즈를 이용해 그림을 그릴 수 있는 거야. 종이에 검은색 등의 사인펜으로 그림을 그린 다음, 볼록 렌즈로 햇빛을 모아 검은색 부분을 태우면 돼.

◉ 알맞은 말에 ○표를 하세요.

> 빛이 비스듬히 나아갈 때 서로 다른 물질의 경계에서 빛이 꺾여 나아가는 것을 빛의 (파장 , 굴절)이라고 한다.

◉ 볼록 렌즈에 대한 설명에 ○표를 하세요.

> 가운데 부분이 가장자리보다 얇은 렌즈이다.

> 볼록 렌즈로 물체를 보면 실제 모습과 같게 보인다.

> 볼록 렌즈로 물체를 보면 상하좌우가 실제 모습과 다르게 보일 수 있다.

◉ 볼록 렌즈가 이용된 물건에 ○표를 하세요.

2회 ②

무지개 빛, 빛의 분산

빛의 분산: 빛이 여러 가지 색의 빛으로 나누어지는 현상.

비 온 뒤 무지개를 본 적이 있니? 무지개는 주로 햇빛에서 생겨나. 그렇다면 햇빛은 어떻게 여러 가지 색깔로 보이는 거지? 그걸 알기 위해서는 프리즘이라는 도구가 필요해. 프리즘은 유리나 플라스틱 등으로 만든 삼각기둥 모양의 기구야. 프리즘에 앞에 하얀색 도화지를 놓고 햇빛을 통과시키면 하얀색 도화지에 여러 가지 색깔이 나와. 이렇게 빛이 물이나 프리즘 유리에 굴절되어 여러 가지 색깔로 분리되는 것을 빛의 분산이라고 해. 빛의 분산은 햇빛이 여러 가지 색깔로 이루어져 있기 때문에 생기는 거야. 비가 온 뒤 무지개가 생기는 것도 같은 원리야. 유리의 비스듬하게 잘린 부분을 통과한 햇빛도 무지개를 만들지. 이렇게 빛이 여러 가지 색깔로 나누어지는 까닭은 무엇일까? 빛은 여러 가지 종류가 있는데 이 중 사람의 눈에 보이는 빛을 가시광선이라고 해. 그런데 가시광선은 색깔에 따라 물질에서 빛이 꺾이는 정도가 달라. 그래서 여러 가지 색깔의 빛이 섞여 있다가 물이나 프리즘, 유리 같은 물질을 만나 각각의 색깔로 나뉘는 거야.

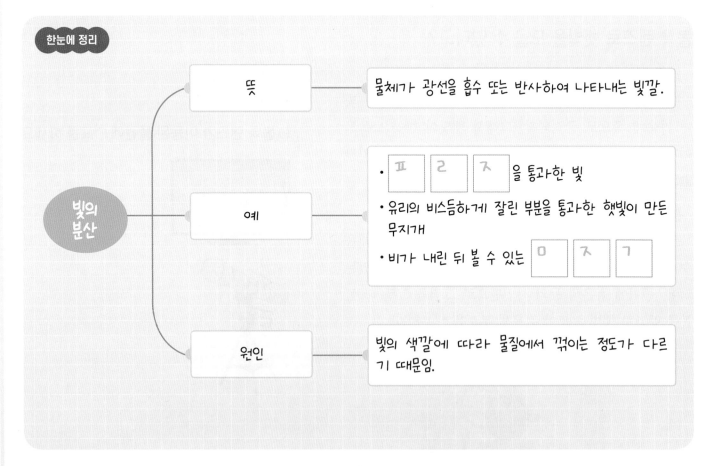

한눈에 정리

빛의 분산

뜻 — 물체가 광선을 흡수 또는 반사하여 나타내는 빛깔.

예 —
• ㅍ ㄹ ㅈ 을 통과한 빛
• 유리의 비스듬하게 잘린 부분을 통과한 햇빛이 만든 무지개
• 비가 내린 뒤 볼 수 있는 ㅁ ㅈ ㄱ

원인 — 빛의 색깔에 따라 물질에서 꺾이는 정도가 다르기 때문임.

이해 ▶ 빛의 □□은 빛이 여러 가지 색의 빛으로 나누어지는 현상을 말해.

빛의 분산

물이나 프리즘, 유리와 같은 투명한 것에 빛이 굴절되면서 여러 가지 색깔로 분리되는 현상을 말해.

무지개 만들기

무지개는 주로 비가 내린 뒤에 볼 수 있어. 왜 그럴까? 그건 물방울 때문이야. 공기 중에 있는 물방울이 프리즘 역할을 하기 때문에 무지개가 생기는 거야.

햇빛이 강한 날에 물이 담긴 분무기를 준비해서 밖으로 나가 봐. 그런 다음 해를 등지고 위를 넓게 분무기로 물을 뿌리면 무지개를 만들 수 있어.

우리 눈에 안 보이는 빛은?

빛에는 가시광선처럼 눈에 보이는 빛도 있지만, 눈에 보이지 않는 적외선이나 자외선도 있어. 빛을 프리즘에 통과시켰을 때 적외선은 가시광선의 빨간색 빛 바깥쪽에서 나와서 적외선이고, 자외선은 보라색 빛 바깥에서 나와서 자외선이라고 해. 적외선은 농수산물의 건조나 병원에서 소독할 때 등 생활 속에서 사용되지만 자외선은 피부를 검게 그을리게 하고 많이 쬐면 건강에도 해롭대.

◉ 알맞은 말에 ○표를 하세요.

> 프리즘 앞에 하얀색 도화지를 놓고 햇빛을 프리즘에 통과시키면 (한 가지 , 여러 가지) 색깔이 보인다.

◉ 프리즘과 비슷한 역할을 하는 것에 모두 ○표를 하세요.

유리	탁구공	물방울	돌멩이

◉ 빛이 여러 가지 색깔로 나누어진 현상을 볼 수 있는 경우에 ○표를 하세요.

3회 ①

효과적으로 표현하는 관용 표현

관용 표현: 원래의 뜻과는 다른 새로운 뜻으로 굳어져 쓰는 표현.

관용 표현이란 '코가 납작해지다', '입이 짧다'와 같이 둘 이상의 낱말이 합쳐져 원래의 뜻과는 다른 뜻으로 굳어져 사용하는 말을 말해.

관용 표현 중에서 관용어는 많은 사람이 두루 사용하지만 평범하지 않고 약간은 비속어의 느낌이 들어가 있기도 해. '입이 귀 밑까지 찢어지다'라는 표현만 봐도 알 수 있지. 또 직설적이거나 사실적이기보다는 비유적이고 과장적인 성격이 강해. 실제로 입이 귀 밑까지 찢어진다는 것은 상상조차 할 수 없는 일이잖아? 그래서인지 짧은 말이지만 인상적인 표현으로 인해 의사 전달이 확실하다는 특징이 있어.

관용 표현을 사용하면 전하고 싶은 내용을 짧은 말로 쉽게 표현할 수 있고, 재미있는 표현이어서 듣는 사람의 관심을 불러일으킬 수 있어. 그리고 뜻을 생각해 보는 과정이 생겨서 말하려는 내용이 풍부하고 정확해질 수 있어.

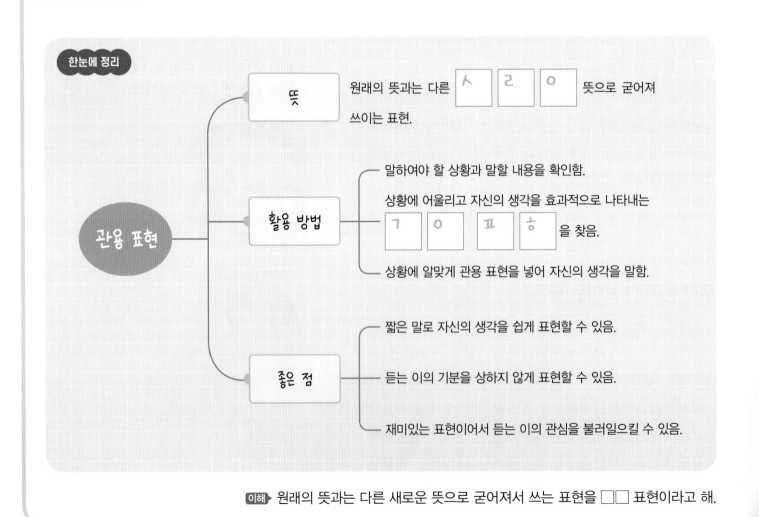

한눈에 정리

관용 표현

- **뜻**: 원래의 뜻과는 다른 ㅅㄹㅇ 뜻으로 굳어져 쓰이는 표현.

- **활용 방법**
  - 말하여야 할 상황과 말할 내용을 확인함.
  - 상황에 어울리고 자신의 생각을 효과적으로 나타내는 ㄱㅇㅍㅎ 을 찾음.
  - 상황에 알맞게 관용 표현을 넣어 자신의 생각을 말함.

- **좋은 점**
  - 짧은 말로 자신의 생각을 쉽게 표현할 수 있음.
  - 듣는 이의 기분을 상하지 않게 표현할 수 있음.
  - 재미있는 표현이어서 듣는 이의 관심을 불러일으킬 수 있음.

이해 ▶ 원래의 뜻과는 다른 새로운 뜻으로 굳어져서 쓰는 표현을 □□ 표현이라고 해.

우리 몸과 관련된 관용 표현

'눈'과 관련된 관용 표현

'눈에 띄다'는 두드러지게 드러나다, '눈을 돌리다'는 관심을 돌리다, '눈을 붙이다'는 잠을 잔다라는 뜻이야.

'입'과 관련된 관용 표현

'입을 모으다'는 여러 사람이 같은 의견을 말하다, '입이 짧다'는 음식을 가린다는 뜻이야.

'코'와 관련된 관용 표현

'코가 높다'는 잘난 체하고 뽐내는 기세가 있다, '코를 납작하게 만들다'는 기를 죽이다, '코 묻은 돈'은 어린아이가 가진 적은 돈이라는 뜻이야.

'귀'와 관련된 관용 표현

'귀를 기울이다'는 다른 사람의 말에 집중하여 듣다, '귀가 얇다'는 남의 말을 쉽게 받아들인다, '귀가 따갑다'는 너무 많이 들어서 듣기 싫다, '귀에 익다'는 자주 들은 기억이 있다는 뜻이야.

'손'과 관련된 관용 표현

'손을 뻗치다'는 적극적인 도움, 요구가 멀리까지 미치게 하다, '손에 익다'는 일이 손에 익숙해지다, '손이 크다'는 씀씀이가 크다라는 뜻이야.

'발'과 관련된 관용 표현

'발 벗고 나서다'는 적극적으로 나서다, '발을 구르다'는 매우 안타까워하거나 다급해하다, '발을 끊다'는 오가지 않거나 관계를 끊다, '발이 넓다'는 사귀어 아는 사람이 많아 활동하는 범위가 크다는 뜻이야.

관용 표현을 사용해서 말할 때에는?

예를 들어 친구가 주변에 아는 사람들이 많은 상황일 때 친구에게 '너는 참 아는 사람들이 많구나.'라는 것을 말하고 싶으면 관용 표현인 '친구야, 넌 정말 발이 넓구나!'라는 말을 쓸 수 있겠지?

◉ 관용 표현의 특징에 모두 ○표를 하세요.

사실적임.	
과장된 표현이 많음.	
비유적임.	

◉ 알맞은 내용에 ○표를 하세요.

'코가 (높다 , 넓다)'는 잘난 체하고 뽐내는 기세가 있다는 뜻의 관용 표현이야.

◉ 상황에 알맞은 관용 표현을 사용한 문장에 ○표를 하세요.

동생이 편식이 심해서 아버지께서 입이 짧다고 꾸중하셨다.	
급식실에서 실수로 식판을 쏟은 친구를 도와주기 위해 민서는 발을 끊었다.	

3회 ②

옛이야기의 가르침, 고사성어

고사성어: 옛 이야기에서 유래한 한자로 이루어진 말.

고사성어는 옛날에 있었던 일에서 유래하여 관용적인 뜻으로 굳어 쓰이는 한자로 된 말이야. '대기만성(大器晚成)'이란 '큰 그릇을 만드는 데는 시간이 걸린다.'라는 뜻인데, 이 고사성어는 어떤 이야기에서 유래했는지 알려 줄게.

옛날에 '최염'이라는 장수가 있었어. 그에게는 '최림'이라는 사촌 동생이 있었는데, 최림은 겉모습도 볼품없고 출세도 하지 못해 가족들에게 늘 무시를 당했어. 그런 최림에게 최염은 "너는 대기만성할 것이다. 모든 일을 신중하게 행동하면 반드시 큰 인물이 될 것이다."라고 격려했어. 최염의 말대로 최림은 훗날 높은 벼슬에 오르게 되었어. 여기서 '대기만성'은 크게 성공하기 위해서는 많은 노력과 시간이 필요하다는 의미로 쓰였지.

이와 같은 고사성어의 유래와 그 뜻은 많이 전해지고 있어. 상황에 맞는 고사성어 한마디는 길고 복잡한 어떤 설명보다도 설득력을 가지는 장점이 있어.

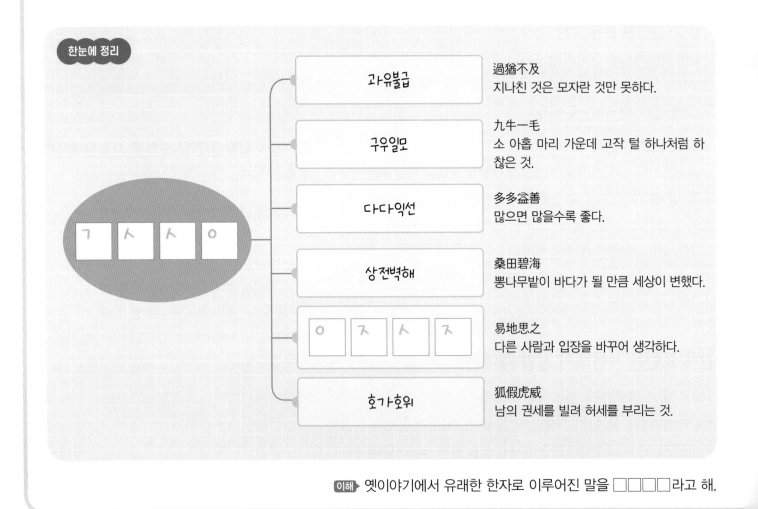

한눈에 정리

ㄱ ㅅ ㅅ ㅇ

과유불급	過猶不及 지나친 것은 모자란 것만 못하다.
구우일모	九牛一毛 소 아홉 마리 가운데 고작 털 하나처럼 하찮은 것.
다다익선	多多益善 많으면 많을수록 좋다.
상전벽해	桑田碧海 뽕나무밭이 바다가 될 만큼 세상이 변했다.
ㅇ ㅈ ㅅ ㅈ	易地思之 다른 사람과 입장을 바꾸어 생각하다.
호가호위	狐假虎威 남의 권세를 빌려 허세를 부리는 것.

이해 옛이야기에서 유래한 한자로 이루어진 말을 □□□□□라고 해.

주제별 고사성어

'친구'와 관련된 고사성어
'관포지교(管鮑之交)'는 옛날 중국의 관중과 포숙처럼 친구 사이가 다정함을 이르는 말이고, '백아절현(伯牙絕絃)'은 백아가 거문고 줄을 끊어 버렸다는 뜻으로, 자기를 알아 주는 친한 벗의 죽음을 슬퍼함을 이르는 말이야.

'독서'와 관련된 고사성어
'주경야독(晝耕夜讀)'은 낮에는 농사를 짓고 밤에는 공부를 한다는 뜻으로, 바쁜 틈을 타서 어렵게 공부함을 이르는 말이고, '위편삼절(韋編三絕)'은 한 권의 책을 몇십 번이나 되풀이해서 읽음을 비유하는 말이야.

'효도'와 관련된 고사성어
'망운지정(望雲之情)'은 구름을 바라보며 그리워한다는 뜻으로, 멀리 떠나온 자식이 부모님을 그리워하는 정을 이르는 말이고, '반포지효(反哺之孝)'는 많이 들어봤지? 까마귀 새끼가 자란 뒤에 늙은 어미에게 먹이를 물어다 주는 효를 뜻하는 말로, 자식이 자라서 부모에게 효도하는 것을 이르는 말이야.

'성공'과 관련된 고사성어
'금의환향(錦衣還鄉)'은 비단옷을 입고 고향에 돌아온다는 뜻으로, 출세해서 고향에 돌아옴을 이르는 말이고, '입신양명(立身揚名)'은 사회적으로 인정받고 출세하여 세상에 이름을 날림을 이르는 말이야. '괄목상대(刮目相對)'는 눈을 비비고 다시 보며 상대를 대한다는 뜻으로, 다른 사람의 학식이나 업적이 크게 나아진 것을 말해.

'사랑'과 관련된 고사성어
'오매불망(寤寐不忘)'은 자나깨나 잊지 못함을 이르는 말이야.

'노력'과 관련된 고사성어
'우공이산(愚公移山)'은 어리석은 사람이 산을 옮긴다는 뜻으로, 지금 비록 어리석고 힘든 일 같지만 차근차근 노력하면 그 뜻을 이룰 수 있음을 이르는 말이야.

◉ 성공과 관련된 고사성어에 ○표를 하세요.

관포지교(管鮑之交)	
역지사지(易地思之)	
입신양명(立身揚名)	

◉ 알맞은 내용에 ○표를 하세요.

(반포지효 , 망운지정)은/는 까마귀 새끼가 자란 뒤에 늙은 어미에게 먹이를 물어다 주는 효를 뜻하는 말로, 자식이 자라서 부모에게 효도하는 것을 뜻하는 고사성어야.

◉ '괄목상대'를 쓸 수 있는 알맞은 상황에 ○표를 하세요.

우리 할아버지는 젊었을 때 서울로 가서 성공하셔서 고향으로 돌아오셨대.

꾸준히 노력하는 사람은 시간이 지난 훗날 상상도 못 할 만큼 발전할 거야.

원의 둘레인 원주와 원주율

원주: 원의 둘레.
원주율: 지름에 대한 원주의 비율.

맛있는 피자를 주문하려고 하는데 정육각형 모양의 피자와 원 모양의 피자 중에 뭘 선택할지 고민될 때가 있어. 같은 값이면 왠지 더 커 보이는 피자를 고르고 싶어서야. 그럼 둘레를 재어서 비교해 볼까? 하지만 정육각형 모양 피자는 자로 쉽게 잴 수 있는 반면 원 모양 피자의 둘레는 어떻게 재어야 하지? 둘레는 도형의 가장자리를 합한 길이인데 원의 둘레를 일반 자로는 잴 수 없거든. 이럴 땐 실이나 구부리기 쉬운 줄자를 옆으로 세워 원의 가장자리를 재면 둘레를 알 수 있어.

원 모양 물건의 둘레를 재는 또다른 방법은 바퀴나 훌라후프처럼 굴릴 수 있는 둥근 물건은 한 바퀴 굴렸을 때 굴러간 거리를 재면 돼. 이와 같이 잰 원의 둘레를 간단히 원주라고도 해.

일일이 재지 않고 원의 둘레를 구하는 방법도 있어. 원주율을 알면 돼. 원의 지름에 대한 원주의 비, 즉 원주율은 항상 일정하기 때문에 지름 또는 반지름의 길이만 알면 아무리 큰 원이라도 원의 둘레를 구할 수 있지.

한눈에 정리

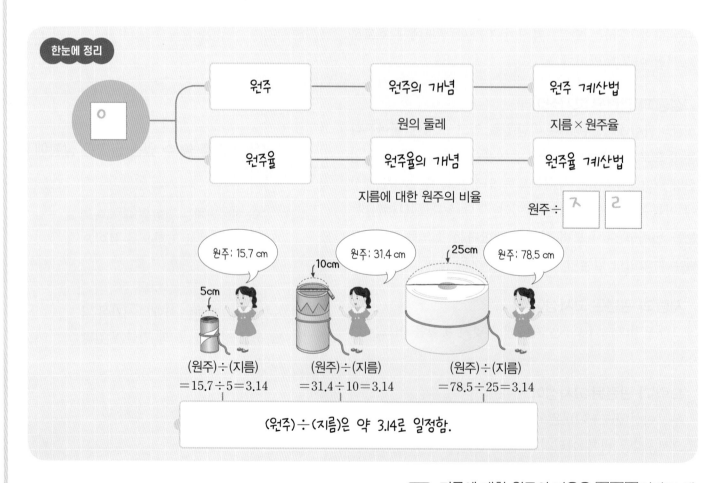

(원주)÷(지름)은 약 3.14로 일정함.

이해 지름에 대한 원주의 비율을 ☐☐☐이라고 해.

원주

원은 원의 중심, 지름, 반지름 그리고 원주로 이루어져 있는데 여기서 원주는 원의 둘레를 말하는 거야.

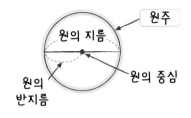

그림에서 보면 원의 지름이나 반지름이 길어지면 원주도 길어지고, 원의 지름이나 반지름이 짧아지면 원주도 짧아진다는 걸 알 수 있어.

원주율

원의 지름에 대한 원주의 비율을 원주율이라고 해.

(원주율)=(원주)÷(지름)

원주율은 원주를 지름으로 나누면 알 수 있는데 소수로 나타내면 딱 떨어지지 않고 3.141592……와 같이 끝없이 계속 이어지기 때문에 필요에 따라 3, 3.1, 3.14 등으로 어림하여 간단하게 사용하면 돼.

원주율은 원의 크기와 상관없이 지름에 대한 원주의 비는 항상 일정하다는 걸 알 수 있어.

원주율을 이용해서 원주를 구할 수 있을까?

지름을 알 때 원주율을 이용하면 원주를 구할 수 있어.

(원주율)=(원주)÷(지름) ➡ (원주)=(지름)×(원주율)

지름이 50 cm인 원 모양의 바퀴를 한 바퀴 굴렸을 때 한 바퀴 굴러간 거리가 바로 이 바퀴의 원주가 되는 거야.

바퀴의 원주

원주율이 3일 때 이 바퀴의 원주는 50×3=150(cm)가 되는 거지.

◉ 빈칸에 알맞은 말을 쓰세요.

원의 둘레를 (   )라고 한다.

◉ 알맞은 내용에 ○표를 하세요.

원의 (지름 , 반지름)에 대한 원주의 비율을 원주율이라고 한다.

◉ 알맞은 내용에 ○표를 하세요.

(원주)=(지름)÷(원주율)이다.

원의 지름이 길어지면 원주도 길어진다.

끊임없는 지구와 달의 운동

지구의 운동: 지구가 태양을 중심으로 1년에 한 바퀴씩 회전하는 것(공전)과 지구가 자전축을 중심으로 하여 하루에 한 바퀴씩 회전하는 것(자전).

달의 운동: 달이 지구를 중심으로 약 한 달에 한 바퀴씩 도는 운동(공전)과 달이 자전축을 중심으로 약 한 달에 한 바퀴씩 도는 운동(자전).

우리가 사는 지구는 가만히 멈춰 있는 것처럼 느껴지지만 사실은 끊임없이 운동을 하고 있어. 지구에는 북극과 남극을 이은 가상의 직선이 있는데, 이것을 자전축이라고 해. 지구는 자전축을 중심으로 하루에 한 바퀴씩 서쪽에서 동쪽(시계 반대 방향)으로 회전하는데, 이것을 지구의 자전이라고 하지. 하루 동안 태양과 달이 동쪽에서 서쪽으로 움직이는 것처럼 보이는 것은 지구의 자전 때문이야. 지구는 또 태양을 중심으로 일 년에 한 바퀴씩 서쪽에서 동쪽(시계 반대 방향)으로 일정한 길을 따라 회전하는데, 이것을 지구의 공전이라고 해. 계절에 따라 보이는 별자리가 다른 이유는 지구의 공전 때문이야.

달은 어떤 운동을 할까? 여러 날 동안 달을 관찰하면 30일을 주기로 초승달, 상현달, 보름달, 하현달, 그믐달의 순서로 모양이 변해. 그런데 모양만 변하는 게 아니라 위치도 달라져. 태양이 지고 난 뒤에 초승달은 서쪽 하늘에서 보이고, 상현달은 남쪽 하늘에서, 보름달은 동쪽 하늘에서 보이지.

한눈에 정리

지구와 달의 운동

- **지구**
  - ㅈ ㅈ : 지구는 자전축을 중심으로 하루에 한 바퀴씩 서쪽에서 동쪽(시계 반대 방향)으로 회전함.
  - **공전**: 지구는 태양을 중심으로 일 년에 한 바퀴씩 서쪽에서 동쪽(시계 반대 방향)으로 일정한 길을 따라 회전함.
- **달**
  - **모양 변화**: 달은 30일을 주기로 ㅊ ㅅ ㄷ , 상현달, 보름달, 하현달, 그믐달의 순서로 모양이 변함.
  - **위치 변화**: 여러 날 동안 같은 시각에 달을 관찰하면 그 위치가 서쪽에서 동쪽으로 조금씩 옮겨 가는 것을 알 수 있음.

이해 지구는 하루에 한 바퀴씩 ☐☐하고, 일 년에 한 바퀴씩 ☐☐을 해.

▶ 정답과 해설 42쪽

지구의 낮과 밤

지구는 하루에 한 바퀴씩 자전하기 때문에 태양을 향하는 쪽과 태양을 향하지 않는 쪽이 생겨. 이때 태양을 향하는 쪽은 태양 빛을 받기 때문에 낮이 되고, 태양을 향하지 않는 쪽은 태양 빛을 받지 못하기 때문에 밤이 되지. 그런데 계속 회전하기 때문에 하루에 낮과 밤이 번갈아 나타나는 거야.

여러 날 동안 달의 모양 변화

▲ 여러 날 동안 달의 모양 변화

약 30일을 주기로 달은 초승달에서 점점 커져서 상현달이 되고, 상현달에서 점점 커져서 보름달이 돼. 보름달부터는 점점 작아져서 하현달, 그믐달이 되지. 즉, 오른쪽 부분이 보이기 시작하면서 점점 왼쪽으로 커지다가 보름달이 지나고부터는 오른쪽이 점점 보이지 않게 되고 다시 그믐달 모양이 되지.

바닷물도 달의 영향을 받는다고?

바닷가에서는 하루에 두 번 물이 들어오고 나가는데 이러한 현상을 밀물과 썰물이라고 해. 태양과 달이 일직선 상에 있을 때는 달의 인력이 강해져서 바닷물을 많이 끌어당겼다가 풀어 주었다 해. 그리고 태양과 달이 직각을 이루게 되면 바닷물을 끌어당기는 힘이 나누어지기 때문에 바닷물의 움직임이 약해지지.

◉ 빈칸에 들어갈 알맞은 말을 쓰세요.

지구는 (　　　)을 중심으로 하루에 한 바퀴씩 서쪽에서 동쪽(시계 반대 방향)으로 자전한다.

◉ 지구의 자전 방향과 공전 방향을 알맞게 이어 보세요.

| 지구의 자전 | | 서쪽에서 동쪽 |

| 지구의 공전 | | 동쪽에서 서쪽 |

◉ 달의 이름에 해당하는 달의 모양을 알맞게 그려 보세요.

초승달	상현달	보름달	하현달	그믐달

5회 ①

영양분을 흡수하는 소화 기관

소화 기관: 음식물의 소화와 흡수를 담당하며 입에서 시작하여 식도, 위, 작은창자, 큰창자, 항문까지의 기관.

사람을 포함한 동물은 생활에 필요한 에너지와 영양소를 얻기 위해 음식물을 섭취해. 이때 섭취한 음식물의 영양분을 흡수하기 쉽도록 분해하는 과정을 소화라고 해.

우리가 먹는 음식들이 입으로 들어오면 여러 소화 기관들은 일을 하기 시작해. 이는 음식을 작게 쪼개고, 잘게 쪼개진 음식물은 식도를 지나 위에 도착해. 위는 소화를 돕는 액체를 분비하여 음식물을 더 잘게 쪼개는 역할을 해. 위를 빠져나온 음식물은 작은창자로 가는데, 구불구불한 작은창자는 소화를 돕는 액체를 분비하여 음식물을 작게 분해하고 영양소를 흡수하지. 큰창자는 주로 수분만 흡수하는데 음식물 찌꺼기에서 수분을 흡수한 후 소화되지 않은 음식물 찌꺼기는 항문을 통해 배출돼.

이렇게 우리가 먹은 음식물은 '입 → 식도 → 위 → 작은창자 → 큰창자 → 항문' 순으로 지나는 거야.

한눈에 정리

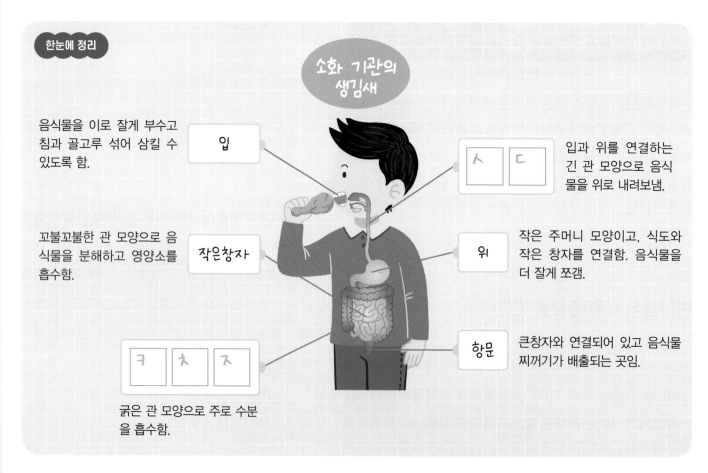

소화 기관의 생김새

음식물을 이로 잘게 부수고 침과 골고루 섞어 삼킬 수 있도록 함.
입

꼬불꼬불한 관 모양으로 음식물을 분해하고 영양소를 흡수함.
작은창자

ㅋ ㅊ ㅈ

굵은 관 모양으로 주로 수분을 흡수함.

ㅅ ㄷ
입과 위를 연결하는 긴 관 모양으로 음식물을 위로 내려보냄.

위
작은 주머니 모양이고, 식도와 작은 창자를 연결함. 음식물을 더 잘게 쪼갬.

항문
큰창자와 연결되어 있고 음식물 찌꺼기가 배출되는 곳임.

이해 ▶ 우리가 섭취한 음식물의 영양분을 흡수하기 쉽도록 분해하는 과정을 ☐☐라고 해.

작은창자

위와 대장 사이에 있는 길이 6~7 m에 이르는 소화관으로 소장이라고도 불러. 분해된 영양소는 대부분 작은창자에서 흡수되는데, 작

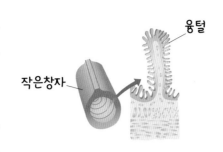

은창자 안쪽에는 주름이 많이 있어. 주름의 표면에는 작은 융털이 수없이 돋아나 있는데 영양소는 바로 이 융털에서 흡수가 돼.

큰창자

큰창자는 굵은 관 모양으로 식도, 위, 작은창자를 거치고 찌꺼기만 남은 음식의 수분을 흡수해. 수분이 빠져나간 음식 찌꺼기는 부피가 줄어들어, 변의 상태로 몸 밖에 내보내

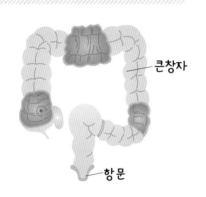

져. 큰창자의 길이는 1.5 m 정도로 작은창자의 4분의 1 정도지만, 대신 폭이 두 배 정도로 더 넓기 때문에 대장이라고도 불려.

음식을 왜 꼭꼭 씹어 먹어야 할까?

우리 몸이 음식물의 영양소를 소화하기 위해서는 음식물이 잘게 쪼개져야 하고 소화 효소가 필요해. 소화 효소는 영양소를 더욱 잘게 쪼개어 몸 안에서 흡수되기 쉬운 상태로 만들어. 입에서 나오는 침이 대표적인 소화 효소야. 음식물을 입안에 넣으면 귀, 턱, 혀에서 침이 나오는데 침은 음식물이 소화되기 쉬운 형태로 만들어 주지. 그래서 음식을 먹을 때 꼭꼭 씹으면 음식물이 더욱 잘게 쪼개지고, 침과 더 잘 섞여 소화가 더욱 잘 되는 거야.

◉ 소화 기관과 그곳에서 하는 일을 알맞게 선으로 이어 보세요.

위	•		•	음식물 찌꺼기의 수분을 흡수한다.
큰창자	•		•	소화를 돕는 액체를 분비하여 음식물과 섞고 음식물을 더 잘게 쪼갠다.

◉ 음식물의 소화 과정입니다. 빈칸에 들어갈 알맞은 말을 쓰세요.

입 → 식도 → (   ) → 작은창자 → 큰창자 → 항문

◉ 알맞은 말에 ○표를 하세요.

분해된 영양소는 대부분 (작은창자 , 큰창자)에서 흡수되는데 여기 안쪽에는 주름이 많이 있다.

5회 ②

들이마시고 내쉬는 호흡 기관

호흡 기관: 우리 몸에서 숨을 들이마시고 내쉬는 일에 관여하는 기관.

해녀는 산소마스크를 착용하지 않고 오로지 자신의 호흡으로만 바닷속 10 m 정도까지 내려가 전복, 소라 등의 해산물을 채취하는데, 한번 잠수할 때마다 1분간 숨을 참을 수 있다고 해. 해녀들의 이런 모습을 보고 나도 얼마나 물속에서 버틸 수 있나 시험을 해 본다면 평상시 느끼지 못했던 숨을 쉰다는 것의 중요성을 깨닫게 될 거야.

이처럼 숨을 들이마시고 내쉬는 활동을 호흡이라고 하고, 호흡에 관여하는 코, 기관, 기관지, 폐 등을 호흡 기관이라고 하지. 호흡 기관은 몸에 필요한 공기를 들이마시고, 불필요한 공기를 몸 밖으로 내보내지. 숨을 들이마실 때 코로 들어온 공기는 기관과 기관지를 지난 후 폐로 들어가. 숨을 내쉴 때 공기는 폐에서 기관지, 기관을 거쳐 코를 통해 밖으로 나가.

이처럼 호흡을 할 때 몸속에서 공기의 이동은 숨을 들이마실 때는 '코 → 기관 → 기관지 → 폐'이고 숨을 내쉴 때는 '폐→ 기관지 → 기관 → 코'의 순서야.

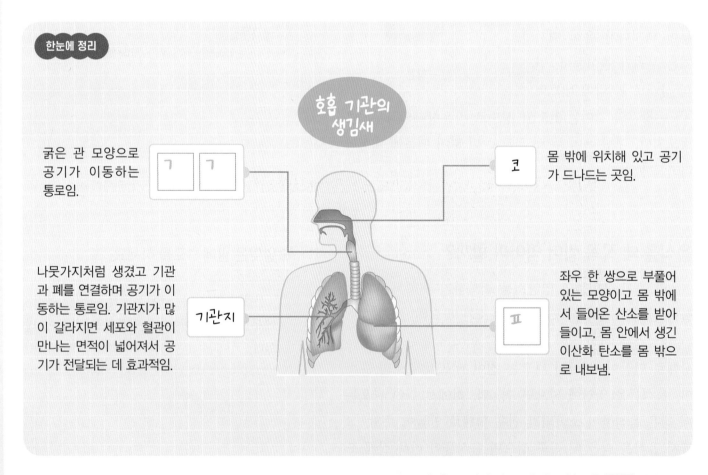

한눈에 정리

호흡 기관의 생김새

굵은 관 모양으로 공기가 이동하는 통로임.
기 기

코
몸 밖에 위치해 있고 공기가 드나드는 곳임.

나뭇가지처럼 생겼고 기관과 폐를 연결하며 공기가 이동하는 통로임. 기관지가 많이 갈라지면 세포와 혈관이 만나는 면적이 넓어져서 공기가 전달되는 데 효과적임.
기관지

ㅍ
좌우 한 쌍으로 부풀어 있는 모양이고 몸 밖에서 들어온 산소를 받아들이고, 몸 안에서 생긴 이산화 탄소를 몸 밖으로 내보냄.

이해 ▶ 숨을 들이마시고 내쉬는 활동을 □□이라고 해.

▶ 정답과 해설 **44**쪽

폐의 호흡 과정

　폐에는 근육이 없기 때문에 폐 스스로 움직일 수 없어. 폐로 공기가 드나드는 것은 갈비뼈와 가로막의 움직임 덕분이야. 공기를 들이마시는 들숨일 때는 갈비뼈 사이의 근육이 늘어나면서 가로막이 내려가. 이때 가슴 안이 넓어지면서 폐로 공기가 들어오지. 숨을 내쉬는 날숨일 때는 갈비뼈 사이의 근육이 줄어들면서 가로막이 올라가. 이때 가슴 안이 좁아지면서 공기가 폐에서 몸 밖으로 밀려 나가.

대기 오염이 질병을 일으키는 과정

　대기 오염 물질 가운데 미세먼지를 많이 마시면 기관지에서 걸러지지 않고 그대로 폐로 들어가. 미세먼지가 폐에 들어가면 기침과 열이 나는 기관지염이나 폐렴에 걸릴 수도 있어. 미세먼지는 면역력을 약화시키고 여러 가지 병을 일으키기 때문에 되도록 피하는 게 좋아.

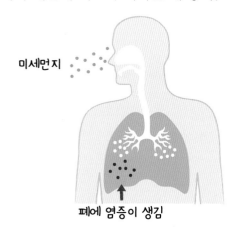

미세먼지

폐에 염증이 생김

높은 곳에 가면 왜 숨이 가빠질까?

　지표면의 공기에는 우리 몸에 중요한 산소가 21 % 정도 포함되어 있어. 그런데 높은 곳에 올라가면 공기 속의 산소가 줄어들어. 그래서 높은 곳에 올라가면 줄어든 산소를 보충하려고 숨을 자주 쉬게 되어서 호흡 수가 많아지고 숨이 가빠지는 거야.

◉ 알맞게 선으로 이어 보세요.

코		공기가 이동하는 통로임.
폐		산소를 흡수하고 이산화 탄소를 배출함.
기관		몸 밖에 위치해 있고 공기가 드나드는 곳임

◉ 알맞은 말에 ○표를 하세요.

　(기관 , 기관지)가 갈라져 있으면 세포와 혈관이 만나는 면적이 넓어져서 공기가 전달되는 데 효과적이다.

◉ 숨을 들이마시는 과정에 ○표를 하세요.

갈비뼈 사이의 근육이 늘어나면서 가로막이 내려간다.	

갈비뼈 사이의 근육이 줄어들면서 가로막이 올라간다.	

1 다음 빈칸에 들어갈 알맞은 말을 세 글자로 쓰세요. 》------------------- 사회

> 지방 자치 단체에서 거두는 (   )에는 주민세, 재산세, 자동차세 등이 있다.

(   )

2 개별소비세가 붙는 물품의 기호를 쓰세요. 》------------------- 사회

> ㉮ 고가의 보석 제품   ㉯ 외국에서 수입한 신발   ㉰ 우리나라에서 생산되는 과자

(   )

3 국민 총소득에 해당하는 것에 ○표를 하세요. 》------------------- 사회

(1) 한나라의 국민이 해외에서 벌어들인 소득   (   )
(2) 국적에 상관없이 국내에서 벌어들인 소득   (   )
(3) 우리나라에서 만들어진 물건과 서비스의 가치   (   )

4 다음 빈칸에 들어갈 알맞은 말을 두 글자로 쓰세요. 》------------------- 과학

> 빛이 공기와 물의 경계에서 (   )하기 때문에 물체가 물속에 있을 때는 실제와 다르게
> 보인다.

(   )

▶ 정답과 해설 **45**쪽

5 돋보기, 현미경, 망원경, 쌍안경에 사용하는 렌즈의 기호를 쓰세요. 》········ 과학

> ㉮ 볼록렌즈   ㉯ 오목렌즈

(   )

6 빛이 여러 가지 색깔로 나누어지는 까닭으로 알맞은 것에 ○표를 하세요. 》········ 과학

(1) 빛의 색깔에 따라 물질에서 꺾이는 정도가 다르기 때문이다.   (   )

(2) 사람의 눈은 가시광선, 적외선, 자외선 등을 볼 수 있기 때문이다.   (   )

7 관용 표현을 쓰면 좋은 점으로 알맞지 <u>않은</u> 것을 두 가지 고르세요. (,   ) 》········ 국어

① 관용 표현 없이 대화를 할 수가 없다.

② 짧은 말로 자신의 생각을 표현할 수 있다.

③ 듣는 이의 기분을 상하지 않게 표현할 수 있다.

④ 남녀노소 상관없이 누구나 쉽게 이해할 수 있다.

⑤ 재미있는 표현이어서 듣는 이의 관심을 불러일으킬 수 있다.

8 '매우 안타까워하거나 다급해하다.'의 뜻을 가진 관용 표현을 찾아 기호를 쓰세요. 》········ 국어

> ㉮ 발 벗고 나서다   ㉯ 발을 구르다   ㉰ 발을 끊다   ㉱ 발이 넓다

(   )

9 '독서'와 관련된 고사성어로 알맞은 것은 무엇인가요? (   ) » 국어

① 백아절현
② 주경야독
③ 망운지정
④ 괄목상대
⑤ 오매불망

10 원주율에 대한 설명으로 알맞지 <u>않은</u> 것에 ○표를 하세요. » 수학

(1) 원의 지름에 대한 원주의 비율을 원주율이라고 한다.   (   )
(2) 지름을 몰라도 원주율을 이용하면 원주를 구할 수 있다.   (   )
(3) 원주율은 원의 크기와 상관없이 지름에 대한 원주의 비는 항상 일정하다.   (   )

11 다음은 지구의 자전과 공전 중에서 무엇에 대한 설명인지 쓰세요. » 과학

> 지구가 태양을 중심으로 일 년에 한 바퀴씩 서쪽에서 동쪽(시계 반대 방향)으로 일정한 길을 따라 회전하는 것이다.

지구의 (   )

▶ 정답과 해설 **46**쪽

12 달 모양이 변하는 순서대로 기호를 쓰세요. » ··· 과학

(　　　) → (　　　) → (　　　) → (　　　) → (　　　)

13 다음과 같은 일을 하는 소화 기관은 무엇인가요? (　　　　) » ················· 과학

> 입과 위를 연결하는 긴 관 모양으로 음식물을 위로 내려보낸다.

① 코
② 식도
③ 큰창자
④ 기관지
⑤ 작은창자

14 빈칸에 들어갈 알맞은 말을 쓰세요. » ··· 과학

> (　　　　　　)은 대표적인 소화 효소로 음식물이 소화되기 쉬운 형태로 만들어 준다

(　　　　　　　　)

15 숨을 내쉴 때 몸속의 공기 이동에 ○표를 하세요. » ······························· 과학

(1) 코 → 기관 → 기관지 → 폐　　　　　　　　　　　(　　　)

(2) 폐 → 기관지 → 기관 → 코　　　　　　　　　　　(　　　)

3주차
정리 학습

사회 나라 살림을 꾸리는 세금

나라 살림을 할 때 필요한 돈을 국민들로부터 거두어들이는 것을 ☐☐ 이라고 해요.

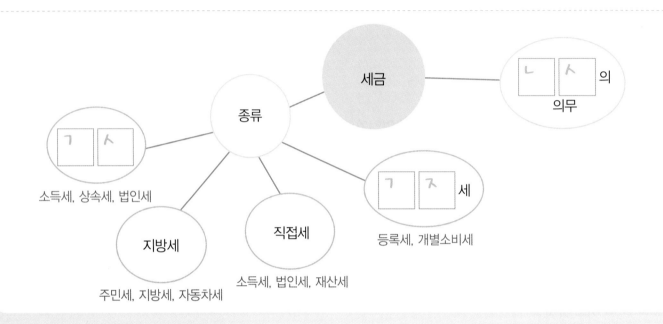

사회 국내 총생산, 국민 총소득

국내 ☐☐☐ 은 국적에 상관없이 일정한 기간에 한 나라에서 만들어진 물건과 서비스의 가치예요.

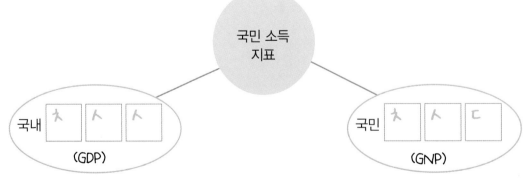

- 일정한 기간에 한 나라에서 만들어진 물건과 서비의 가치.
- 국적에 상관없이 한 나라에서 생산된 것을 말함.

- 일정한 기간 안에 한 나라에서 국민이 벌어들인 소득.
- 국민이 해외에서 벌어들인 소득도 포함함.

과학 볼록 렌즈의 특징, 빛의 굴절

서로 다른 물질의 경계에서 빛이 꺾여 나아가는 것을 빛의 ☐☐ 이라고 해요.

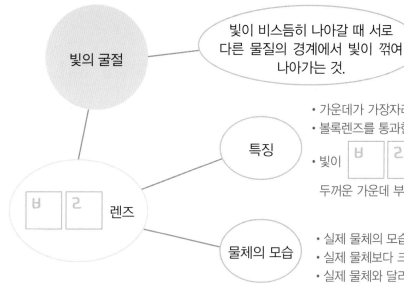

빛의 굴절 ── 빛이 비스듬히 나아갈 때 서로 다른 물질의 경계에서 빛이 꺾여 나아가는 것.

ㅂㄹ 렌즈

특징
• 가운데가 가장자리보다 두꺼움.
• 볼록렌즈를 통과한 빛은 모두 가운데로 모임.
• 빛이 ㅂ ㄹ 렌즈의 가장자리를 통과하면 두꺼운 가운데 부분으로 꺾여 나아감.

물체의 모습
• 실제 물체의 모습과 다르게 보임.
• 실제 물체보다 크게 보일 수 있음.
• 실제 물체와 달리 상하좌우가 다르게 보일 수 있음.

과학 무지개 빛, 빛의 분산

빛의 ☐☐ 은 빛이 여러 가지 색의 빛으로 나누어지는 현상을 말해요.

빛의 분산

물체가 광선을 흡수 또는 반사하여 나타내는 빛깔.

빛이 여러 가지 색깔로 나누어지는 까닭은 빛의 색깔에 따라 물질에서 꺾이는 정도가 다르기 때문임.

빛의 분산의 예로는 ㅍ ㄹ ㅈ 을 통과한 빛, ㅇ ㄹ 의 비스듬하게 잘린 부분을 통과한 햇빛이 만든 무지개, 비가 내린 뒤 볼 수 있는 무지개 등이 있음.

효과적으로 표현하는 관용 표현

원래의 뜻과는 다른 새로운 뜻으로 굳어져서 쓰는 표현을 ☐☐ 표현이라고 해요.

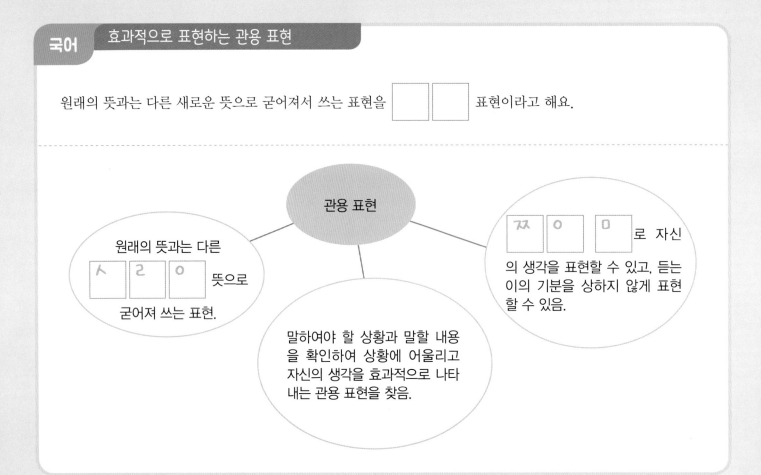

관용 표현

원래의 뜻과는 다른 ☐☐☐ 뜻으로 굳어져 쓰는 표현.

말하여야 할 상황과 말할 내용을 확인하여 상황에 어울리고 자신의 생각을 효과적으로 나타내는 관용 표현을 찾음.

☐☐☐로 자신의 생각을 표현할 수 있고, 듣는 이의 기분을 상하지 않게 표현할 수 있음.

과학 끊임없는 지구와 달의 운동

지구는 하루에 한 바퀴씩 ☐☐하고, 일 년에 한 바퀴씩 ☐☐을 해요.

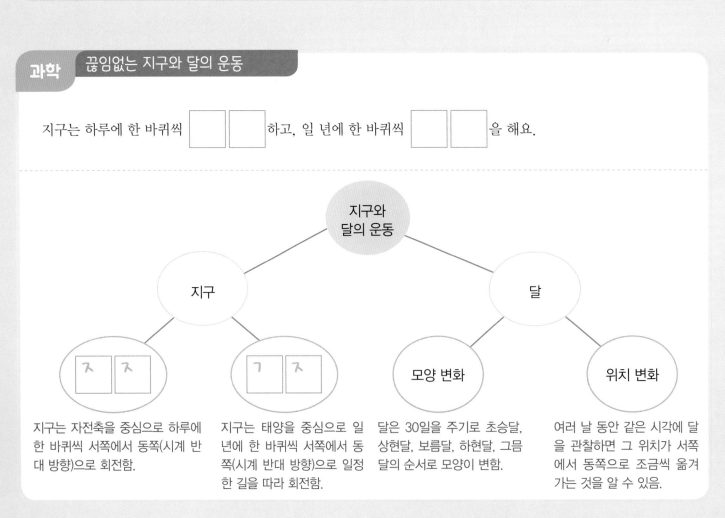

지구와 달의 운동

지구

달

☐☐

지구는 자전축을 중심으로 하루에 한 바퀴씩 서쪽에서 동쪽(시계 반대 방향)으로 회전함.

☐☐

지구는 태양을 중심으로 일 년에 한 바퀴씩 서쪽에서 동쪽(시계 반대 방향)으로 일정한 길을 따라 회전함.

모양 변화

달은 30일을 주기로 초승달, 상현달, 보름달, 하현달, 그믐달의 순서로 모양이 변함.

위치 변화

여러 날 동안 같은 시각에 달을 관찰하면 그 위치가 서쪽에서 동쪽으로 조금씩 옮겨 가는 것을 알 수 있음.

과학 영양분을 흡수하는 소화 기관

우리가 섭취한 음식물의 영양분을 흡수하기 쉽도록 분해하는 과정을 ☐☐ 라고 해요.

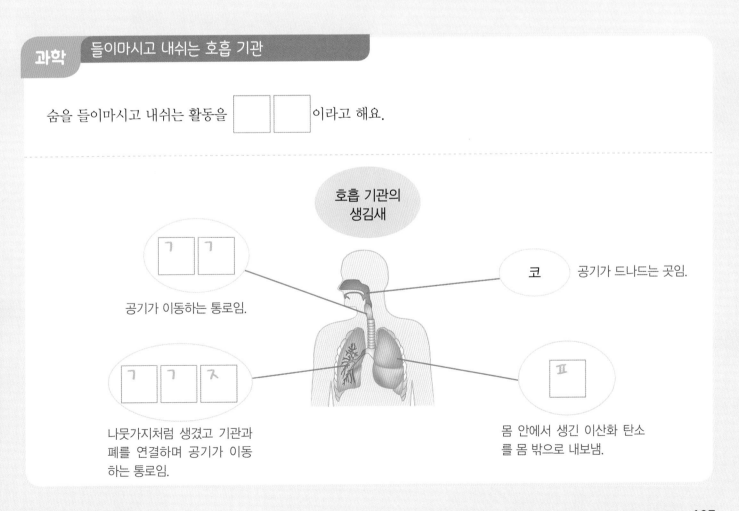

소화 기관의 생김새

입

작은창자

큰창자

음식물을 분해하고 영양소를 흡수함.

주로 수분을 흡수함.

ㅅ ㄷ 음식물을 위로 내려보냄.

ㅇ 음식물을 더 잘게 쪼갬.

항문 음식물 찌꺼기가 배출되는 곳임.

과학 들이마시고 내쉬는 호흡 기관

숨을 들이마시고 내쉬는 활동을 ☐☐ 이라고 해요.

호흡 기관의 생김새

ㄱ ㄱ

공기가 이동하는 통로임.

ㄱ ㄱ ㅈ

나뭇가지처럼 생겼고 기관과 폐를 연결하며 공기가 이동하는 통로임.

코 공기가 드나드는 곳임.

ㅍ 몸 안에서 생긴 이산화 탄소를 몸 밖으로 내보냄.

갱년기 아빠와 사춘기 딸

다음은 '아빠와 함께 하는 티타임' 시간이었어요. 간식과 음료수가 준비되어 있는 체육관에 들어간 영서와 아빠는 차를 탄 종이컵과 간식이 든 종이 접시를 들고 자리에 가서 앉았어요.

"아빠랑 이렇게 얘기를 하는 것도 정말 오랜만이다, 그치?"

"지난 번 가족여행에 가서도 넌 아무 말도 안 하고. 그러니까 아빠도 말 걸기가 좀 힘들더라고. 너는 점점 변해가고 있는 것 같은데, 아빠는 그 변화를 따라잡기가 힘드니까."

"그런 거였어요? 난 아빠가 사실 갱년기 같다고 생각했거든요."

"하하, 갱년기 맞지. 네가 자라는 것처럼 아빠는 점점 늙어가잖니. 나이가 한 살 한 살 더 많아지면서 걱정이 더 많아지고 두려운 것도 많아지거든."

"진짜? 아빠는 전혀 안 그럴 것 같았는데……."

"아빠는 너와 엄마를 책임져야 하잖니. 그런데 아빠도 이제는 마흔다섯 살이야. 어느 날 갑자기 회사에서 정리 해고를 당할 수도 있고, 은퇴를 해야 할 지도 모른단다. 그다음에는 무슨 일을 해서 먹고 살아야 할까를 고민하지 않을 수 없지. 그래서 아빠가 퇴근해서 공부를 하러 다니기도 해서 부쩍 바빠진 거란다."

영서는 아빠의 어깨 위에 짊어진 짐이 많은 것 같아서 불쌍해 보였어요.

"아빠, 힘내요! 제가 큰 도움은 안 되겠지만요."

"하하, 영서야. 너는 그저 별 탈 없이 잘 자라주기만 하면 돼. 그게 아빠가 바라는 거란다."

아빠가 호로록 차를 마셨어요. 영서의 종이컵에는 영서가 바른 틴트 자국이 빨갛게 묻어났지요. 영서는 그 틴트 자국을 손으로 문질렀고 아빠가 그걸 봤어요.

"영서야, 오늘 여기 와 보니까 그런 걸 안 바른 애들이 없더라. 그동안 아빠가 널 너무 야단친 게 미안했어."

"그러니까요. 아빠가 제 말을 안 믿는 거 같아서 서운했어요. 아빠가 학교 다닐 땐 안 그랬겠지만 지금은 다르다고요. 아빠도 시대가 달라진 걸 받아들이셨으면 했어요."

"갱년기 아빠잖냐?"

"하하, 전 삐뚤어져가는 사춘기 딸이고요?"

두 사람은 마주 보며 웃음을 터뜨렸어요.

"아빠는 네가 곱게 곱게 자랐으면 좋겠지만 그건 어렵겠지?"

"아빠가 말하는 '곱게 곱게'는 그저 얌전하고 착하고 아빠 말만 잘 듣는 딸을 말하는 건가요?"

"하하하, 그렇게 되나?"

"제가 어떻게 변할지는 저도 모르겠어요. 그렇지만 아빠나 엄마가 저를 믿어 주셨으면 좋겠어요. 저는 화장을 하거나 예쁜 옷을 입어서 예뻐지는 것을 좋아하고, 아이돌을 좋아해서 덕질을 하기도 해요. 그렇다고 해서 공부를 안 하거나 학원을 안 가거나 나쁜 학생이 되고 싶지는 않아요. 저는 그냥 평범한 학생이라고 생각하거든요. 그런데 아빠가 저를 마치 비뚤어진 아이처럼 대하실 때는 정말 더 비뚤어지고 싶은 마음도 들고 그래요."

영서의 솔직한 말에 아빠가 찬찬히 고개를 끄덕였어요.

"영서 말을 듣고 보니 아빠가 아빠의 잣대로 널 함부로 평가한 것 같구나. 정말 미안하다."

아빠가 갑자기 영서에게 사과하자 영서는 깜짝 놀랐어요. 영서는 아빠를 마음속으로 '갱년기'라고 생각하고 마구 비난했었거든요. 아빠는 고집불통이고, 아빠는 절대로 안 변하는 사람이고, 아빠는 아무리 잘못을 해도 절대 딸에게는 사과 같은 거를 하지 않는 사람일 거라고요. 그런데 이처럼 쉽게 사과를 하다니요?

"저도 아빠께 죄송해요. 아빠는 내 말도 안 들어 주고, 아빠는 내가 아무리 얘기해도 이해 못하고, 아빠는 명령만 한다고 생각했거든요."

아빠가 깜짝 놀라는 표정이었다가 다시 고개를 끄덕였어요.

"내가 벌써 그런 사람이 됐구나. 네 말이 맞다, 영서야. 바쁘다는 핑계로 네가 어떤 생각을 하는지 귀 기울이지 못했어. 어쩌면 이런 기회가 아니었다면 네 생각을 들을 생각도 안 했겠지. 네 엄마가 늘 너랑 둘이 데이트할 시간을 내라고 했었는데, 그게 정말 좋은 의견이었다는 생각이 드네. 우리 진작 이런 시간을 가졌다면 그동안 그렇게 갈등을 겪지도 않았을 텐데."

아빠 말에 영서도 동의했어요.

"저도 그래요. 아빠는 늘 바쁘고 시간이 없어서 나한테는 관심도 없고, 조금의 시간도 같이 안 보낸다고 생각했거든요. 그래서 아빠한테 더 반항했던 것 같아요."

"그래, 그랬구나……. 아빠가 잘못했네."

"에이, 아빠가 이렇게 금방 항복해 버리면 재미없는데요?"

영서가 농담처럼 얘기했어요.

이어지는 내용은 140쪽에 >>>

4

주차

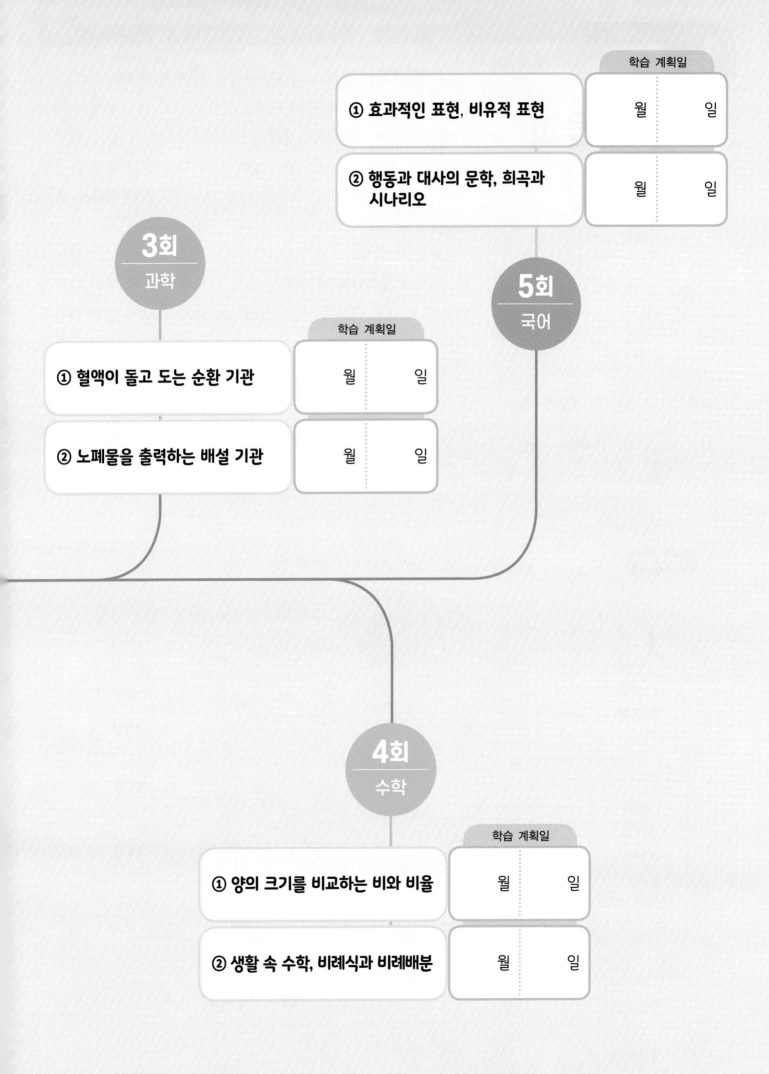

① 효과적인 표현, 비유적 표현

학습 계획일

월   일

② 행동과 대사의 문학, 희곡과 시나리오

월   일

3회
과학

① 혈액이 돌고 도는 순환 기관

학습 계획일

월   일

② 노폐물을 출력하는 배설 기관

월   일

5회
국어

4회
수학

① 양의 크기를 비교하는 비와 비율

학습 계획일

월   일

② 생활 속 수학, 비례식과 비례배분

월   일

여섯 대륙과 다섯 대양

대륙: 바다로 둘러싸인 넓은 면적을 가진 육지.
대양: 세계의 해양 가운데에서 해역을 넓게 차지하는 바다.

우주와 관련된 영화나 다큐멘터리를 보면 우주에서 바라본 지구의 모습을 볼 수 있어. 지구는 넓은 바다가 있는 푸른빛의 행성인데 지구에는 다섯 개의 대양과 여섯 개의 대륙이 있어. 대양은 큰 바다를 말하는데 차지하는 넓이가 약 70%가 될 정도로 매우 넓어. 그래서 우주에서 지구를 바라보면 대부분이 바다로 덮여 있는 거야.

대륙은 큰 땅덩어리를 말해. 세계에서 가장 큰 섬인 그린란드보다 면적이 넓으면 대륙이라고 하지. 하나의 대륙에 여러 나라가 이웃해 있기도 하는데, 특히 아시아는 대륙이 크며 많은 나라가 속해 있어. 그리고 바다나 산맥이 대륙과 대륙을 구분 짓는 기준이 되기도 하는데, 아시아와 유럽 사이에 있는 우랄산맥이 그 대표적인 예라고 할 수 있지.

대륙과 대양의 크기를 비교해 보고 싶다면 지구본이나 세계 지도를 통해 비교해 볼 수 있어.

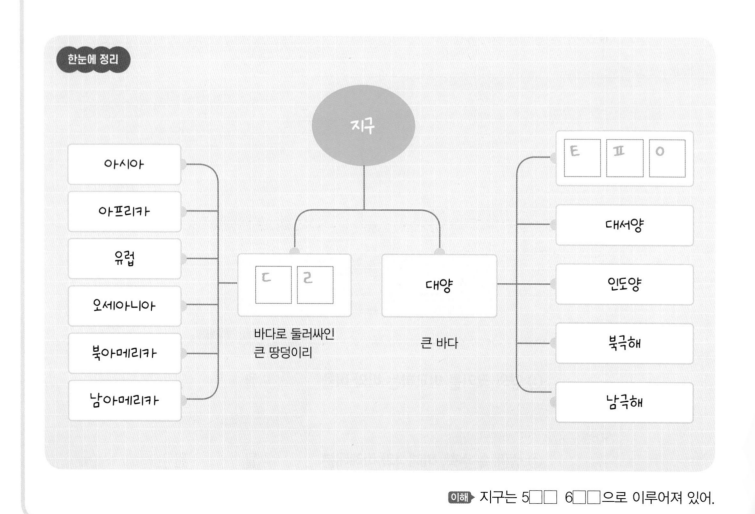

한눈에 정리

지구

아시아
아프리카
유럽
오세아니아
북아메리카
남아메리카

ㄷ ㄹ
바다로 둘러싸인
큰 땅덩이리

대양
큰 바다

ㅌ ㅍ ㅇ
대서양
인도양
북극해
남극해

이해 지구는 5□□ 6□□으로 이루어져 있어.

대륙

바다로 둘러싸인 큰 땅덩어리로, 아시아, 아프리카, 유럽, 오세아니아, 북아메리카, 남아메리카가 있어. 이 가운데 아시아는 가장 큰 대륙으로 세계 육지 면적의 약 30%를 차지하지. 아프리카는 아시아 다음으로 큰 대륙이며 북반구와 남반구에 걸쳐 있고, 유럽은 다른 대륙에 비해 면적은 좁지만 많은 나라가 있어. 북극해와 접해 있는 북아메리카는 북반구에, 대륙의 남쪽이 남극해와 접해 있는 남아메리카는 남반구에 속해 있어.

대양

큰 바다를 말하며, 태평양, 대서양, 인도양, 북극해, 남극해가 있어. 이 가운데 태평양은 아시아, 오세아니아, 북아메리카, 남아메리카 대륙 사이에 있는 가장 큰 바다로, 우리나라와도 인접해 있어. 대서양은 아프리카, 유럽, 아메리카 등에 둘러싸여 있고, 인도양은 아시아, 아프리카, 오세아니아 등에 인접해 있어. 북극해는 아시아, 유럽, 북아메리카에 둘러싸여 있고, 남극해는 남극 대륙을 둘러싸고 있어.

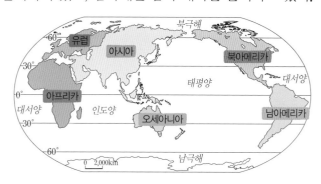

각 대륙에는 어떤 나라들이 속해 있을까?

아시아에는 대한민국, 일본, 중국, 인도 등이, 아프리카에는 소말리아, 케냐, 이집트 등이 있어. 유럽에는 에스파냐, 영국, 프랑스, 스위스 등이 있지. 북아메리카에는 캐나다, 미국, 멕시코 등이, 남아메리카에는 브라질, 아르헨티나, 칠레 등이 있어. 그리고 오세아니아에는 뉴질랜드, 오스트레일리아 등이 있지.

◉ 알맞은 말에 ○표를 하세요.

대륙 중에서 가장 큰 대륙으로 세계 육지 면적의 약 30%를 차지하는 나라는 (아시아 , 아프리카)이다.

◉ 북극해에 대한 설명으로 알맞은 것에 ○표를 하세요.

남극 대륙에 있다.	
아시아, 유럽, 북아메리카에 둘러싸여 있다.	

◉ 각 대륙과 나라를 알맞게 선으로 이어 보세요.

아프리카 ·   · 이집트

유럽 ·   · 브라질

남아메리카 ·   · 에스파냐

대한민국의 영토, 독도

독도: 경상북도 울릉군에 속하는 화산섬.

독도에 살던 강치라고 불리던 바다사자에 대해 들어본 적이 있니? 1900년대 초에는 강치가 무리 지어 살고 있었어. 그런데 일본인들이 강치를 무차별적으로 포획하면서 지금은 더 이상 독도에서 강치를 볼 수 없게 되었지. 독도가 일본인에게 불법적으로 점유되면서 겪었던 강치의 아픔을 기억하며, 독도가 소중한 우리의 영토임을 잊어서는 안 되겠지?

독도는 화산섬으로 다양한 지형과 지질학적 가치를 지니고 있어. 괭이갈매기, 슴새, 바다제비의 서식지이야. 이에 우리 정부는 독도를 천연기념물 제336호로 지정해 관리하고 있어.

독도가 우리나라 영토임을 증명하는 지리적, 역사적, 법적 증거들이 있어. 독도는 울릉도에서 맑은 날 육안으로 볼 수 있을 정도로 지리적으로 인접해 있는 울릉도에 속한 섬과 그리고 조선 시대 안용복의 사례나 『세종실록지리지』 기록을 통해 명백한 우리 영토임을 확인할 수 있지.

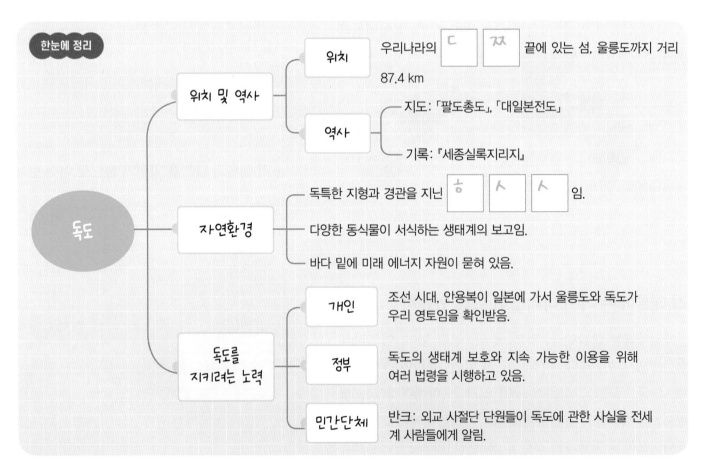

한눈에 정리

독도
- 위치 및 역사
  - 위치 — 우리나라의 [ㄷ] [ㅉ] 끝에 있는 섬, 울릉도까지 거리 87.4 km
  - 역사
    - 지도: 「팔도총도」, 「대일본전도」
    - 기록: 『세종실록지리지』
- 자연환경
  - 독특한 지형과 경관을 지닌 [ㅎ] [ㅅ] [ㅅ] 임.
  - 다양한 동식물이 서식하는 생태계의 보고임.
  - 바다 밑에 미래 에너지 자원이 묻혀 있음.
- 독도를 지키려는 노력
  - 개인 — 조선 시대, 안용복이 일본에 가서 울릉도와 독도가 우리 영토임을 확인받음.
  - 정부 — 독도의 생태계 보호와 지속 가능한 이용을 위해 여러 법령을 시행하고 있음.
  - 민간단체 — 반크: 외교 사절단 단원들이 독도에 관한 사실을 전세계 사람들에게 알림.

이해 ▶ 동해의 한가운데에 자리잡고 있는 섬인 □□는 선박의 항로뿐만 아니라 군사적으로도 중요한 위치에 있어.

독도의 위치 및 역사

독도는 우리나라의 동쪽 끝에 있는 섬으로, 동도와 서도인 두 개의 큰 섬과 그 주위에 크고 작은 바위섬 89개로 이루어져 있어.

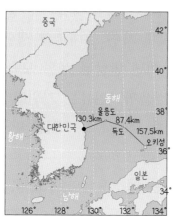

독도가 우리나라의 영토라는 사실은 옛 지도인 「팔도총도」, 「대일본전도」와 옛 기록인 『세종실록지리지』, 대한 제국 칙령 제41호 제2조, 연합국 최고 사령관 각서 제677호에 잘 나타나 있어.

독도의 자연환경

독도는 독특한 지형과 경관을 지닌 화산섬으로, 다양한 동식물이 서식하는 생태계의 보고이지. 독도의 주변 바다는 차가운 바닷물과 따뜻한 바닷물이 만나는 곳으로, 먹이가 풍부해 여러 해양 생물들이 살기 좋은 환경을 갖추고 있어. 그리고 바다의 밑바닥에는 미래 에너지 자원으로 주목받는 메탄 하이드레이트가 묻혀 있지.

독도를 지키려는 노력

소중한 우리의 영토인 독도를 지키려는 여러 사람들의 노력이 있었어. 조선 시대에 살았던 안용복은 일본에 가서 울릉도와 독도가 우리 영토임을 확인받았어. 현재 우리 정부에서는 등대, 선박 접안 시설, 경비 시설 등을 설치하고, 독도의 생태계 보호와 지속 가능한 이용을 위해 여러 법령을 시행하고 있어. 특히 민간 단체인 사이버 외교 사절단 반크의 단원들은 독도에 관한 사실을 전 세계 사람들에게 알리고, 일본의 억지 주장을 바로잡기 위해 노력하고 있어.

독도의 주소는?

원래 주소는 '경상북도 울릉군 울릉읍 독도리 산 1~96번지'였는데, 2011년부터 정부가 새롭게 만든 도로명 주소를 쓰면서 '경상북도 울릉군 울릉읍 독도 이사부길'과 '경상북도 울릉군 울릉읍 독도 안용복길'로 바뀌었지.

◉ 알맞은 말에 ○표를 하세요.

> 독도는 우리나라의 (남쪽 , 동쪽) 끝에 있는 섬으로, 동도와 서도인 두 개의 큰 섬과 그 주위에 크고 작은 바위섬 89개로 이루어져 있다.

◉ 독도의 자연환경에 대한 설명으로 알맞은 것에 모두 ○표를 하세요.

독도는 아직 천연기념물로 지정되지 못했다.	
독도는 독특한 지형과 경관을 지닌 화산섬이다.	
독도의 바다 밑바닥에는 메탄 하이드레이트가 묻혀 있다.	

◉ 조선 시대에 일본으로 가서 독도가 우리 영토임을 확인받은 인물은 누구인지 쓰세요.

2회 ①

인류의
첫 발걸음,
고대 문명

고대 문명: 기원전 3000년 무렵에 만들어진 고대 사람들의 문명. 메소포타미아 문명, 인더스 문명, 이집트 문명, 황하 문명이 있음.

사람들이 집을 짓고 맛있는 음식을 만들어 먹으며 책이나 영화도 보면서 살아가는 이런 것들이 어떻게 시작되었는지 생각해 본 적 있니? 이렇게 자연 그대로의 생활이 아닌, 사람들의 지혜를 이용하여 만들어낸 발달된 생활 모습을 문명이라고 해. 이런 문명은 언제 생겼을까? 인류는 기원전 3000년경에 처음으로 농사를 짓고, 문자를 사용하고, 도시를 만들어서 살기 시작했어. 이것을 고대 문명이라고 하지.

고대 문명에는 메소포타미아 문명, 이집트 문명, 인더스 문명, 황하 문명이 있어. 메소포타미아 문명은 지금의 이라크 지역인 티그리스·유프라테스 강 주변에서 발생하였고, 이집트 문명은 이집트의 나일 강 주변에서 생겨났어. 인더스 문명은 인도의 인더스 강 주변에서 만들어졌고, 황하 문명은 중국의 황하 주변에서 발생하였어. 고대 문명은 모두 큰 강 주변에 있고, 농사를 짓고 살았고, 청동기 도구를 사용했어. 또 각자의 생각을 표현하는 문자를 만들었고, 사람들 사이에 계급이 생겨서 도시가 형성되었어.

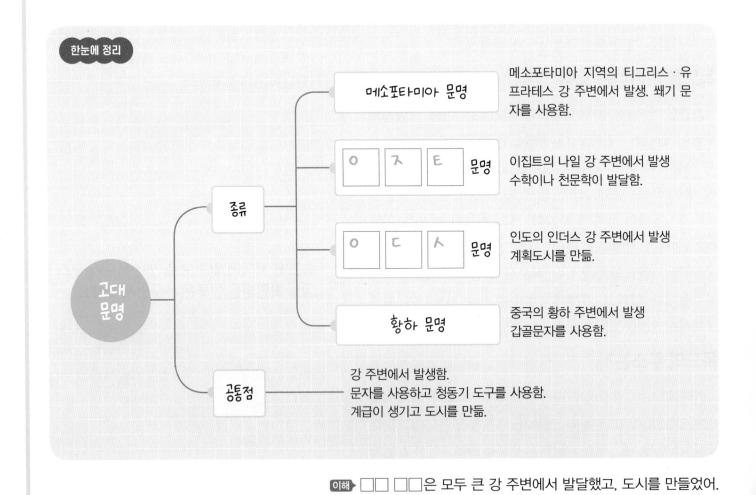

한눈에 정리

고대 문명

- 종류
  - **메소포타미아 문명** — 메소포타미아 지역의 티그리스·유프라테스 강 주변에서 발생. 쐐기 문자를 사용함.
  - ㅇㅈㅌ **문명** — 이집트의 나일 강 주변에서 발생 수학이나 천문학이 발달함.
  - ㅇㄷㅅ **문명** — 인도의 인더스 강 주변에서 발생 계획도시를 만듦.
  - **황하 문명** — 중국의 황하 주변에서 발생 갑골문자를 사용함.
- 공통점
  - 강 주변에서 발생함.
  - 문자를 사용하고 청동기 도구를 사용함.
  - 계급이 생기고 도시를 만듦.

이해 ▶ □□ □□은 모두 큰 강 주변에서 발달했고, 도시를 만들었어.

고대 문명의 종류

메소포타미아 문명

메소포타미아 지역의 티크리스·유프라테스 강 주변에 살던 사람들은 도시를 만들어서 물건을 교환을 했고, 이때 쐐기 문자를 사용했어.

이집트 문명

나일 강 주변은 땅이 비옥해서 농사가 잘 되었고, 농사와 관련된 수학이나 천문학 등이 발달했어. 또 상형 문자도 사용했어.

인더스 문명

인더스 강 지역의 사람들은 농사를 지으며 살았어. 그 당시에 벽돌로 집을 짓고 계획도시를 건설했다고 해.

황하 문명

황하 주변은 흙이 기름져 농사가 잘 되어서 사람들이 많이 모여 들었고, 작은 나라를 이루면서 문명이 시작되었지. 거북의 껍질에 갑골 문자를 새겨 놓기도 했는데 이것이 현재의 한자로 발전했어.

고대 문명의 공통점

큰 강 주변에 생겼어.

고대 문명은 모두 주변에 큰 강이 있어. 강이 있으면 농사를 지을 때 물을 사용할 수가 있어서 농작물이 잘 자랄 수 있어.

문자와 청동기 도구를 사용했지.

메소포타미아 문명은 쐐기 문자, 이집트 문명은 상형 문자, 인더스 문명은 그림 문자. 황하 문명은 갑골 문자를 사용했어. 또 청동기를 이용한 도구도 만들었지.

계급이 생기고 도시를 만들었어.

여러 사람이 모여 살다 보니 사람들 사이에서 계급이 생기고 도시가 만들어졌어.

◉ 알맞은 말에 ○표를 하세요.

> (이집트 문명 , 황하 문명)은 농사가 발달하였고, 농사와 관련된 수학이나 천문학이 발달하였다.

◉ 다음에서 설명하는 문명을 쓰세요.

> • 인도의 인더스 강 주변에서 발생한 문명이다.
> • 벽돌로 집을 짓고 계획도시를 건설했다.

☐ ☐ ☐ ☐ ☐

◉ 문명과 문자를 알맞게 선으로 이어 보세요.

황하 문명		쐐기문자
메소포타미아 문명		갑골 문자

2회 ②

느끼고 받아들이는 감각 기관

감각 기관: 주변으로부터 전달된 자극을 느끼고 받아들이는 기관.

놀이터를 지나다 날아오는 공을 발견하면 우리는 재빨리 달아나거나 몸을 웅크려 공을 피하게 되지. 날아오는 공이라는 자극에 우리 몸이 반응하는 거야. 이런 외부 자극에 대해 우리 몸은 어떤 과정을 거쳐 날아오는 공을 피하는 걸까?

날아오는 공을 보는 것과 같이 주변의 자극을 느끼고 받아들이는 기관을 감각 기관이라고 하는데, 감각 기관에는 물체를 보는 눈, 소리를 듣는 귀, 냄새를 맡는 코, 맛을 보는 혀, 물체를 접촉해서 느끼는 피부 등이 있어.

우리는 공이 날아오는 외부의 자극을 눈이라는 감각 기관을 통해 받아들이고, 자극은 온몸에 퍼져 있는 신경 조직으로 이루어진 기관인 신경계를 통해 전달돼. 그러면 신경계는 전달된 자극을 해석하여 공을 피하라고 행동을 결정하여 운동 기관에 명령을 전달하지. 명령을 받은 운동 기관은 몸을 움직여 공을 피하게 되는 등의 행동, 즉 반응을 하게 되는 거야.

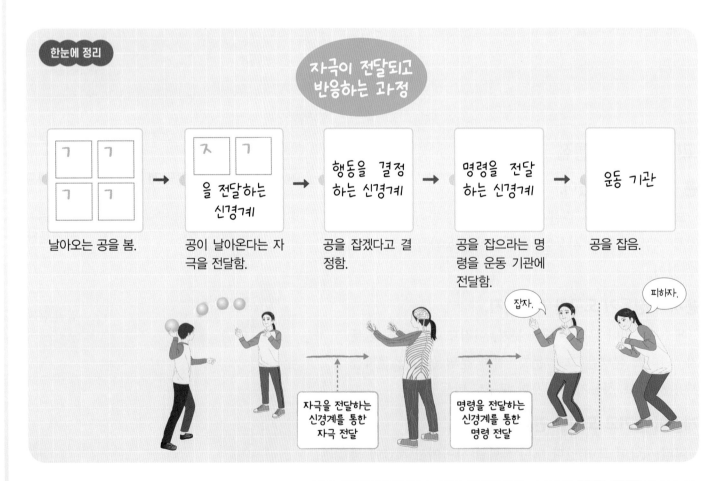

한눈에 정리

자극이 전달되고 반응하는 과정

ㄱ ㄱ / ㄱ ㄱ	→	ㅈ ㄱ 을 전달하는 신경계	→	행동을 결정하는 신경계	→	명령을 전달하는 신경계	→	운동 기관
날아오는 공을 봄.		공이 날아온다는 자극을 전달함.		공을 잡겠다고 결정함.		공을 잡으라는 명령을 운동 기관에 전달함.		공을 잡음.

자극을 전달하는 신경계를 통한 자극 전달

명령을 전달하는 신경계를 통한 명령 전달

잡자.

피하자.

이해 주변의 자극을 느끼고 받아들이는 기관을 □□ □□이라고 해.

우리 몸의 감각 기관과 신경계

감각 기관

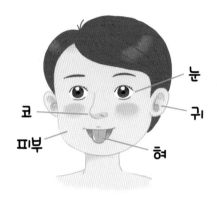

눈(시각): 주변의 사물을 볼 수 있음.

귀(청각): 소리를 들을 수 있음.

코(후각): 냄새를 맡을 수 있음.

혀(미각): 맛을 볼 수 있음.

피부(피부 감각): 온도와 촉감을 느낄 수 있음.

신경계

감각 기관으로부터 전달된 자극을 해석하여 그에 알맞은 행동을 결정하고 운동 기관에 명령을 내리는 역할을 해. 행동을 결정하는 신경계는 중추 신경계이고, 자극과 명령을 전달하는 신경계는 말초 신경계야.

혀로 맛을 어떻게 느낄까?

혀는 쓴맛, 단맛, 짠맛, 신맛을 느껴. 혀를 자세히 보면 오돌도돌한 부분이 있어. 그 부분 옆면에는 꽃봉오리 모양의 맛봉오리가 있는데, 그 속에 미각 세포가 있지.

그래서 음식을 먹을 때 맛봉오리와 만나면 그 정보를 미각 세포를 통해 뇌로 전달해서 맛을 느끼게 되는 거야.

◉ 감각 기관에서 하는 일에 ○표를 하세요.

공을 잡는다.	
날아오르는 공을 본다.	

◉ 다음은 무엇에 대한 설명인지 쓰세요.

> 감각 기관으로부터 전달된 자극을 해석하여 그에 알맞은 행동을 결정하고 운동 기관에 명령을 내리는 역할을 한다.

◉ 다음 동작을 자극과 반응으로 구분하여 쓰세요.

3회 ①

혈액이 돌고 도는 순환 기관

순환 기관: 혈액의 이동에 관여하는 심장, 혈관을 말함.

달리기를 하고 나면 숨이 헐떡거리고 가슴에서 두근두근, 쿵쾅쿵쾅 소리가 들려. 이게 무슨 소리일까? 우리의 심장이 뛰고 있는 소리야. 심장은 하루종일 잠시도 쉬지 않고 우리 몸 곳곳으로 혈액을 보내는 일을 하고 있어.

심장은 가슴의 중앙에서 약간 왼쪽으로 치우쳐 있는데, 크기는 보통 자기 주먹만 한 크기로 둥근 주머니 모양이야. 심장은 펌프 작용을 통해 혈액을 온몸으로 순환시키는 역할을 해. 혈관은 혈액이 지나다니는 길이고 몸 전체에 퍼져 있는데, 혈관은 가늘고 긴 관이 복잡하게 얽힌 모양을 하고 있어.

심장에서 나온 혈액이 혈관을 따라 온몸을 거친 다음 다시 심장으로 돌아오는 과정을 반복하는데, 이 과정을 순환이라고 부르고, 혈액의 이동에 관여하는 심장과 혈관을 순환 기관이라고 해.

이때 심장에서 나온 혈액은 호흡으로 얻은 산소와 소화로 흡수한 영양소를 싣고 온몸으로 이동하며 산소와 영양소를 전달하고 다시 심장으로 되돌아오는 순환 과정을 반복하는 거지.

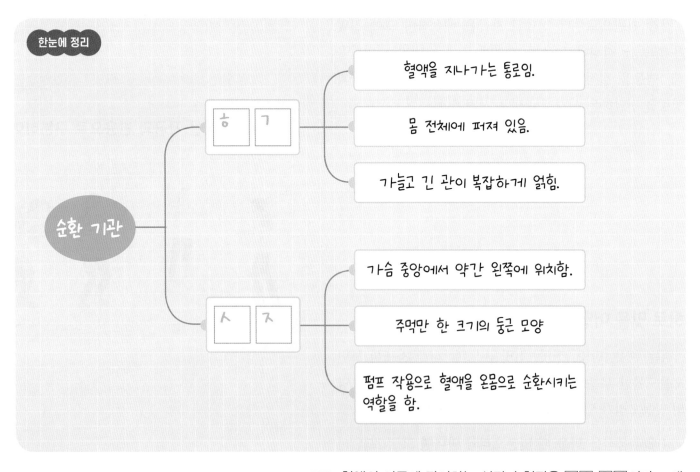

한눈에 정리

순환 기관

ㅎ ㄱ
- 혈액을 지나가는 통로임.
- 몸 전체에 퍼져 있음.
- 가늘고 긴 관이 복잡하게 얽힘.

ㅅ ㅈ
- 가슴 중앙에서 약간 왼쪽에 위치함.
- 주먹만 한 크기의 둥근 모양
- 펌프 작용으로 혈액을 온몸으로 순환시키는 역할을 함.

이해 ▶ 혈액의 이동에 관여하는 심장과 혈관을 ☐☐ ☐☐이라고 해.

순환 기관의 생김새와 혈액의 이동

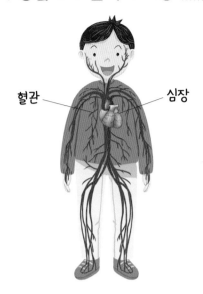

혈관 — 심장

순환의 기관의 생김새

동맥은 빨간색, 정맥은 파란색으로 구분되어 있는데, 이 것은 심장으로 들어가는 혈액과 심장에서 나오는 혈액을 구별하기 위한 것이며, 실제 혈관이나 혈액이 파랗지는 않아. 동맥과 정맥은 서로 분리된 것이 아니라 모세 혈관 으로 이어져 있어.

혈액의 이동

심장은 펌프 작용으로 혈액을 온몸으로 보내고 심장에 서 나온 혈액은 온몸을 거쳐 다시 심장으로 돌아오는 순 환 과정을 반복해. 혈액은 혈관을 따라 이동하며 우리 몸 에 필요한 영양소와 산소를 온몸으로 운반해. 만약 심장 이 멈춘다면 혈액이 이동하지 못해 영양소와 산소를 몸에 공급하지 못하게 되지.

심장이 빠르게 뛰거나 느리게 뛸 때 우리 몸에서 어떤 변화가 일어날까?

심장이 빠르게 뛰면 혈액이 이동하는 빠르기가 빨라지 고 혈액의 이동량이 많아져. 반대로 심장이 느리게 뛰면 혈액이 이동하는 빠르기가 느려지고 혈액의 이동량이 적 어지지.

◉ 순환 기관에 대한 설명으로 알맞은 것에 ○표 를 하세요.

> 혈액의 이동에 관여하는 기관이다.

> 숨을 들이마시고 내쉬는 활동에 관 여하는 기관이다.

◉ 알맞은 말에 ○표를 하세요.

> (혈관 , 심장)은 펌프 작용으로 혈액을 온몸 으로 순환시켜 몸에 필요한 산소와 영양소를 혈 액이 운반할 수 있도록 한다.

◉ 빈칸에 들어갈 알맞은 말을 쓰세요.

> 가늘고 긴 관이 복잡하게 얽힌 모양을 하고 있 는 혈관은 (   )이 지나다니는 길이고 몸 전 체에 퍼져 있다.

노폐물을 출력하는 배설 기관

배설 기관: 몸속에서 생긴 노폐물을 오줌과 땀의 형태로 몸 밖으로 내보내는 기관.

음식을 먹고 숨을 쉬면서 우리 몸은 영양분을 얻는데, 음식물이 소화되는 과정에서 찌꺼기가 생겨. 소화 작용의 결과로 생긴 노폐물은 항문을 통하여 몸 밖으로 내보내지는데 이것을 배출이라고 해. 이것 말고도 우리 몸에서는 소변이라는 노폐물이 생겨 우리 몸은 혈액이 운반해 주는 영양소와 산소를 이용하여 몸에 필요한 에너지를 만드는 데 이 과정에서 노폐물이 생기는 거야. 노폐물이 우리 몸에 쌓이게 되면 몸에 해로우므로 몸 밖으로 내보내야 해. 이때 콩팥이 혈액에 노폐물을 걸러내는 필터 기능을 하는 거야. 콩팥에서 노폐물을 걸러낸 깨끗해진 혈액은 다시 몸속으로 보내고, 걸러진 노폐물은 오줌이 되어 방광으로 보내져. 방광에 모인 오줌은 어느 정도 차오르면 요도를 통해 몸 밖으로 배출돼. 이렇듯 혈액에 있는 노폐물을 걸러내고 모아서 몸 밖으로 내보내는 과정을 배설이라고 해. 그 일을 하는 콩팥과 방광을 배설 기관이라고 하지.

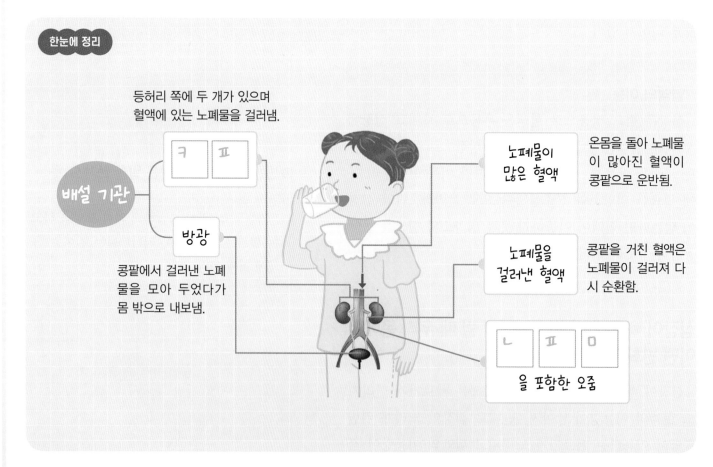

한눈에 정리

등허리 쪽에 두 개가 있으며 혈액에 있는 노폐물을 걸러냄.

| ㅋ | ㅍ |

배설 기관

방광

콩팥에서 걸러낸 노폐물을 모아 두었다가 몸 밖으로 내보냄.

노폐물이 많은 혈액

온몸을 돌아 노폐물이 많아진 혈액이 콩팥으로 운반됨.

노폐물을 걸러낸 혈액

콩팥을 거친 혈액은 노폐물이 걸러져 다시 순환함.

| ㄴ | ㅍ | ㅁ |

을 포함한 오줌

이해 ▶ 우리 몸이 살아가는 과정에서 생긴 노폐물을 몸 밖으로 내보내는 것을 □□이라고 해.

내 몸의 정수기, 콩팥

콩팥은 혈액을 깨끗하게 하는 정수기 같은 역할을 해. 콩팥은 혈액에 있는 노폐물을 걸러내고 쓸 수 있는 물질인 혈액을 통해 몸으로 돌려 보내지. 하루 동안 콩팥에서 걸러진 혈액은 약 160~180 L의 양이지만 대부분이 혈액으로 다시 돌아가지. 즉, 걸러진 수분의 99%는 혈액으로 되돌아가고 나머지 1%만 노폐물과 함께 오줌이 돼.

콩팥(신장)이 혈액을 잘 걸러 주지 못하게 된다면?

신장은 하루에 170리터가 넘는 많은 양의 혈액을 걸러서 노폐물을 방광으로 보내고, 나머지를 심장으로 돌려보내. 만약 신장이 병에 걸려서 혈액을 순환시키는 것을 제대로 하지 못하면, 노폐물과 독소가 혈액으로 돌아가게 되지. 이렇게 나쁜 물질이 우리 몸에 쌓이면, 오줌을 누기가 힘들고 몸이 피곤하고 구토가 일어나는 '요독증'에 걸릴 수 있어. 이 병에 걸린 사람들은 인공 신장이 혈액을 걸러 주는 혈액 투석을 해야 해. 신장을 건강하게 하기 위해서는 평소에 너무 짜거나 자극적인 음식은 꼭 피해야 해. 그런 음식들이 혈액을 안 좋게 만들기 때문이야.

배설과 배출의 차이점은?

배설은 영양소가 우리 몸의 생명 활동을 위해 쓰이다가 만들어진 노폐물이 몸 밖으로 버려지는 과정을 말하고, 배출은 음식물의 소화 과정에서 흡수되고 남은 찌꺼기를 항문을 통해 몸 밖으로 내보내는 것을 말해. 즉, 소변은 배설, 대변은 배출된다고 하지.

◉ 알맞은 말에 ○표를 하세요.

> 우리 몸은 혈액이 운반해 주는 영양소와 산소를 이용하여 몸에 필요한 에너지를 만드는데 이 과정에서 생기는 노폐물은 (소변 , 대변)이다.

◉ 다음 그림에서 콩팥과 방광을 찾아 기호를 쓰세요.

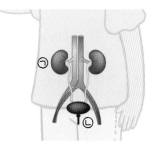

콩팥	
방광	

◉ 알맞게 선으로 이어 보세요.

콩팥	•	•	혈액에 있는 노폐물을 걸러낸다.
방광	•	•	노폐물을 모아 두었다가 몸 밖으로 내보낸다.

4회 ①

양의 크기를 비교하는 비와 비율

비: 두 수의 양을 ':'을 사용하여 나타낸 것.
비율: 기준량에 대한 비교하는 양의 크기.

짜장떡볶이를 만들 때 짜장 가루와 고추장의 비율을 '3 대 1'로 넣는다면 3은 짜장 가루의 양을, 1은 고추장을 양을 나타내는 건데 ':'라는 기호를 사용해서 3 : 1과 같이 간단히 비로도 나타낼 수 있어.

두 양의 비를 비교할 때 기호 ':'를 사용하지 않고도 분수나 소수로 나타내어 비교할 수도 있는데 이것을 비율이라고 해.

야구에서 전체 타수에 대한 안타 수의 비율인 '타율', 실제 거리에 대한 지도에서의 거리인 '축척', 꿀물 양에 대한 꿀물 원액 양의 비율인 '진하기', 넓이에 대한 인구의 비율인 '인구 밀도' 등은 모두 실생활에서 비율이 사용되는 경우야.

비율을 또다른 형태로도 나타낼 수 있어. 바로 비율에 100을 곱한 다음 퍼센트라 부르는 기호 '%'를 붙여 나타내는 백분율이야.

이름에서 알 수 있듯이 백분율에서 백(百)은 100을, 분(分)은 '나누다'를, 율(率)은 '비율'을 의미해. 어느 물건의 할인율이 높은지를 비교할 때나 회장 선거에서 친구들의 득표율을 비교할 때 '할인율 20%', '득표율 50%'와 같은 말을 사용하곤 하지.

한눈에 정리

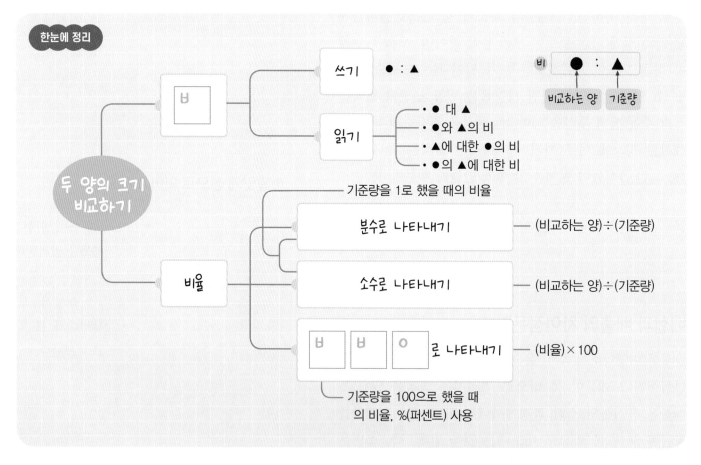

이해 ▶ 기준량에 대한 비교하는 양의 크기를 □□이라고 해.

비, 비율, 백분율

비

두 수를 비교할 때 한 수가 다른 수의 몇 배인지를 나눗셈으로 비교하기 위해 기호 ':'를 사용하여 나타낸 것을 비라고 해. 우리 반 여학생 수와 남학생 수의 비를 5 : 6이라고 한다면 기호 ':'의 오른쪽에 있는 수 6을 기준량, 기호 ':'의 왼쪽에 있는 수 5를 비교하는 양이라고 해.

비율

두 수의 비처럼 ':'를 사용하지 않고 기준량과 비교하는 양을 분수나 소수로 나타내어 비교할 수도 있어. 기준량에 대한 비교하는 양의 크기를 비율이라고 하는데 (비교하는 양) : (기준량)을 비율로 나타내려면 (비교하는 양)÷(기준량)으로 계산하면 돼.

$$(\text{비율}) = (\text{비교하는 양}) \div (\text{기준량}) = \frac{(\text{비교하는 양})}{(\text{기준량})}$$

백분율

비율을 나타내는 또다른 방법은 백분율이야. 백분율은 기준량을 100으로 할 때의 비율이야. 비율을 백분율로 나타내려면 분수나 소수에 100을 곱한 다음 기호 '%'를 사용하여 나타내면 되는데 기호 '%'는 퍼센트라고 읽으면 돼. 예를 들면 1000원짜리 아이스크림을 20% 할인한다면 800원에 살 수 있는 거지.

황금비율은 뭐지?

황금비율은 피타고라스가 발견한 이론 중 하나로 1:1.168의 비율을 말해. 최고의 물건과 색을 '황금'이라고 한 데서 붙여졌다고 해. 황금비율이 사람의 시

각을 편안하게 해 주는 아름다운 비율이기 때문에 신용카드나 명함, 컴퓨터 모니터나 영화관 스크린, 책 등의 가로, 세로의 비율을 보면 일부러 황금비율에 가깝게 만들고 있는 것을 알 수 있어.

◉ 알맞은 말에 ○표를 하세요.

비에서 기호 ':'의 오른쪽에 있는 수를 (기준량 , 비교하는 양), 기호 ':'의 왼쪽에 있는 수를 (기준량 , 비교하는 양)이라고 한다.

◉ 빈칸에 들어갈 알맞은 말을 쓰세요.

$$(\qquad) = (\text{비교하는 양}) \div (\text{기준량}) = \frac{(\text{비교하는 양})}{(\text{기준량})}$$

◉ 알맞은 것에 ○표를 하세요.

비는 기호 %를 사용하여 나타낸다.

백분율은 분수나 소수에 100을 곱한 다음 기호 '%'를 사용하여 나타낸다.

백분율은 기준량을 10으로 할 때의 비율이다.

4회 ②

생활 속 수학, 비례식과 비례배분

비례식: 비의 값이 같은 두 비를 등식으로 나타낸 식.
비례배분: 전체를 주어진 비로 배분하는 것.

4개에 3000원 하는 과자를 10개 사려면 과자 값으로 얼마를 내야 할까? 이럴 땐 3000원을 4로 나눠 과자 1개 값을 구한 다음 10을 곱해 구할 수도 있지만 비례식을 세워서 구하는 방법도 있어. 비례식이란 비율이 같은 두 비를 '='를 사용하여 나타낸 식인데 과자 10개의 값을 □원이라 하고 비례식을 세우면 7500원을 내야 한다는 걸 구할 수 있어.

휘발유 3L로 27km를 달리는 자동차가 81km를 달리려면 필요한 휘발유의 양이 궁금할 때는 비례식을 이용해서 구하면 돼.

엄마께 받은 용돈 5000원을 나와 동생이 3 : 2로 나누어 가지려면 나는 3000원, 동생은 2000원을 가지면 되는데 이것은 전체 5000원을 주어진 비 3 : 2로 나눈 것으로 비례배분을 해서 구한 거야.

비례는 한쪽의 양이나 수가 증가하는 만큼 그와 관련 있는 다른 쪽의 양이나 수도 증가하는 것을, 배분은 몫을 나누어 가지는 것을 의미하는 말이야.

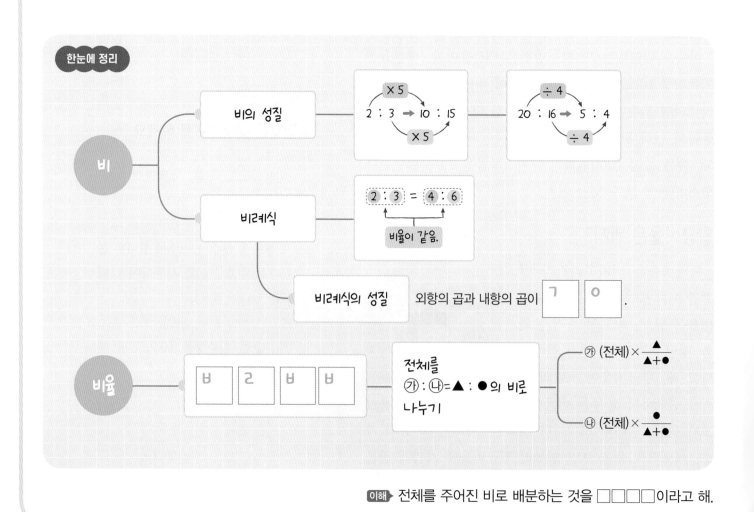

이해 전체를 주어진 비로 배분하는 것을 □□□□□이라고 해.

비례식과 비례배분

전항, 후항, 내항, 외항

기호 ':'의 앞과 뒤에 있는 수를 '항'이라고 해. 비에서 ':' 앞에 있는 항은 전항, ':' 뒤에 있는 항은 후항이라고 해.

비례식에서 등호를 중심으로 바깥쪽에 있는 항은 외항, 안쪽에 있는 항은 내항이라고 해.

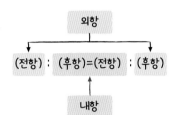

비의 성질

비의 성질은 두 가지인데 비의 전항과 후항에 0이 아닌 같은 수를 곱하여도 비율은 같다는 것과 비의 전항과 후항을 0이 아닌 같은 수로 나누어도 비율은 같다는 거야.

비의 성질을 이용하면 비의 값이 같은 두 비는 아주 많다는 걸 알게 돼.

비례식과 비례식의 성질

$5 : 6$과 $10 : 12$의 비율은 $\dfrac{5}{6}$로 같은데 이와 같이 비율이 같은 두 비를 기호 '='를 사용하여 나타낸 식을 비례식이라고 해. 비례식이면 안쪽의 수 2개의 곱과 바깥쪽의 수 2개의 곱은 항상 같아야 돼. 즉 비례식의 성질이란 비례식에서 외항의 곱과 내항의 곱은 같다는 거야.

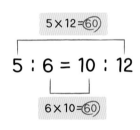

비례배분

전체를 주어진 비로 배분하는 것을 비례배분이라고 해. 비례배분을 할 때에는 주어진 비의 전항과 후항의 합을 분모로 하는 분수의 비로 고쳐서 계산하면 편리해.

0을 곱하거나 나눌 수 있을까?

전항과 후항에 각각 0을 곱하면 $0 : 0$이 되므로 0을 곱할 수는 없어. 또한 분모가 0인 분수는 존재하지 않기 때문에 전항과 후항을 각각 0으로 나눌 수도 없어.

◉ 알맞은 말에 ◯표를 하세요.

> 비례식 $4 : 7 = 8 : 14$에서 4와 14를 (외항 , 내항), 7과 8을 (외항 , 내항)이라고 한다.

◉ 빈칸에 알맞은 말을 보기 에서 찾아 쓰세요.

> **보기**
>
> 전항, 후항, 외항, 내항

> 비례식에서 외항의 곱과 ☐ 의 곱은 같다.

☐ ☐

◉ 알맞은 것에 ◯표를 하세요.

> 비율이 같은 두 비를 기호 '='를 사용하여 나타낸 식은 비례배분이다. ☐

> 비의 전항과 후항을 0이 아닌 같은 수로 나누어도 비율은 같다. ☐

5회 ①

효과적인 표현, 비유적 표현

비유적 표현: 어떤 현상이나 사물을 비슷한 현상이나 사물에 빗대어 표현한 것.

'풀잎 같은 친구 좋아'라는 표현에서 '친구'를 '풀잎'에 비유해서 나타낸 것처럼 어떤 현상이나 사물을 비슷한 현상이나 사물에 빗대어 표현하는 것을 비유적 표현이라고 해. 비유적 표현의 특성은 비유하는 두 대상에서 비슷하거나 같은 점을 찾을 수 있다는 거야.

비유적 표현의 종류에는 직유법과 은유법이 있어. 직유법은 '~같이', '~처럼', '~같은', '~인 듯'과 같이 비슷한 점을 지닌 두 대상을 직접 빗대어 표현하는 것이고, 은유법은 '~은(는) ~(이)다'와 같이 대상의 본래 의미는 숨긴 채 비유하는 대상만을 겉으로 드러내어 표현하는 방법이야. 또 의인법도 있는데, 이것은 사람이 아닌 동물이나 식물, 사물을 사람처럼 말하고 행동하도록 나타내어 표현하는 방법이야.

비유적 표현을 하면 복잡한 상황을 구체적이고 생생하게 전할 수 있어. 그래서 글쓴이의 의도나 생각을 효과적으로 전할 수 있지.

한눈에 정리

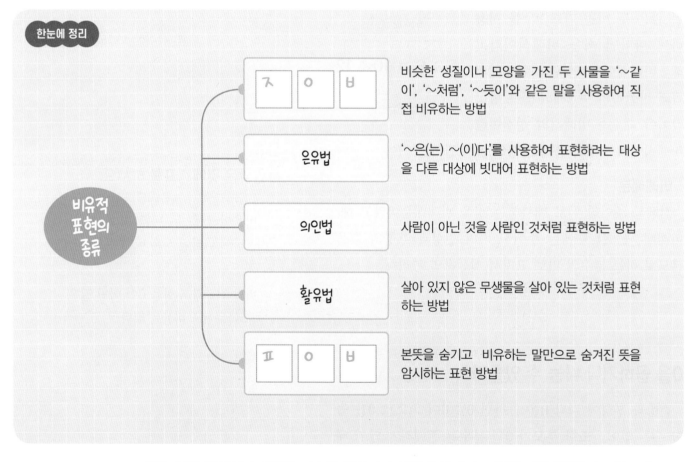

ㅈ ㅇ ㅂ	비슷한 성질이나 모양을 가진 두 사물을 '~같이', '~처럼', '~듯이'와 같은 말을 사용하여 직접 비유하는 방법
은유법	'~은(는) ~(이)다'를 사용하여 표현하려는 대상을 다른 대상에 빗대어 표현하는 방법
의인법	사람이 아닌 것을 사람인 것처럼 표현하는 방법
활유법	살아 있지 않은 무생물을 살아 있는 것처럼 표현하는 방법
ㅍ ㅇ ㅂ	본뜻을 숨기고 비유하는 말만으로 숨겨진 뜻을 암시하는 표현 방법

이해 ▶ 어떤 현상이나 사물을 비슷한 현상이나 사물에 빗대어 표현한 것을 □□적 표현이라고 해.

비유적 표현의 종류

직유법

비슷한 성질이나 모양을 가진 두 사물을 '~같이', '~처럼', '~듯이'와 같은 말을 사용하여 직접 비유하는 방법을 말해.

예 쟁반같이 둥근 달

은유법

'~은(는) ~(이)다'를 사용하여 표현하려는 대상을 다른 대상에 빗대어 표현하는 방법이야.

예 텔레비전은 바보상자이다.

의인법

사람이 아닌 것을 사람인 것처럼 표현하는 방법이야.

예 새들이 노래를 한다.

활유법

살아 있지 않은 무생물을 살아 있는 것처럼 표현하는 것을 말해. 의인법이 사람이 아닌 것을 사람이 가진 특성을 띠도록 표현하는 방법이라면, 활유법은 생명이 없는 사물을 생명이 있는 것처럼 표현하는 방법이야.

예 꼬리를 숨기고 달리는 기차

풍유법

본뜻을 숨기고 비유하는 말만으로 숨겨진 뜻을 암시하는 표현 방법으로 속담이나 격언 등을 활용하여 표현하는 방법이야.

예 숭어가 뛰니까 망둥이도 뛴다더니.

→ 제 처지는 생각지도 않고 저보다 나은 사람을 모방하려는 사람을 비꼬는 말.

비유적 표현을 쓰면 좋은 점은?

비유적 표현을 읽으면 생생한 느낌이 들고 장면이 쉽게 떠올라. 그리고 내용을 이해하기 쉽기 때문에 시나 소설 같은 문학 작품에서 많이 사용돼.

◉ 비유적 표현의 종류와 그에 알맞은 표현을 선으로 이어 보세요.

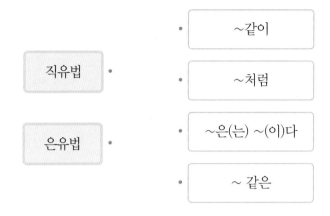

◉ 알맞은 말에 ○표를 하세요.

> 무생물을 마치 살아 있는 것처럼 표현하는 비유법을 (풍유법 , 활유법)이라고 해.

◉ 비유적 표현을 쓰면 좋은 점으로 알맞은 것에 ○표를 하세요.

> 비유적 표현을 읽으면 장면이 쉽게 떠오른다.

> 비유적 표현을 사용하면 단순한 내용도 깊이 있는 표현이 된다.

5회 ②

행동과 대사의 문학, 희곡과 시나리오

희곡: 공연을 목적으로 쓴 연극의 대본.
시나리오: 영화의 대본.

희곡은 무대 위에서 공연하는 것을 목적으로 쓴 연극의 대본이야. 희곡은 허구적 사건을 다루는 점에서 소설과 같으나, 소설처럼 사건을 묘사하거나 서술하지 않고 대화와 행동을 통하여 그것을 제시하는 문학이야. 희곡은 해설과 지문, 대사로 이루어져 있어. 해설은 희곡의 맨처음에 나오는 글로 등장 인물, 장소, 무대 등을 설명해 주는 부분이야. 지문은 대화 사이에 짤막하게 넣어서 인물의 동작, 표정, 심리 상태 등을 설명하거나 조명, 효과음 등을 나타내는 글이지. 대사는 등장 인물들이 서로 주고받는 말이야.

시나리오는 영화의 대본이야. 대본을 기초로 하여 장면을 구성하고 장면들을 연결하여 사건들를 설정하고 이러한 사건들이 모여 한 편의 시나리오가 이루어지는 거야. 화면에 의하여 표현되므로 촬영을 고려해야 하고, 특수한 시나리오 용어가 사용돼. 시나리오도 주로 대사와 행동으로 표현되는데 희곡과 다르게 장면의 변화가 자유로워서 시간적, 공간적 배경의 제한을 받지 않고 등장 인물의 수에도 제한을 받지 않아.

한눈에 정리

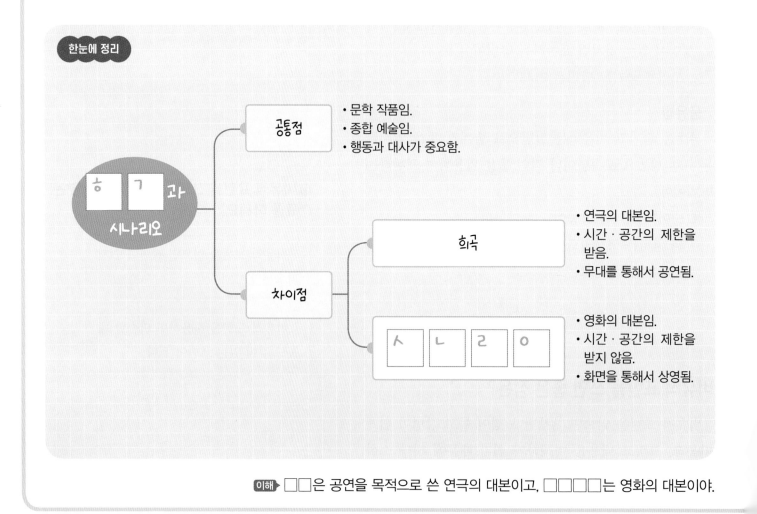

이해 ▶ □□은 공연을 목적으로 쓴 연극의 대본이고, □□□□는 영화의 대본이야.

희곡의 지문과 소설의 지문

희곡의 지문

희곡은 무대 상연을 위한 연극의 대본이기 때문에 희곡에는 인물이 어떤 동작이나 표정, 말투 등으로 대사를 해야 하는지 나와 있어. 이러한 표시를 지문이라고 해.

소설의 지문

희곡에서는 인물의 동작, 표정, 말투 등을 괄호 안에 넣어 지문으로 나타내지만, 소설에서는 줄글로 전달자가 설명하듯이 쓰기 때문에 지문이 없어.

희곡과 지문의 공통점

행동과 대사가 중요한 문학 작품으로 여러 분야의 예술을 종합하여 작품을 만들기 때문에 종합 예술이라고도 불러.

희곡과 시나리오의 장면 구분 단위

희곡의 구성 단위

희곡을 형식적으로 구분하는 것은 '장'과 '막'이야. '장'은 희곡의 기본 단위야. 전체 가운데 독립된 한 장면이지. 따라서 배경이 바뀌고, 인물의 등장이나 퇴장으로 그 구분이 이루어져. '막'은 몇 개의 장으로 이루어지고 커튼을 올리고 내리는 것으로 생기는 구분이야. 연극을 본 경험을 떠올려 봐. 하나의 막이 끝나면 커튼이 내려오고 어두워졌다가 다시 커튼이 걷히고 새로운 무대가 펼쳐지면서 환해져.

영화의 구성 단위

신은 영화의 구성 단위로서, 사건이 전개되는 하나의 시간과 공간으로 이루어져. 희곡과 달리 시나리오는 장면으로 구성이 되는데 시나리오에 보면 장면이 전환되고 등장인물이나 사건 같은 것들이 조금씩 바뀌는 걸 확인할 수 있어. 그래서 각 장면에는 번호가 붙어.

◉ 희곡과 시나리오에 대한 설명을 각각 알맞게 선으로 이어 보세요.

희곡 •

시나리오 •

• 영화의 대본

• 연극의 대본

• 무대를 통해서 공연

• 화면을 통해서 상영

◉ 알맞은 말에 ○표를 하세요.

(희곡의 지문 , 소설이 지문)은 인물의 동작, 표정, 말투 등을 괄호 안에 넣어 나타낸다.

◉ 시나리오의 '장면 번호'에 대한 설명으로 알맞은 것에 ○표를 하세요.

촬영을 쉽게 하기 위하여 각 장면에 붙이는 숫자이다. ☐

카메라의 각도나 화면 사이즈 등을 적은 연출용 대본이다. ☐

1 다음 중 가장 큰 대륙은 무엇인지 찾아 기호를 쓰세요. » ·· 사회

> ㉮ 유럽 ㉯ 아시아 ㉰ 아프리카 ㉱ 오세아니아 ㉲ 북아메리카

(   )

2 대양에 대한 설명으로 알맞은 것에 ○표를 하세요. » ·· 사회

(1) 모두 6개의 대양으로 이루어져 있다.   (   )

(2) 지구에서 가장 큰 대양은 태평양이다.   (   )

(3) 지구에서 대양이 차지하는 넓이는 약 30%이다.   (   )

3 다음이 설명하는 것이 무엇인지 두 글자로 쓰세요. » ·· 사회

> 울릉도에 속한 화산섬이다. 여러 해양 생물들이 살기 좋은 환경을 갖추고 있고, 바다의 밑바닥에는 메탄 하이드레이트가 묻혀 있다.

(   )

4 다음에서 설명하는 고대 문명은 무엇인지 쓰세요 » ·· 사회

> • 나일 강 주변에서 시작된 고대 문명이다.
> • 농사와 관련된 수학이나 천문학이 발달하였다.

(   )

▶ 정답과 해설 **61**쪽

5 고대 문명에 대한 설명으로 알맞지 <u>않은</u> 것은 무엇인가요? (   ) 사회

① 고대 문명은 모두 문자를 사용했다.

② 고대 문명에서는 청동기 도구를 사용했다.

③ 이집트 문명에서는 쐐기 문자를 사용했다.

④ 인더스 문명에서는 벽돌로 집을 짓고 계획도시를 만들었다.

⑤ 황하 주변에서 사용했던 갑골 문자는 현재 한자로 발전했다.

6 다음과 관련 있는 감각은 무엇인지 기호를 쓰세요 》 과학

㉮ 시각
㉯ 미각
㉰ 후각

날아오는 공을 봄

(   )

7 심장에 대한 설명으로 알맞은 것에 ○표를 하세요. 》 과학

(1) 혈액이 이동하는 통로 역할을 한다.   (   )

(2) 펌프 작용을 통해 혈액을 온몸으로 순환시키는 역할을 한다.   (   )

8 다음에서 설명하는 순환 기관은 무엇인지 쓰세요. 》 과학

혈액이 이동하는 통로 역할을 한다.

(   )

9 콩팥에 대한 설명으로 알맞지 <u>않은</u> 것을 찾아 기호를 쓰세요. 》 과학

> ㉮ 등 허리 쪽에 두 개가 있다.
> ㉯ 혈액에서 노폐물을 걸러내는 일을 한다.
> ㉰ 노폐물을 모아 두었다가 몸 밖으로 내보낸다.

(   )

10 백분율에 대한 설명으로 알맞지 <u>않은</u> 것을 두 가지 고르세요. (,   ) 》 수학

① 기준량을 100으로 나타낼 때의 비율이다.
② 지도에서 축척을 나타낼 때 사용할 수 있다.
③ 기준량에 대한 비교하는 양의 크기를 말한다.
④ 분수나 소수에 100을 곱하고 기호 %를 사용한다.
⑤ 물건의 할인율이 높은지를 비교할 때 사용할 수 있다.

11 다음에서 설명하는 것은 무엇인지 각각 두 글자로 쓰세요. 》 수학

> 비례배분에서, [㉠   ]는 한쪽의 양이나 수가 증가하는 만큼 그와 관련 있는 다른 쪽의 양
> 이나 수도 증가하는 것을 말하고, [㉡   ]은 몫을 나누어 가지는 것을 의미하는 말이다.

(1) ㉠: (   )   (2) ㉡: (   )

▶ 정답과 해설 62쪽

12 비례식을 계산할 때 전항과 후항에 곱하거나 나눌 수 없는 숫자는 무엇인지 쓰세요. » ------------------ 수학

(   )

13 다음 문장에서는 어떠한 비유적 표현을 사용했는지 쓰세요. » ------------------ 국어

> 푸르른 햇살처럼, 나부끼는 바람처럼

(   )

14 희곡에 대한 설명으로 알맞은 것을 찾아 ○표를 하세요. » ------------------ 국어

(1) 영화의 대본이다.   (   )

(2) 무대를 통해서 공연된다.   (   )

(3) 시간과 공간의 제약을 받지 않는다.   (   )

15 다음에서 설명하는 것은 무엇인지 두 글자로 쓰세요. » ------------------ 국어

> 희곡에서 인물의 동작, 표정, 말투 등을 괄호 안에 넣어 나타낸 것을 말한다.

(   )

사회 여섯 대륙과 다섯 대양

지구는 5 [ ][ ] 6 [ ][ ] 으로 이루어져 있어요.

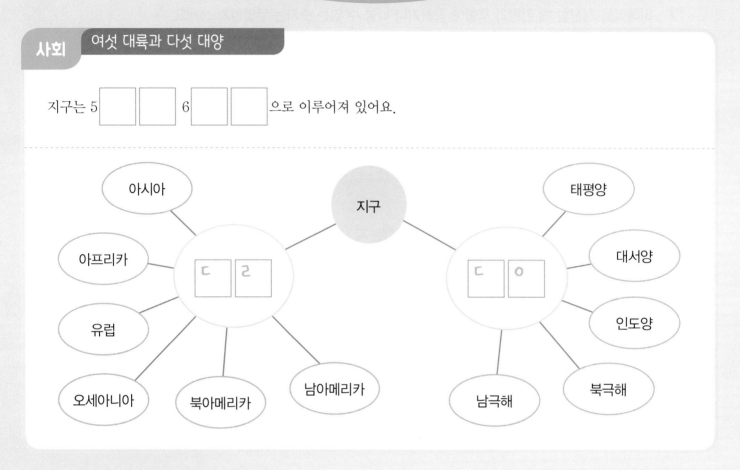

사회 대한민국의 영토, 독도

동해의 한가운데에 자리잡고 있는 섬인 [ ][ ] 는 선박의 항로뿐만 아니라 군사적으로도 중요한 위치에 있어요.

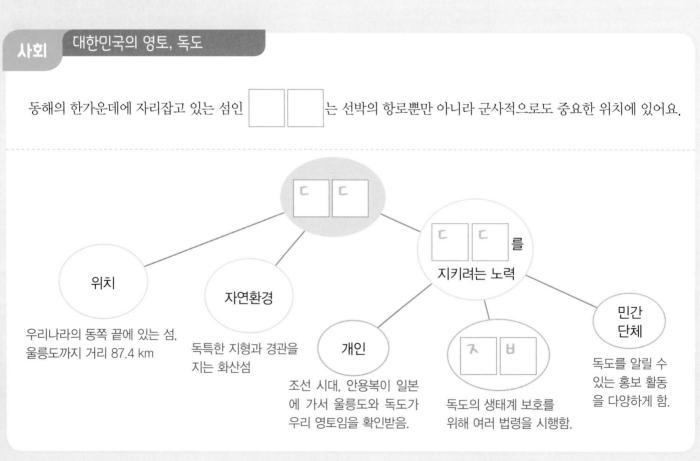

위치
우리나라의 동쪽 끝에 있는 섬, 울릉도까지 거리 87.4 km

자연환경
독특한 지형과 경관을 지는 화산섬

개인
조선 시대, 안용복이 일본에 가서 울릉도와 독도가 우리 영토임을 확인받음.

ㅈ ㅂ
독도의 생태계 보호를 위해 여러 법령을 시행함.

민간 단체
독도를 알릴 수 있는 홍보 활동을 다양하게 함.

▶ 정답과 해설 63쪽

과학 느끼고 받아들이는 감각 기관

주변의 자극을 느끼고 받아들이는 기관을 ☐☐☐☐ 이라고 해요.

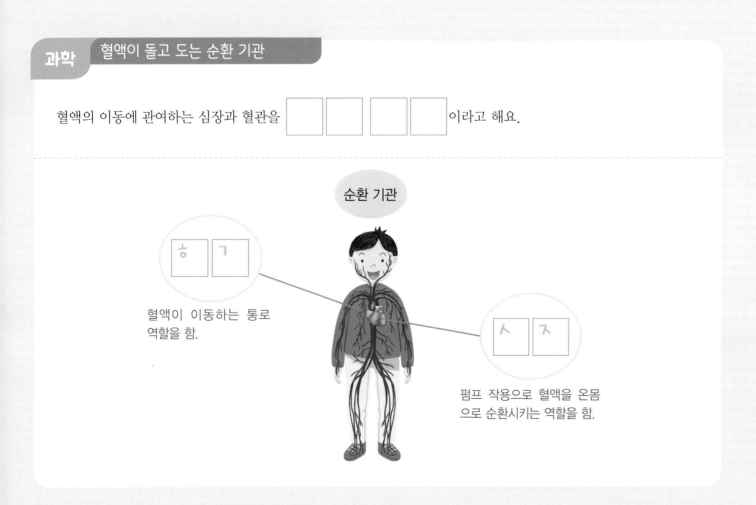

과학 혈액이 돌고 도는 순환 기관

혈액의 이동에 관여하는 심장과 혈관을 ☐☐☐☐ 이라고 해요.

순환 기관

ㅎ ㄱ

혈액이 이동하는 통로 역할을 함.

ㅅ ㅈ

펌프 작용으로 혈액을 온몸으로 순환시키는 역할을 함.

노폐물을 출력하는 배설 기관

우리 몸이 살아가는 과정에서 생긴 노폐물을 몸 밖으로 내보내는 것을 [ ][ ]이라고 해요.

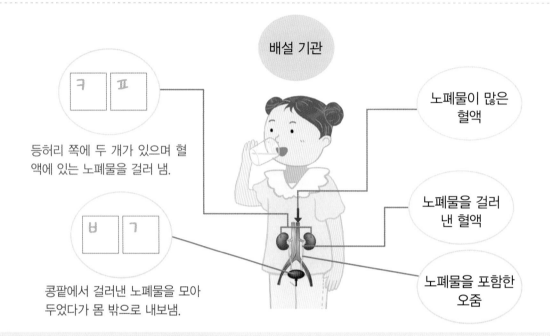

배설 기관

ㅋㅍ

등허리 쪽에 두 개가 있으며 혈액에 있는 노폐물을 걸러 냄.

ㅂㄱ

콩팥에서 걸러낸 노폐물을 모아 두었다가 몸 밖으로 내보냄.

노폐물이 많은 혈액

노폐물을 걸러 낸 혈액

노폐물을 포함한 오줌

양의 크기를 비교하는 비와 비율

기준량에 대한 비교하는 양의 크기를 [ ][ ]이라고 해요.

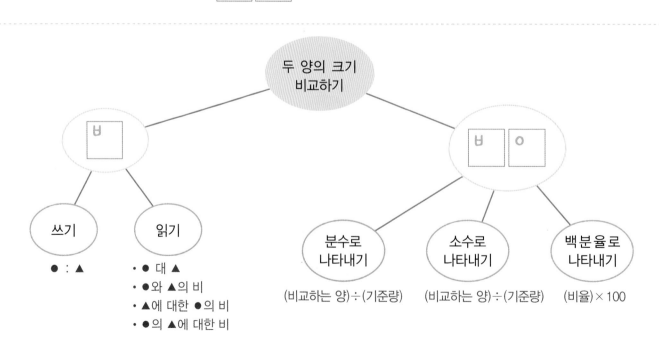

두 양의 크기 비교하기

ㅂ

쓰기

● : ▲

읽기

・● 대 ▲
・●와 ▲의 비
・▲에 대한 ●의 비
・●의 ▲에 대한 비

ㅂㅇ

분수로 나타내기

(비교하는 양)÷(기준량)

소수로 나타내기

(비교하는 양)÷(기준량)

백분율로 나타내기

(비율)×100

수학 생활 속 수학, 비례식과 비례배분

전체를 주어진 비로 배분하는 것을 ⬜⬜⬜⬜ 이라고 해요.

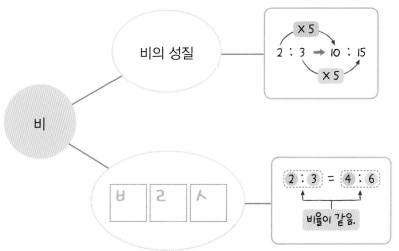

외항의 곱과 내항의 곱이 같음.

전체를 ㉮ : ㉯ = ▲ : ● 의
비로 나누기

국어 효과적인 표현, 비유적 표현

어떤 현상이나 사물을 비슷한 현상이나 사물에 빗대어 표현한 것을 ⬜⬜ 적 표현이라고 해요.

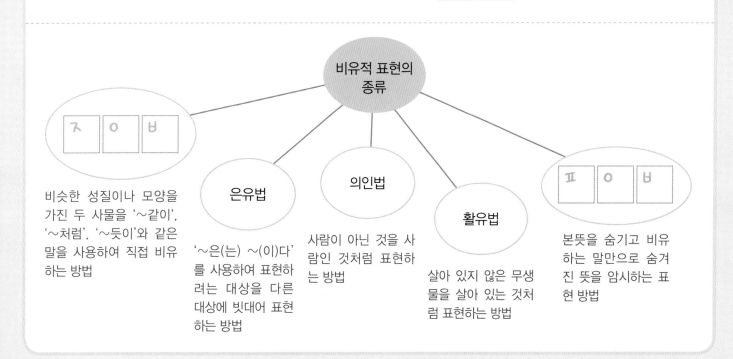

비유적 표현의 종류

비슷한 성질이나 모양을 가진 두 사물을 '~같이', '~처럼', '~듯이'와 같은 말을 사용하여 직접 비유하는 방법

은유법
'~은(는) ~(이)다'를 사용하여 표현하려는 대상을 다른 대상에 빗대어 표현하는 방법

의인법
사람이 아닌 것을 사람인 것처럼 표현하는 방법

활유법
살아 있지 않은 무생물을 살아 있는 것처럼 표현하는 방법

본뜻을 숨기고 비유하는 말만으로 숨겨진 뜻을 암시하는 표현 방법

다시 친해지기로 약속!

"아빠는 우리 딸이랑 다시 친해지고 싶은데 그러려면 어떡해야 할까?"

아빠가 다정하게 물었어요.

"우리가 한동안 안 친했잖아요. 다시 친해지려면 서로에 대해 더 잘 알아야

될 것 같아요."

영서가 고개를 갸우뚱하며 대답했지요. 아빠랑 다시 친해지고는 싶은데 어

떻게 해야 될지는 잘 모르겠다는 생각이 들었지요.

"넌 아빠에 대해 뭘 알고 싶어?"

아빠가 영서의 생각이 궁금했어요.

"전 아빠 회사에 가 보고 싶어요. 아빠가 어떤 일을 하시는지는 들었지만,

진짜 어떻게 일하고 계시는지는 한 번도 본 적이 없잖아요? 아빠랑 같이 아빠 회사에 가서 일하시는 것도 보고, 같이 점심도 먹고, 돌아오면서 또 이렇게 얘기 나눌 시간을 가졌으면 좋겠어요."

영서가 한 말을 듣고 아빠는 깜짝 놀랐어요.

"그래, 영서가 아빠 일에 관심을 가져 주니 기분이 좋은데? 영서가 이런 생각을 할 거라고는 전혀 생각 못했어. 그래그래, 조만간에 시간을 잡아볼게. 아빠는 영서 네가 평소에 궁금한 거나 좋아하는 거에 대해 솔직히 말해 주면 좋겠어. 모든 얘기를 낱낱이 털어 놓으라는 건 아니지만, 우리 영서가 어떤 것에 관심이 있는지 듣고 싶어. 네가 좋아하는 아이돌 이야기를 엄마한테 들었거든."

영서 역시 아빠의 말씀에 좀 놀랐어요. 아빠가 영서 자신에게 좋아하는 아이돌에 대해 물어보시는 날이 있을 줄은 몰랐거든요. 그런 얘기를 털어놓자 아빠의 이마에 주름이 생겼어요.

"아니, 아빠를 그 정도로 생각했다는 거냐? 아빠도 한때는 사춘기가 있었고 좋아하는 가수도 있었어. 그 가수의 음반을 사느라고 며칠이고 청계천을 모두 돌아다닌 적도 많았었지. 그때는 외국 가수의 앨범을 구하는 게 어려웠거든."

영서도 너무 놀라 입이 떡 벌어졌어요. 좋아하는 가수의 덕질을 하느라고 아빠가 며칠이고 발이 부르트도록 쏘다녔다니요!

"어허, 아빠는 모범생인 줄 알았었는데 아니네요?"

"가수의 음반을 구하러 다녔다고 모범생이 아닌 거냐? 그저 노래도 좋아했던 거지. 좋아하는 록 가수 흉내를 내느라고 밴드도 만들어서 공연도 하고 그랬어. 아빠는 거기서 베이스 기타를 쳤단다."

"뭐, 뭐라고요? 아빠가 밴드 활동을 했다고요? 록 가수를 따라 했다고요? 게다가 베이스 기타를 쳤다고요?"

"록 가수를 따라서 머리도 길게 기르고 낡은 가죽 점퍼를 구해서 그것만 죽 입고 다니기도 했지."

영서는 그 당시의 아빠를 상상해 보았어요. 희끗희끗 흰머리가 섞인 짧은 머리에 엊그제 옷가게에서 산 체육복을 입은 아빠의 모습이 보였지요. 그런데 머리를 치렁치렁 길게 기르고, 가죽점퍼를 입고 베이스 기타를 치는 아빠 모습은 쉽게 떠올릴 수가 없었어요.

"하하, 그게 그리 상상이 안 되냐? 아빠에게도 젊은 시절이 있었어. 그땐 록 밴드가 인기가 있던 때였지. 그러다 보니 아빠도 그걸 따라 하고 싶었단다. 하하하."

"와, 제가 아빠를 정말 잘 몰랐던 것 같아요. 알면 알수록 새로워요."

"너랑 이런 얘기를 하다 보니 아빠도 다시 그때로 돌아간 것 같구나. 그때 내 모습을 깡그리 잊고 있었지 뭐니? 공부는 미래를 위해서 어쩔 수 없이 한 거지, 그리 재밌는 일은 아니잖니?"

아빠의 그 말에 영서도 아빠도 같이 웃음을 터뜨렸어요.

"아빠, 갱년기라고 해서 죄송해요. 갱년기는 갱년기인데 그래도 나름 괜찮은 갱년기 아빠인 것 같아요."

"아빠한테 나름 괜찮은 갱년기 아빠는 또 뭐냐? 그럼 너는 나름 괜찮은 사춘기 딸이냐?"

"그럼요. 이만하면 나름 괜찮은 사춘기 딸이죠. 아빠, 우리 약속해요. 적어도 한 달에 한 번은 둘이 데이트하기! 그리고 다시 친해지기로요."

"그럼그럼. 그 약속을 지키도록 노력할게. 너도?"

"네, 저도요."

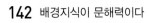

두 사람이 밝은 표정으로 집으로 돌아온 것을 본 엄마 얼굴이 환해졌어요.
그리고 속으로 생각했지요.

'똑같이 닮은 두 고집불통! 그동안 둘이 마음을 터놓고 얘기하라고 수없이
말했는데도 듣지 않더니. 저렇게 금세 풀릴거면서……, 그렇게 골만 내며
왜 시간을 낭비한 거야? 아니지, 아니지. 지금이라도 이렇게 된 게 다행이
지. 이렇게라도 등 떠밀어서 보낸 게 정말 잘한 일이야. 호호호.'

엄마는 '아빠의 날' 행사 가정 통신문에 동그라미를 한 사람도, 아빠를 강제
로 그 행사에 가게 한 것도 엄마라는 걸 평생 비밀로 간직하기로 했지요. 가
족의 평화를 위해서 말이에요.

6단계에서 배운 내용 다시 보기

1주차

1	①	사회	국가의 기본, 민주주의
	②	사회	민주주의의 꽃, 선거
2	①	과학	산소와 이산화 탄소
	②	과학	불의 대립, 연소와 소화
3	①	국어	기행문은 여행 감상문
	②	국어	주장과 근거가 담긴 논설문
4	①	사회	지구촌 문제의 해결책 국제기구
	②	사회	다양한 목적이 있는 비정부 기구
5	①	과학	뿌리부터 열매까지 식물의 구조
	②	과학	식물의 배출 운동, 증산 작용

2주차

1	①	사회	나랏일을 맡아보는 국가 기관
	②	사회	경제 활동의 주체 가계, 기업, 정부
2	①	사회	해결해요, 지구촌 환경 문제
	②	국어	다양한 낱말의 의미 관계
3	①	과학	몸을 이루는 가장 작은 단위인 세포
	②	과학	운동 기관인 뼈와 근육
4	①	사회	가깝고도 밀접한 이웃 나라
	②	사회	세계가 해결해야 할 빈곤과 기아
5	①	과학	전류의 흐름, 전기 회로
	②	과학	전기 자석, 전자석

3주차

1	①	사회	나라 살림을 꾸리는 세금
	②	사회	국내 총생산, 국민 총소득
2	①	과학	볼록 렌즈의 특징, 빛의 굴절
	②	과학	무지개 빛, 빛의 분산
3	①	국어	효과적으로 표현하는 관용 표현
	②	국어	옛이야기의 가르침, 고사성어
4	①	수학	원의 둘레인 원주와 원주율
	②	과학	끊임없는 지구와 달의 운동
5	①	과학	영양분을 흡수하는 소화 기관
	②	과학	들이마시고 내쉬는 호흡 기관

4주차

1	①	사회	여섯 대륙과 다섯 대양
	②	사회	대한민국의 영토, 독도
2	①	사회	인류의 첫 발걸음, 고대 문명
	②	과학	느끼고 받아들이는 감각 기관
3	①	과학	혈액이 돌고 도는 순환 기관
	②	과학	노폐물을 출력하는 배설 기관
4	①	수학	양의 크기를 비교하는 비와 비율
	②	수학	생활 속 수학, 비례식과 비례배분
5	①	국어	효과적인 표현, 비유적 표현
	②	국어	행동과 대사의 문학, 희곡과 시나리오

* 어휘 풀이는 국립국어원 표준국어대사전을 바탕으로 정리하였습니다.

우리 아이 문해력 수준, 어느 정도일까?

초|등|부|터 EBS

내 문해력은 4학년 상위 몇 %일까?

문해력 등급 평가

등급으로 확인하는 진짜 문해력 수준

초등 1학년 ~ 중학 1학년
(학년별 3회분 평가 수록)

《 문해력 등급 평가 》

문해력 전 영역 수록	정확한 수준 확인	평가 결과표 양식 제공
어휘, 쓰기, 독해부터 디지털독해까지 종합 평가	문해력 수준을 수능과 동일한 9등급제로 확인	부족한 부분은 스스로 진단하고 친절한 해설로 보충 학습

문해력 본학습 전에 수준을 진단하거나 본학습 후에 평가하는 용도로 활용해 보세요.

배경지식이 문해력이다

6단계

초등 6학년 ~ 중학 1학년 권장

정답과 해설

EBS

당신의 문해력

1주차

정답과 해설

배경지식이 문해력이다 | 6단계

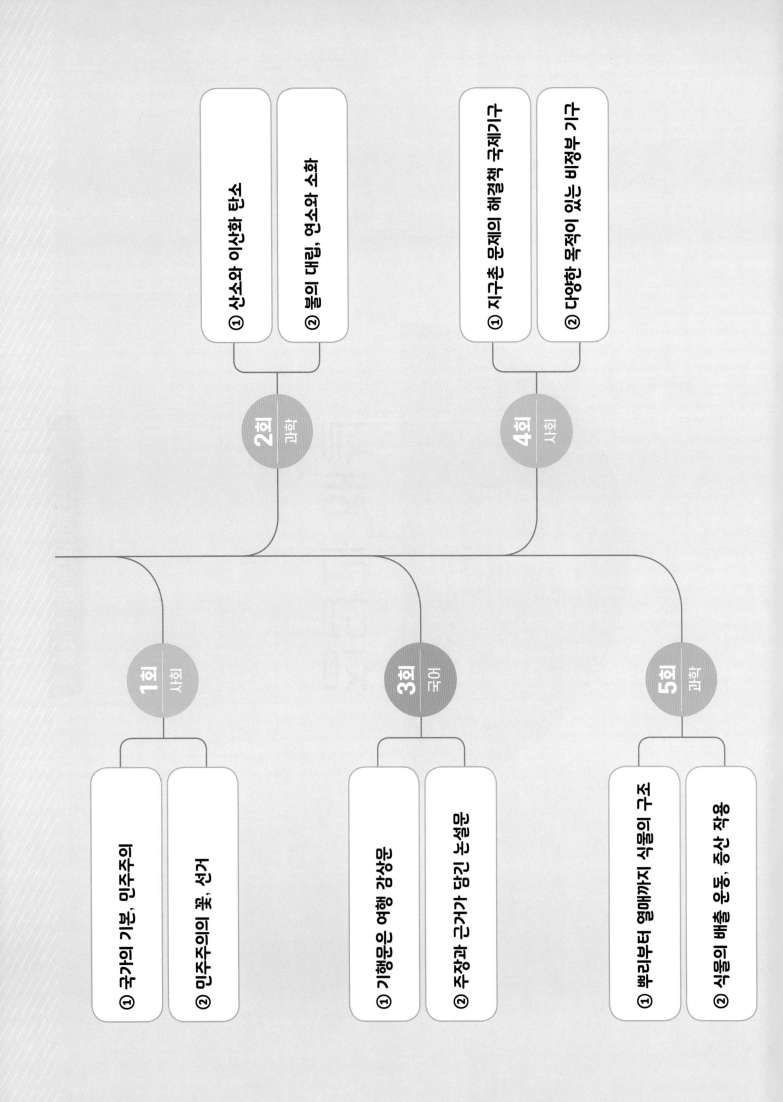

2회 과학
① 산소와 이산화 탄소
② 물의 대립, 연소와 소화

4회 사회
① 지구촌 문제의 해결책 국제기구
② 다양한 목적이 있는 비정부 기구

1회 사회
① 국가의 기본, 민주주의
② 민주주의의 꽃, 선거

3회 국어
① 기행문은 여행 감상문
② 주장과 근거가 담긴 논설문

5회 과학
① 뿌리부터 열매까지 식물의 구조
② 식물의 배출 운동, 증산 작용

1회
1주차 ①

국가의 기본, 민주주의

사회

옛날에는 왕이나 신분이 높은 사람들만 국가의 일을 의논하고 결정할 수 있었어. 하지만 오늘날에는 모든 사람이 신분이나 재산, 성별 등과 관계없이 사회 공동의 문제를 해결하는 과정에 참여할 수 있게 되었지.

민주주의는 구성원 모두의 의견을 반영해 결정하는 정치 방식이야. 자유를 존중하고 평등을 이루어 인간의 존엄성을 지키는 것을 기본 정신으로 하며, 모든 국민이 주인으로서 권리를 갖는 정치 사상이야.

그 권리를 자유로이로서 권리를 갖고, 모든 국민이 주인으로서 행사하는 정치 제도를 뜻하지.

'국민의, 국민에 의한, 국민을 위한 정치'라는 말이 많이 있어. 미국 대통령이었던 에이브러햄 링컨이 민주주의를 잘 설명하고 있지. '국민의 정치'란 나라의 주인이 왕이나 대통령이 아니라 국민이란 뜻이야. '국민에 의한 정치'는 나라를 다스리고, '국민을 위한 정치'는 나랏일이 국민의 행복을 위한 것이어야 한다는 뜻이지. 즉, 민주주의란 국민이 주인이 되어 국민을 위해 정치가 이루어지는 거야.

민주주의: 모든 국민이 나라의 주인으로서 권리를 갖고, 그 권리를 자유롭고 평등하게 행사하는 정치 제도.

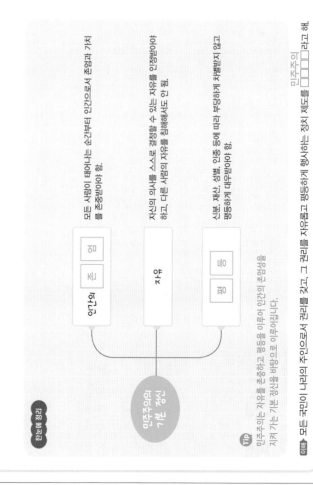

한눈에 정리

민주주의의 기본 정신

인간의 **존** / **엄**
모든 사람이 태어나는 순간부터 인간으로서 존엄과 가치를 존중받아야 함

자유
자신의 의사를 스스로 결정할 수 있는 자유를 인정받아야 하고, 다른 사람의 자유를 침해해서도 안 됨

평 / **등**
신분, 재산, 성별, 인종 등에 따라 부당하게 차별받지 않고 평등하게 대우받아야 함

Tip 민주주의는 자유를 존중하고 평등을 이루어 인간의 존엄성을
지켜 가는 기본 정신을 바탕으로 이루어집니다.

이해 모든 국민이 나라의 주인으로서 권리를 갖고 그 권리를 자유롭고 평등하게 행사하는 정치 제도를 민주주의 □□□라고 해.

민주주의의 바탕을 이루는 기본 정신

민주주의
국민이 권력을 가지고 그 권력을 평등하게 스스로 행사하는 제도로 자유롭고 평등하게 정치 문제를 해결해 가는 정치 방식을 말해.

인간의 존엄
국민은 누구나 인간으로서 존엄을 지키며 행복하게 살아갈 권리가 있어. 인간의 존엄은 모든 인간이 태어날 때부터 지니고 있는 존엄한 가치를 인정하는 것으로 민주주의의 바탕을 이루는 세 가지 정신 중에서 가장 기본이 되는 정신이야.

자유
남에게 얽매이거나 간섭받지 않고 자신의 바람과 의지에 따라 결정하고 행동하는 것을 말해. 하지만 지나치게 나의 자유만 내세우다 보면 자칫 다른 사람에게 피해를 줄 수도 있어서 자유에는 반드시 책임과 의무가 따른다는 것을 알아야 해.

평등
모든 사람이 사회적 지위나 신분, 성별, 종교 등을 이유로 차별받지 않고 동등하게 대우받을 권리를 말해. 그중 가장 중요한 것은 자신이 원하는 일을 할 수 있는 기회를 갖는 것이지.

민주주의를 실천하는 바람직한 태도

관용, 비판적 태도, 양보와 타협, 실천 등이 있어.

일상에서 부딪히는 다양한 문제를 해결하려면 대화와 토론을 바탕으로 나와 다른 의견을 인정하고 포용하는 관용, 사실이나 의견이 옳고 그름을 따져 살펴보는 비판적 태도, 상대방에게 어떤 일을 배려하고 서로 협의하는 양보와 타협이 필요하지. 또 함께 결정한 일을 따르고 실천하는 것도 중요하지.

정답과 해설 3쪽

◉ 민주주의에 대한 설명에 ○표를 하세요.

| 모든 사람이 재산을 공동 소유하여 빈부의 차를 없애려는 사회 제도 | ☐ |
| 자유를 존중하고 평등을 이루어 인간의 존엄성을 지키는 것이 기본이 되는 정치 사상 | ◉ |

해설 모든 사람이 재산을 공동 소유하여 빈부의 차를 없애려는 사회 제도는 공산주의를 말합니다.

◉ 에이브러햄 링컨이 말한 민주주의에 대한 설명을 알맞게 선으로 이어 보세요.

나라의 주인은 국민이다. —— 국민의 정치

나랏일은 국민의 행복을 위한 것이어야 한다. —— 국민에 의한 정치

국민들이 정치에 참여해 나라를 다스린다. —— 국민을 위한 정치

해설 국민의, 국민에 의한, 국민을 위한 정치는 미국 대통령이었던 에이브러햄 링컨이 한 말로, 민주주의는 국민이 주인이 되어 국민을 위해 정치가 이루어지는 것을 말합니다.

◉ 다음 설명에 알맞은 말을 쓰세요.

민주주의 바탕을 이루는 기본 정신 중에서 이것은 남에게 얽매이거나 간섭받지 않고 자신의 바람과 의지에 따라 결정하고 행동하는 것을 말한다.

[자 유]

해설 자유는 남에게 얽매이거나 간섭받지 않고 자신의 바람과 의지에 따라 결정하고 행동하는 것을 말한다.

1회 · 1주차 ②

민주주의의 꽃, 선거

선거: 선거권을 가진 사람이 공직에 앉을 사람을 투표로 뽑는 일.

선거가 왜 필요할까?

오늘날에는 모든 사람이 한자리에 모여 지역의 중요한 일을 결정하기가 어려워. 그래서 자신의 뜻을 전달할 대표자를 뽑아서 그 사람들에게 자신의 생각을 전달하게 하지. 이렇게 국민이 자신들을 대표할 사람을 투표로 직접 뽑는 것을 선거라고 해. 선거는 국민이 정치에 참여하는 가장 기본적인 방법이기 때문에 선거를 민주주의의 꽃이라고 하지. 우리나라에선 대통령, 국회의원, 도지사, 시장, 군수, 구청장, 지방 의회 의원을 선거로 뽑아. 선거를 통해 뽑인 대표는 국민들의 생활에 큰 영향을 끼치는 중요한 활동을 하게 되므로, 선거는 무엇보다 공정해야 돼. 공정한 선거를 위해서는 네 가지 선거의 기본 원칙이 지켜져야 하는데, 이를 보통 선거, 평등 선거, 직접 선거, 비밀 선거라고 해. 선거 관리 위원회에서는 이러한 것들을 관리하지.

선거권

선거권은 선거에서 투표에 참여할 수 있는 권리를 말해. 이것이 보통 선거 제도야. 보통 선거 제도에 의하면 일정 연령 이상의 모든 국민이 선거에 참여할 수 있어.

피선거권

피선거권은 선거를 통하여 대통령, 국회의원, 국가 기관 또는 지방 자치 단체 기관의 구성원으로 뽑힐 수 있는 자격을 말해. 법이 정한 일정한 절차 사유가 없는 국민이어야 하지.

선거 관리 위원회는 어떤 기관이야?

선거 관리 위원회는 선거와 국민 투표를 공정하게 이루어지도록 부정 선거가 일어나는지 감시해. 선거의 과정은 다음과 같아.

선거인 명부 작성

먼저, 선거에 참여할 수 있는 권리를 가진 사람이 명단인 선거인 명부를 작성해야 해.

후보자 등록 및 선거 운동

대표가 되길 원하는 사람은 선거 관리 위원회에 후보자 등록을 하고, 정해진 기간 동안 유권자들에게 자기를 대표로 뽑아 달라고 지지를 부탁하는 선거 운동을 하지.

투표

유권자들은 선거 운동을 통해 후보자를 살펴보고 자신이 지지하는 후보자에게 지지를 표시하는 투표를 해.

개표 및 당선자 결정, 당선증 발급

개표를 하여 가장 많은 지지를 받은 후보자가 당선자로 결정되고, 당선자는 당선증을 발급 받아 임기를 마칠 때까지 대표로서 일하는 거야.

한문해 정리

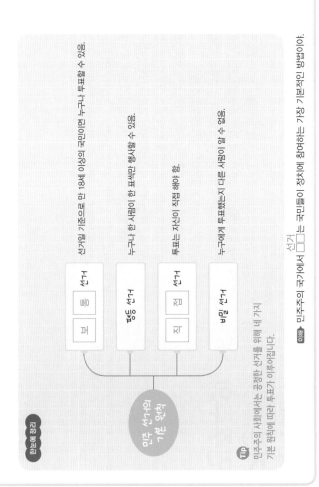

민주 선거의 기본 원칙

- **보통 선거**: 선거일 기준으로 만 18세 이상의 국민이면 누구나 투표할 수 있음.
- **평등 선거**: 누구나 한 사람이 한 표씩만 행사할 수 있음.
- **직접 선거**: 투표는 자신이 직접 해야 함.
- **비밀 선거**: 누구에게 투표했는지 다른 사람이 알 수 없음.

이해 민주주의 국가에서 □□는 국민들이 정치에 참여하는 가장 기본적인 방법이야.
선거

▶ 정답과 해설 4쪽

◉ 알맞은 말에 ○표를 하세요.

(**선거** , 회의)는 국민이 자신들을 대표할 사람을 직접 뽑는 활동으로, 민주주의의 꽃이라고 불린다.

해설 선거는 국민이 자신들을 대표할 사람을 직접 뽑는 활동입니다.

◉ 선거의 기본 원칙의 내용에 알맞게 선으로 이어 보세요.

직접 선거	투표는 자신이 직접 해야 한다.
평등 선거	누구나 한 표씩 행사할 수 있다.
비밀 선거	누구에게 투표했는지 다른 사람이 알 수 없다.

해설 직접 선거는 투표를 누가 대신함 수 없다는 것이고, 평등 선거는 한 사람이 한 표씩 행사할 수 있다는 것이고, 비밀 선거는 누가 투표를 나와 같은 수 없다는 것입니다.

◉ 선거할 때 선거인 명부 작성 과정에서 할 일로 알맞은 것에 ○표를 하세요.

☐ 선거에 참여할 수 있는 권리를 가진 사람의 명단을 작성한다.

☐ 대표가 되길 원하는 사람은 선거 관리 위원회에 후보자 등록을 한다.

해설 대표가 되길 원하는 사람이 선거 관리 위원회에 후보자 등록을 하는 것은 선거 과정 중 후보자 등록에 해당합니다.

2회 ①

산소와 이산화 탄소

우리가 눈으로 볼 수 없지만 우리를 둘러싼 공기는 여러 가지 기체의 혼합물이야. 이 중에서 산소는 공기 중에 약 21%를 차지하고 있어. 산소는 색깔과 냄새가 없는 기체 상태이기 때문에 우리는 감각으로는 느낄 수 없지만 사람을 포함한 동물이 호흡을 하는 데 없어서는 안 되는 중요한 존재이지. 산소는 스스로 타지 않지만 다른 물질이 타는 것을 도와줘. 물질이 탄다는 것은 산소와 결합하는 것이야. 산소가 없다면 어떤 물질도 탈 수 없어.

이산화 탄소는 산소와 산소의 화합물로, 공기 중에 아주 조금 존재해. 산소와 마찬가지로 색깔과 냄새가 없어. 이산화 탄소는 산소보다 무거워 밑으로 가라앉는 성질이 있어서 불이 났을 때 불이 난 공간을 둘러싸고 산소를 막아 불을 끄는 역할을 하지. 이산화 탄소는 화석 연료를 태울 때에도 주로 나오는데 이는 온실 효과에 가장 큰 영향을 끼쳐. 이산화 탄소의 농도는 점점 증가해서 지구의 온도를 끌어올리고 있고, 결국 지구 온난화가 발생해. 이것이 이산화 탄소를 줄이기 위한 다양한 노력을 해야 하는 이유야.

산소: 무색, 무취, 무미의 기체로 지각에서 가장 풍부한 원소.
이산화 탄소: 산소 두 개와 탄소 하나가 결합해 만들어진 화합물로 물질이 탈 때 생기는 색깔이 없는 기체.

한눈에 정리

산소와 이산화 탄소
- 공통점: 색깔과 냄새가 없음.
- 산소
  - 사람과 동물이 호흡하는 데 필요함.
  - 다른 물질이 타는 것을 도와줌.
  - 금속을 녹슬게 함.
- 이산화 탄소
  - 불을 끄는 성질이 있음.
  - 화석 연료를 태울 때에 나옴.
  - 지구 온난화 문제를 일으킴.

Tip 사람이나 동물은 숨을 들이마실 때 산소를 흡수하고 숨을 내쉴 때 이산화 탄소를 배출합니다.

이해 □□는 공기 중 약 21% 정도 존재하고 사람을 포함한 동물이 호흡을 하는 데 없어서는 안 되는 기체야. → 산소

▶ 정답과 해설 5쪽

◉ 알맞은 말에 ○표를 하세요.

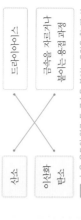

(산소), 이산화 탄소 는 색깔과 냄새가 없고 스스로 타지 않지만 다른 물질이 타는 것을 도와 준다.

해설 산소는 스스로 타지 않지만 다른 물질이 타는 것을 도와줍니다.

산소의 성질과 이용

산소의 성질
산소는 색깔과 냄새가 없고, 스스로 타지 않지만 다른 물질이 타는 것을 도와줘. 그리고 철이나 구리와 같은 금속이 녹슬게 하지.

산소의 이용
산소는 응급 환자의 산소 호흡 장치나 잠수부, 소방관이 사용하는 공기통 등에 이용돼. 또한 금속을 자르거나 붙이는 용접 과정에서 이용되기도 해.

이산화 탄소의 성질과 이용

이산화 탄소의 성질
이산화 탄소는 색깔과 냄새가 없고, 불을 끄고 식히수를 뿜어내 만드는 성질이 있어.

이산화 탄소의 이용
물질이 타는 것을 막는 성질이 있어 소화기에 이용되기도 하고, 탄산음료의 톡 쏘는 맛을 내는 데 이용되기도 해. 위급할 때 순식간에 부풀어 오르는 자동 팽창식 구명조끼에도 이용돼지.

◉ 이산화 탄소의 성질에 모두 ○표를 하세요.

금속을 녹슬게 한다.
색깔과 냄새가 없다. ○
불을 끄는 성질이 있다. ○

해설 밑으로 가라앉는 성질이 있어서 불이 붙어 있는 공간을 둘러싸고 산소를 막아 불을 끄는 역할을 합니다.

드라이아이스는 왜 하얀색일까?

대부분의 물질은 기체에서 액체, 액체에서 고체의 과정을 거치는데, 이산화 탄소는 기체 상태에서 고체 상태로 바로 변하기 때문에 압축해서 얼리면 흰색의 고체 드라이아이스가 돼. 온도가 지나면 금방 다시 몰로 변하지만 드라이아이스는 빨리 녹지 않기 때문에 냉동 식품이나 아이스크림을 포장할 때 이용되지.

◉ 산소와 이산화 탄소의 쓰임에 알맞게 선으로 이어 보세요.

산소 ⤬ 드라이아이스
이산화 탄소 ⤬ 금속을 자르거나 붙이는 용접 과정

해설 낮은 온도의 불꽃으로 두 금속을 붙이는 용접을 할 때 사용하는 불꽃에 산소가 이용되고, 이산화 탄소를 압축해서 얼리면 고체인 드라이아이스가 됩니다.

2회 ②

불이 대면, 연소와 소화

연소: 물질이 빛과 열을 내며 타는 현상.

소화: 불을 끄는 것.

연소는 불이 타는 것을, 소화는 불이 꺼지는 것을 말해.

연소는 물질이 산소와 빠르게 반응하여 열과 빛을 내는 현상이야. 연소가 일어나기 위해서는 반드시 다음 세 가지 조건이 모두 갖추어져야 돼.

첫째, 탈 물질이 있어야 해. 아무것도 없는 상태에서 불이 붙을 수 없으니까. 둘째, 탈 물질을 태울 수 있는 다른 물질이 잘 타도록 도와주는 역할을 해. 산소가 없으면 불이 붙지 않아. 셋째, 발화점 이상의 온도가 필요해. 발화점이란 어떤 물질이 불에 직접 닿지 않아도 타기 시작하는 온도를 말해.

그리고 연소를 일으킨 세 가지 조건을 반대로 하면 소화가 돼. 연소는 세 가지 조건을 모두 갖추어야 하지만 소화는 세 가지 요소 중 하나만 없애면 돼.

첫째, 조건 다 타면 꺼지는 것처럼 탈 물질이 없어야 해. 둘째, 산소의 접근을 막아야 해. 마지막으로 발화점 아래로 온도를 낮추어야 해. 불을 부으면 불이 꺼지는 것도 이 때문이야.

소화기

소화기의 종류

소화기는 화재의 초기 단계에서 1차적 화재를 진압할 때 사용할 수 있어.

소화기에 붙어 있는 설명서에 ABC라고 쓰여 있는데 ABC는 화재의 종류야.

A는 종이나 나무 등에 불이 붙는 보통의 화재이고, B는 기름에 의한 화재, C는 전기로 인한 화재지.

이렇게 화재의 종류가 다르면 사용하는 소화기도 달라. 이렇게 하는 까닭은 기름에 의한 화재에 물을 뿌리면 불이 더 커지고, 전기로 의한 화재에 물을 사용하면 감전의 위험이 있기 때문이야.

집이나 학교에서 우리가 흔히 볼 수 있는 빨간 소화기는 ABC라고 쓰여 있어. 이것은 A, B, C형 화재에 모두 사용할 수 있는 소화기이라는 거야.

소화기 사용법을 알아볼까?

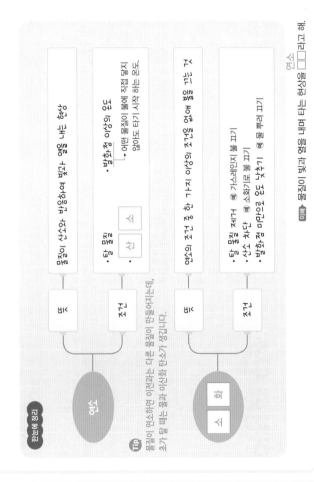

소화기의 안전핀을 뽑고 소화기 호스를 빼서 불이 난 쪽으로 향하게 해.

손잡이를 움켜쥐고 바람을 등지고 빗자루로 쓸 듯이 고루 뿌려야 해.

◉ 알맞은 말에 ○표를 하세요.

불이 타는 세 조건인 탈 물질, 산소, 발화점 이상의 온도 중 한 가지 이상을 제거하면 (연소 , 소화)가 된다.

> **해설** '소화'는 불이 꺼지는 것을 말하는데, 연소를 일으킨 세 가지 조건인 탈 물질, 산소, 발화점 이상의 온도 중 한 가지만 제거하면 소화가 됩니다.

◉ 소화기 사용법으로 알맞은 것에 ○표를 하세요.

☐ 소화기의 안전핀을 뽑고 소화기 호스를 빼어 불이 난 쪽으로 향하게 한다.

☐ 손잡이를 움켜쥐고 바람이 붙어오는 쪽을 향하여 한 곳을 집중적으로 뿌려야 한다.

> **해설** 소화기를 사용할 때에는 바람을 등지고 빗자루로 쓸 듯이 고루 뿌려야 합니다.

◉ 케이크의 촛불을 끄는 원리를 알맞게 선으로 이어 보세요.

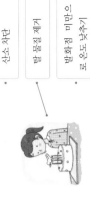

산소 차단

탈 물질 제거

발화점 미만으로 온도 낮추기

> **해설** 촛불을 입으로 불면 탈 물질인 탈 물질이 날아가기 때문에 촛불이 꺼집니다.

한눈에 정리

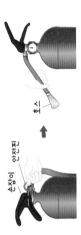

연소

- 물질이 산소와 반응하여 빛과 열을 내는 현상
- 탈 물질 · 산소
- 발화점 이상의 온도
  └ 어떤 물질이 불에 직접 닿지 않아도 타기 시작하는 온도

소화

- 연소의 조건 중 한 가지 이상의 조건을 없애 불을 끄는 것
  - 탈 물질 제거 (예 가스레인지 불 끄기)
  - 산소 차단 (예 소화기로 불 끄기)
  - 발화점 미만으로 온도 낮추기 (예 물 뿌려 끄기)

TIP 물질이 연소하면 이전과는 다른 물질이 만들어지는데, 초가 탈 때는 물과 이산화 탄소가 생깁니다.

이해 물질이 빛과 열을 내며 타는 현상을 ☐☐라고 해. 연소

국어

3회 ①

기행문은 여행 감상문

기행문: 여행하면서 보고, 듣고, 느낀 점을 기록한 글.

여행하면서 보고, 듣고, 느낀 점을 시간적 순서나 장소의 바뀜에 따라 기록한 글을 기행문이라고 해. 다시 말하면 여행을 하면 서 세세하게 보고, 듣고, 겪은 사실과 그때 느끼고 생각한 감상을 작은 글을 말하는 거야.

기행문에는 글쓴이의 체험과 느낌이 생생하게 나타나 있어. 새로운 곳을 여행하면서 보고, 듣고, 느낀 점들, 즉 여정, 견문, 감상이 드러나 있어. '여정'은 여행의 과정이나 일정, '견문'은 여행하며 보거나 들은 일, '감상'은 여행하며 든 생각이나 느낌을 말해.

기행문에는 글쓴이가 보거나 들은 것들이 드러나 있지만 글쓴이의 솔직한 마음과 여행지에서 느낀 특별한 감상도 잘 나타나 있어. 그래서 기행문을 읽는 것이 실감 나게 여행지에 함께 있어서 여행지를 읽어가는 것 같은 느낌을 받게도 하지.

기행문의 짜임

처음 부분
먼저 여행을 떠나게 된 동기와 여행에 대한 기대, 출발할 때의 날씨나 기분, 여행지 이름, 함께 가는 사람, 교통 편 등을 쓰면 돼.

가운데 부분
출발 전에 조사한 여행지의 자료에서 보거나 읽었던 내용과 직접 본 것에 대한 느낌이나 생각, 그리고 직접 본 것과 읽었던 자료와의 차이점, 여행지에서 보거나 들어 읽게 된 여러 가지 정보와 그것에 대한 느낌, 읽힌 이야기 등을 구체적으로 소개하면 돼. 또 여행지에서 있었던 일, 웃을 수 없는 일. 만났던 사람, 맛있던 음식, 웃을 수 없는 일을 쓰면 좋아.

끝부분
돌아오면서 있었던 일이나 여행을 하고 난 후의 전체적 인 느낌, 여행에서의 배운 것, 다짐한 것, 앞으로의 계획이 나 각오 등으로 마무리하면 돼.

기행문의 형식에는 어떤 것들이 있을까?

일기 형식의 기행문이 있어.
기행문 형식 가운데 자신의 생각이나 느낌을 가장 많이 담을 수 있는 형식이야. 일기가 갖추어야 할 날짜, 날씨, 느 낌을 반드시 써넣어야겠지?

편지 형식의 기행문이 있어.
여행을 하면서 편지를 주고받을 대상을 생각하고 쓴 글 이야. 여행 자료나 사진을 함께 보내며 받는 사람에게 여 행하고 싶은 마음이 들게 한다면 좋은 기행문이 될 수 있어.

안내문 형식의 기행문이 있어.
같은 곳을 여행할 사람들을 생각하며 쓰는 형식이야. 자 신이 안내받았던 내용, 여행지의 역사와 찾아가는 방법, 감상하는 방법, 즐기는 방법 등을 자세하게 쓰면 훌륭한 안내문이 될 수 있어.

한눈에 정리

기행문에 들어가야 할 내용		
여정	여행하면서 다니는 것	'~에 도착했다, ~(으)로 갔다' 등이 표현을 씀.
견문	여행하면서 보고 듣는 것	'~을/를 보다, ~이/가 있다', '~(이)라고 한다, ~을/를 듣다' 등의 표현을 씀.
감상	여행하면서 생각/느낀 것	'~처럼, ~같이'와 같이 '~라고 생각한다' 비유 표현이나 '느끼다, 생각한다' 등의 표현을 씀.

Tip
기행문은 여정, 견문, 감상이 드러나는 글로, 대부분 문체형이 문장으로 쓰입니다. 이는 여행지의 생동감과 현장감을 느낄 수 있게 하기 위해서입니다.

Q. 여행하면서 보고, 듣고, 느낀 점을 기록한 글을 기행문 □□□이라고 해.

◎ 기행문에 들어갈 내용을 알맞게 선으로 이어 보세요.

여정	—	여행하면서 다닌 곳
견문	—	여행하면서 보고 들은 것
감상	—	여행하면서 든 생각이나 느낌

해설 기행문에 들어가는 요소는 여행하면서 다닌 여정, 여행하면서 보고 들은 견문, 여 행하면서 생각하거나 느낀 감상입니다.

◎ 알맞은 말에 ○표를 하세요.

기행문의 가운데 부분에는 여행지에서 있었던 일, 맛있던 음식, 웃을 수 없는 일과 여행에서 (만났던 사람 , 여행을 떠나게 된 동기) 등을 쓰면 좋아.

해설 기행문의 가운데 부분에는 여행 정보나 그것에 대한 느낌, 열린 이야기, 여행지에서 있었던 일, 만났던 사람, 맛 있던 음식, 웃을 수 없는 일 등을 씁니다.

◎ 일기 형식의 기행문에 대한 설명에 ○표를 하 세요.

□ 자신의 생각이나 느낌을 가장 많이 담을 수 있는 형식이야.

□ 반드시 사람에게 여행하고 싶은 마음 이 들게 할 수 있는 형식이야.

해설 일기 형식의 기행문은 자신의 생각이나 느낌을 가장 많이 담을 수 있는 형식이고, 반드시 사람에게 편지 형식이 기행문입니다.

3회 ②
1주차

국어

주장과 근거가 담긴 논설문

논설문: 어떤 문제에 대한 자신의 주장을 논리적으로 설득하는 글.

자신의 주장을 논리적으로 종명하려면 어떻게 해야 할까? 누구나 그럴듯하고 생각할 수 있도록 믿을 만한 근거를 내세워야겠지?

정확하고 많은 것을 믿을 사람의 첫처럼 안 되고 타당한 주장과 근거를 들어야 해. 이렇게 어떤 문제에 대한 자신의 주장을 논리적으로 내세워 상대방을 설득하는 글을 논설문이라고 해. 논설문의 주장은 글쓴이의 주관적인 주장이므로 자신의 주장이 어떻게 받아들여질 것인가를 살펴보는 것도 필요해. 또 논설문은 주장이 타당해야 하며, 근거가 적절해야 하고 명료한 문장을 사용해야 해. 근거를 뒷받침하는 증거나 자료도 체계적이어야 해. 그렇지 않으면 자신의 생각이 분명하게 드러나지 않아서 읽는 사람이 글의 해심을 정확하게 파악하지 못할 수 있어.

논설문은 서론, 본론, 결론과 같이 일정한 짜임이 있어야 하고, 그 내용은 처음부터 끝까지 일관성 있게 써야 해.

논설문 쓰는 방법

서론
문제 상황이나 주장의 동기, 자신의 주장을 쓰고, 호기심을 불러일으키는 내용이나 흥미를 끄는 질문으로 시작해도 좋아.

본론
본론은 서론의 주장을 근거와 함께 이야기하면서, 주장을 뒷받침하는 탄탄한 근거를 구체적이고 사실적인 자료를 활용하여 제시해야 해. 서론이나 결론보다는 내용이 많아지겠지?

결론
결론은 본론에서 펼친 내용을 요약하고 주장을 강조해서 마무리해 주면 돼. 앞에 쓴 내용과 주장이 일치해야 하고, 문장을 간결하게 쓰도록 해. 결론은 전체의 길이에 비해 길면 안 되고, 주장을 실천했을 때 나타날 긍정적인 모습으로 마무리해도 좋아.

주장을 논리적으로 내세우는 방법은?

일반적인 원리에서 구체적 사실을 이끌어 내는 방법이 있어.

구체적인 사실에서 일반적인 원리를 이끌어 내는 방법이 있어.

한눈에 정리

논설문의 특성		
주관성		글쓴이 주관적인 의견이나 주장이 드러남.
	타당성	글쓴이의 주장을 뒷받침하는 근거나 이유가 타당해야 함.
	신뢰성	정보의 출처가 분명해야 하며 신뢰할 수 있는 근거를 제시해야 함.
체계성		서론, 본론, 결론의 3단 구성에 따라 짜임새 있게 전개되어야 함.
논리성		설득하는 글이므로 자신의 주장을 논리적으로 내세워 설득하는 글임.

(이해) 어떤 문제에 대한 자신의 주장을 논리적으로 내세워 설득하는 글을 논설문이라고 해.

(Tip) 설득을 목적으로 하는 글이므로 주장과 근거를 제시할 때, 일정한 짜임(서론-본론-결론)에 맞게 써야 하고, 처음부터 끝까지 문장이나 내용이 서로 긴밀하게 구성되어야 합니다.

▶ 정답과 해설 8쪽

◉ 논설문의 특성으로 알맞은 것에 모두 ○표를 하세요.

논리성 체계성 허구성 신뢰성

(해설) 논설문은 논리성, 체계성, 신뢰성, 주장의 타당성의 특성이 있습니다.

◉ 알맞은 말에 ○표를 하세요.

논설문의 처임에서 호기심을 불러일으키는 내용이나 흥미를 끄는 질문으로 문제 상황이나 주장을 말하는 단계는 (서론, 본론, 결론)이다.

(해설) 논설문은 주장을 뒷받침하는 탄탄한 근거를 구체적인 자료를 내리는 단계는 구체적인 ...

◉ 논리적으로 종명하는 방법과 그것에 대한 설명을 알맞게 선으로 이어 보세요.

일반적 원리에서 구체적 사실을 이끌어 내는 방법

• 다양한 경험을 통해 얻는 일반적인 결론을 내리는 방법

• 확실한 사실에서 구체적인 진리를 이끌어 내는 방법

(해설) 논설문에서 문제에 대한 주장을 뒷받침하는 근거를 구체적이고 사실적인 자료를 내리는 구체적인 ...

4회 1주차 ①

지구촌 문제의 해결책 국제기구

국제기구: 어떤 국제적인 목적이나 활동을 위해서 두 나라 이상의 회원국으로 구성된 조직체.

오늘날에는 국가가 서로 협력할 일도 많아지고 분쟁도 찾아졌어. 그렇기 때문에 이에 따라 다른 나라와 정치, 경제적으로 긴밀한 관계를 맺으면서 이해 나라 사이에서 일어나는 여러 문제를 해결하기 위해 여러 국제기구들이 생겨났지.

국제 연합(UN)은 세계 평화를 위해 노력하는 대표적인 국제기구로, 총 가입국이 193개국이야. 세계 평화를 목적으로 국제적인 갈등을 해결하고, 평화를 위협하는 나라나 단체를 제지하는 일을 하지. 유럽 연합(EU)은 유럽 27개국이 모인 국제기구로, 유로(€)로 화폐 단위를 통일하고, 회원국이 하나의 국가처럼 움직이지. 세계 보건 기구(WHO)는 인류가 건강하게 생활할 수 있도록 도와주지. 건강에 관한 다양한 연구를 하고, 질병을 예방하기 위해 힘써. 또 전염병 등이 발생하면 환자를 치료하고 피해를 최소화하기 위해 노력해. 경제 개발 협력 기구(OECD)는 경제 발전을 위해 만들어진 국제기구야.

Tip 현재 약 2000개가 넘는 국제기구가 있습니다.

국제 연합의 관할 안에 있는 기구

국제 통화 기금(IMF)

외화가 세계 각 나라에 원활하고 안정적으로 공급되도록 하고 세계의 발전을 위해 설립된 국제기구야. 국제 통화 기금에 가입한 나라들이 낸 돈을 이용하여 환율을 안정시키고, 경제 위기를 겪는 나라에 지금을 지원하는 일을 하지.

세계 무역 기구 (WTO)

나라끼리 공정한 무역을 할 수 있도록 세계 무역 질서를 바로 세우는 국제기구야. 나라 사이에 무역 분쟁이 일어났을 때 조정하는 역할도 해. 세계 무역 기구에서는 각 나라가 좀 더 쉽게 무역을 할 수 있도록 자유 무역을 방해하는 행위나 제도들을 고쳐 나가고 있어.

국제 원자력 기구(IAEA)

전 세계의 해에너지가 평화적으로 이용되도록 하기 위해 설립된 국제기구야. 각 나라 간의 과학적·기술적 정보 교류를 활발히 하고, 해에너지가 군사 목적으로 사용되지 않도록 막고 있어. 우리나라도는 이 기구의 1957년도에 가입했어.

국제 연합(UN)은 어떻게 만들어진 거야?

1900년대 전후로 영국, 프랑스, 독일 등 서양의 강대국이 그 전 세계에 서로 더 많은 식민지를 차지하려고 싸우다가 1914년에 제1차 세계 대전이 일어났지. 4년이란 긴 시간 동안 끔찍한 전쟁이 계속되면서 많은 사람들이 목숨을 잃었어. 1919년에 전쟁이 끝났을 때 여러 나라 지도자들은 전쟁을 막기 위해 '국제 연맹'을 만들었지. 그런데 얼마 되지 않아 독일과 이탈리아 등에서 개인보다 국가나 사회를 중시하는 전체주의가 나타났고 이로 인해 제2차 세계 대전이 일어났어. 제2차 세계 대전을 겪은 후 사람들은 전쟁의 무서움과 함께 평화의 필요성을 절실히 느꼈고 국제 연맹의 뒤를 이어 '국제 연합'을 만들었어.

한눈에 정리

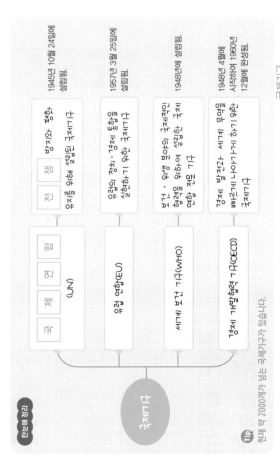

국제기구

- **국제 연합 (UN)** — 세계 평화를 유지를 위해 설립된 국제기구 / 1945년 10월 24일에 설립됨.
- **유럽 연합(EU)** — 유럽의 정치·경제 통합을 실현하기 위한 국제기구 / 1957년 3월 25일에 설립됨.
- **세계 보건 기구(WHO)** — 보건·위생 분야의 국제적인 협력을 위하여 설립한 국제 연합의 전문 기관 / 1948년에 설립됨.
- **경제 개발 협력 기구(OECD)** — 경제 발전과 세계 무역을 빠르게 나아가게 하기 위한 국제기구 / 1948년 4월에 시작하여 1960년 12월에 완성됨.

이해 국가들끼리 함께 협력하며 관계를 맺고 지구촌 갈등을 해결하기 위해 국제기구가 생겨났어.

◉ 알맞은 말에 ○표를 하세요.

인류가 건강하게 생활할 수 있도록 건강에 관한 다양한 연구를 하고, 질병을 예방하기 위해 힘쓰는 국제기구는 (세계 보건 기구 , 경제 개발 협력 기구)이다.

정답 세계 보건 기구(WHO)는 인류의 건강을 위해 만들어진 국제기구입니다.

◉ 알맞은 말에 ○표를 하세요.

경제 협력 개발 기구는 경제 발전과 세계 무역을 빠르게 나아가게 하기 위한 국제기구입니다.

◉ 국제 연합(UN)에 대한 설명으로 알맞은 것에 ○표를 하세요.

- 세계 평화 유지가 목표인 국제기구이다. ◯
- 제2차 세계 대전이 시작될 무렵 만들어졌다. ☐

정답 국제 연합(UN)은 제2차 세계 대전 이후에 만들어졌다.

◉ 국제 연합의 관할 안에 있는 기구와 그 기구가 하는 일을 알맞게 선으로 이어 보세요.

```
국제 통화 기금          나라끼리 공정한 무역을 할 수 있도록
(IMF)                  세계 무역 질서를 바로 세우는 국제기구

세계 무역 기구          외화가 세계 각 나라에 원활하게 공급
(WTO)                  되도록 하고 세계의 발전을 위해 설립된 국제기구
```

정답 국제 통화 기금은 공급되도록 하고하고 나라끼리 안정적으로 고르고공정한 무역을 할 수 있도록 하기 위해, 세계 무역 기구는 나라끼리 공정한 무역을 할 수 있게 하기 위해 설립된 국제기구들입니다.

4회 ②
1주차
다양한 목적이 있는 비정부 기구

비정부 기구: 지역, 국가, 종교에 상관없이 조직된 자발적인 시민 단체.

가끔 외국의 지도자나 웹 사이트에 우리나라의 '동해'가 '일본해'로 실려 있는 것에 대해 알리는 누군가 신문 기사를 보곤 해. 그럴 때마다 바로잡는 단체가 '일본해'를 '동해'라고 바로 잡아 주는 뉴스를 들어본 적이 있을 거야. 반크는 우리나라에 대해 잘못 알려진 사실을 바로잡기 위해 노력하는 단체로 비정부 기구에 속해. 특히 독도가 대한민국 땅이라는 것을 알리는 활동 등을 하고 있어.

대표적인 비정부 기구 및 곳을 살펴보자면 그린피스는 핵 실험을 반대하고 자연 보호 운동을 목적으로, 12명의 환경 보호가들이 모여 결성된 국제적인 환경 보호 단체야.

국경 없는 의사회는 1968년 나이지리아 내전에 파견된 프랑스 의사와 언론인들이 전쟁 중에 더 많은 사람들을 돕기 위해 설립한 의료 구호 단체야. 국경이나 정치적 상황에 관계없이 필요한 사람들을 지원하고 아프리카의 난민을 돕는 데 많은 노력을 기울였지. 그래서 1999년 노벨 평화상을 수상했어.

어린이들을 위한 비정부 기구

세이브 더 칠드런
'아이들을 구하라'라는 뜻을 가지고 있는 이 단체는 세계 모든 어린이들의 권리를 보호하기 위해 만들어졌지. 1919년에 설립된 이후, 우리나라를 포함한 전세계 회원국이 가난과 질병, 차별로 고통 받는 아이들을 위해 활동하고 있어.

수단의 어린이 정착회
수단 남부의 작은 마을 토즈에서 이사로, 선생님으로, 밴드 지휘자로, 건축가로 봉사와 희생의 삶을 실았던 이태석 신부님은 경제적 어려움을 겪는 학생들에게 교육을 받을 기회를 주었고, 사람들에게 의때없는 한센병 환자들을 돌보았어. 그의 고귀한 나눔의 정신은 여러 사람들을 일깨웠고, 수단 어린이 장학회를 통해 모아진 후원금으로 토즈에 학교와 병원을 세웠지.

국제 연합 아동 기금(유니세프)
국제연합 아동 기금은 국제 연합에 있는 비정부 기구로 보호를 필요로 하는 어린이들에게 예방 접종, 영양 보충 등의 도와 주고, 기초 교육을 받을 수 있도록 도와 주는 등의 활동을 해. 1946년에 만들어진 후 위급 사태에 처해있는 아동들과 특히 제개발국 아동들의 복지 계획에 의하여 관심을 가졌고 1965년에는 노벨 평화상을 받았어.

분쟁 지역 어린이들을 위해 할 수 있는 일은?
세계 각지에서 지난 수십 년간 발생한 분쟁으로 많은 어린이가 목숨을 잃거나 부상당하여 불구가 되었어. 또한 많은 어린이가 전투원이 되어 분쟁에 강제로 동원되고 있어. 이러한 어린이들을 위해 할 수 있는 일 중에는 분쟁 지역에 관심을 가지고 국제 구호 단체의 모금 활동에 적극적으로 참여하며 분쟁 지역의 친구들 후원을 하는 방법이 있어. 이러한 활동이 우리에게는 간단한 일이지만, 분쟁 지역의 친구들에게는 큰 도움이 돼.

5회 ① 1주차 · 과학

뿌리부터 열매까지 식물의 구조

화단에는 다양한 식물이 자라고 있어. 식물은 뿌리, 줄기, 잎 그리고 꽃과 열매로 이루어져 있는데, 그중 뿌리는 땅속에 있어서 잘 보이지 않아. 굵고 곧은 뿌리 주변에 가는 뿌리가 있는 것도 있고, 파 뿌리처럼 굵기가 비슷한 여러 가닥의 뿌리가 수염처럼 달려 있는 것도 있어. 뿌리는 땅속에서 물을 흡수하고 식물이 쓰러지지 않도록 하고 양분을 저장하는 역할을 해.

식물의 줄기는 다양해. 굵고 곧은 것도 있고, 가늘고 길이 다른 식물을 감거나 땅 위로 가는 것도 있어. 줄기는 물이 이동하는 통로 역할을 해. 뿌리에서 흡수한 물이 줄기를 통해 위로 올라가지. 또 줄기는 식물을 지지하거나 양분을 저장하기도 해. 사람이 음식을 먹어야 살 수 있는 것처럼 식물도 물과 양분이 필요해. 식물에서 양분을 만드는 일을 하는 것은 잎이야. 식물이 스스로 양분을 만드는 것을 광합성이라고 하는데, 광합성은 주로 잎에서 일어나. 꽃은 꽃가루받이를 거쳐 씨를 만들고, 열매는 어린 씨를 보호하고 익은 씨를 멀리 퍼뜨리는 일을 해.

식물의 구조: 식물은 뿌리, 줄기, 잎, 꽃과 열매로 이루어져 있음.

TIP 식물을 구성하는 각 부분이 하는 일이 다릅니다.

한눈에 정리

식물의 구조

- 뿌 리 : 물을 흡수하고 식물이 쓰러지지 않도록 함.
- 줄기 : 물이 이동하는 통로임.
- 잎 : 광합성을 해서 양분을 만듦.
- 꽃과 열매 : 꽃은 꽃가루받이를 거쳐 씨를 만들고, 열매는 어린 씨를 보호하고 익은 씨를 멀리 퍼뜨림.

이해 식물 □ 은 뿌리, 줄기, 잎, 꽃과 열매로 이루어져 있어.

광합성과 양분의 이동

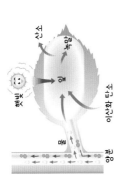

햇빛 / 산소 / 이산화 탄소 / 물 / 잎 / 양분 / 녹말

광합성
광합성은 식물이 빛과 이산화 탄소, 뿌리에서 흡수한 물을 이용하여 스스로 양분을 만드는 거야. 광합성을 통해 만든 양분은 녹말인데 광합성은 주로 잎에서 일어나.

양분의 이동
광합성을 통해 잎에서 만든 양분은 줄기를 거쳐 뿌리, 줄기, 열매 등 필요한 곳으로 운반되어 사용되기도 하고, 감자와 같이 줄기에 양분을 저장하기도 하고, 고구마나 당근처럼 뿌리에 양분을 저장하기도 해.

광합성은 잎에서만 일어날까?

나는 뿌리에서도 광합성이 일어나.

광합성은 식물의 잎에서 주로 일어나지만 줄기, 꽃, 뿌리 등에서도 일어나. 식물에서 초록색으로 보이는 부분은 모두 광합성이 일어나지. 무가 자라면 땅 위로 솟은 초록 뿌리가 초록색으로 보이는데, 그건 뿌리에서도 광합성이 일어나기 때문이야.

① 식물에서 물을 흡수하는 역할을 하는 것에 ○표를 하세요.

(뿌리) 줄기 잎

해설 식물에서 물을 흡수하는 역할을 하는 것은 뿌리입니다.

② 식물의 줄기가 하는 일에 모두 ○표를 하세요.

□ 씨를 만든다.
○ 물이 이동하는 통로이다.
○ 양분을 저장하기도 한다.

해설 식물의 줄기는 물이 이동하는 통로이며, 양분을 저장하기도 합니다.

③ 다음 설명에 알맞은 말을 쓰세요.

식물이 빛과 이산화 탄소, 뿌리에서 흡수한 물을 이용하여 스스로 양분을 만드는 것을 말한다.

[광][합][성]

해설 식물은 광합성을 통해 스스로 양분을 만드는 것을 □□□이라고 합니다.

5회 ②

1주차

식물의 배출 운동, 증산 작용

증산 작용: 잎에 도달한 물이 기공을 통해 식물 밖으로 빠져나가는 것.

사람은 몸속에 있는 물을 땀이나 오줌으로 배출하는데, 식물은 어떨까? 식물은 뿌리에서 흡수한 물을 줄기를 통해 잎에 도달하지. 잎에 도달한 물은 광합성에 이용하지만 남은 물은 식물 밖으로 내보내. 물이 식물 안에 머무르면 뿌리는 더 이상 물을 흡수할 수 없거든. 그러면 물의 양분을 얻지 못하게 되지. 그래서 물을 식물 밖으로 내보내는 거야. 잎의 뒷면에는 우리 눈에는 보이지 않는 작은 구멍이 있는데, 이것을 기공이라고 해. 이렇게 잎에 도달한 물이 기공을 통해 식물 밖으로 빠져나가는 것을 증산 작용이라고 하지. 예를 들면 나뭇가지에 비닐봉지를 씌우고 물이 담긴 수 있어. 그건 잎의 도달한 물이 기공을 통해 식물 밖으로 나가기 때문에 생긴 거야.

증산 작용은 주로 낮에 잎에서 일어나는데 식물 안에 물이 많을 때, 햇빛이 강할 때, 습도가 낮을 때, 온도가 높을 때 잘 일어나지. 그리고 증산 작용은 뿌리에서 흡수한 물을 식물의 꼭대기까지 끌어올릴 수 있도록 돕고 식물의 온도를 조절하는 역할도 하지.

TIP
증산 작용은 식물의 온도를 조절하는 역할을 하기 때문에식물에게 중요한 작용입니다.

기공은 어떻게 생겼지?

▲ 기공이 열렸을 때

▲ 기공이 닫혔을 때

공변세포
기공

기공은 잎의 뒷면에 있는데, 두 개의 공변세포에 의해 열리거나 닫혀. 즉 한 쌍의 공변세포 사이의 빈 공간이 기공인 거야. 공변세포 안쪽 세포벽이 바깥쪽 세포벽보다 두꺼워 공변세포로 물이 들어와 팽창하면 바깥쪽 세포벽이 더 많이 늘어나 공변세포가 바깥쪽으로 휘어지면서 기공이 열리게 되는 거야.

기공은 증산 작용을 조절하는 일 이외에도 광합성에 필요한 이산화 탄소가 들어오고 광합성의 결과로 만들어진 산소가 나가는 통로로 역할도 해.

뿌리에서 흡수한 물은 어떻게 올라갈까?

물이, 꼭대기까지 잘 올라가!

증산 작용
모세관 현상
물의 응집력
뿌리압

뿌리압
물관의 물을 잎에 올리기 위해 뿌리에 생기는 압력이야.

물의 응집력
물 분자 사이에 서로 잡아당기는 힘이야.

모세관 현상
좁은 관(모세관)에서 액체와 관 사이의 서로 끌어당기는 힘에 의해 액체가 관을 따라 올라가는 현상이야.

증산 작용
잎에 도달한 물이 기공을 통해 식물 밖으로 빠져나가는 작용이야.

한눈에 정리

잎에 도달한 물이 기공을 통해 식물 밖으로 빠져나가는 것

증산 작용

증산 작용이 잘 일어나는 조건

- 식물 안에 물이 많을 때
- 햇빛이 강할 때
- 습도가 낮을 때
- 온도가 높을 때
- 바람이 잘 불 때

역할
- 뿌리에서 흡수한 물을 식물의 꼭대기까지 끌어올릴 수 있도록 돕는 역할을 함.
- 식물의 온도를 조절함.

이해 잎에 도달한 물이 기공을 통해 식물 밖으로 빠져나가는 것을 **증산** 작용이라고 해.

▶ 정답과 해설 12쪽

◉ 식물에서 증산 작용이 일어나는 곳에 ○표를 하세요.

잎 ― 줄기 ― 뿌리

(잎)

해설 증산 작용은 뿌리에서 흡수한 물이 잎의 기공을 통해 밖으로 빠져나가는 현상이에요.

◉ 알맞은 말에 ○표를 하세요.

증산 작용은 잎의 (앞면, 뒷면)에 있는 기공을 통해 물이 밖으로 나가는 현상이에요.

해설 기공은 잎의 뒷면에 있습니다.

◉ 증산 작용이 잘 일어나는 조건에 모두 ○표를 하세요.

온도가 높을 때	○
습도가 높을 때	□
햇빛이 강할 때	○

해설 증산 작용은 주로 낮에 활발하게 일어납니다.

1주차 | 확인 문제

▶ 정답과 해설 13쪽

5 이산화 탄소로 인한 대표적인 환경 문제는 무엇인지 알맞은 말을 쓰세요. 〔과학〕

지구 (온난화) 문제

해설 이산화 탄소의 농도는 점차 증가해서 지구의 온도를 끌어올리고 있어서 지구 온난화 문제를 일으킵니다.

6 소화기로 불을 끄는 것은 불을 끄는 원리 중 무엇에 해당하는지 알맞은 것에 ○표를 하세요. 〔과학〕

(1) 산소 차단 〔○〕
(2) 탈 물질 제거
(3) 발화점 미만으로 온도 낮추기

해설 산소는 다른 물질이 잘 타도록 도와주는 역할을 하는데 소화기에서 나오는 입자가 산소를 차단시키는 역할을 해서 불을 끌 거예요.

7 다음 기행문에 들어가야 할 '여정', '견문', '감상' 중에서 무엇에 해당하는지 쓰세요. 〔국어〕

이 절제만 한 바위는 조선 시대부터 이 자리에 있었고 마을 사람들도 이 바위가 어떻게 오게 되었는지 아무도 알지 못한다고 하였다.

(견문)

해설 여행하면서 보고 들은 것을 나타내므로 '견문'에 속합니다.

8 논설문을 쓸 때 서론 부분에 들어가야 할 내용을 두 가지 고르세요. (① , ③) 〔국어〕

① 문제 상황을 제시한다.
② 주장에 대한 근거를 제시한다.
③ 흥미를 끄는 질문으로 시작한다.
④ 내용을 요약하고 주장을 강조한다.
⑤ 주장을 뒷받침하는 사실적인 자료를 활용한다.

해설 ②와 ⑤는 본론에 들어가야 하는 내용이고 ④는 결론에 들어가는 내용입니다.

1주차
확인 문제

1 다음은 민주주의 기본 정신 중에서 무엇에 대한 설명인지 쓰세요. 〔사회〕

신분, 재산, 성별 인종 등에 따라 부당하게 차별을 받지 않아야 한다.

(평등)

해설 민주주의 기본 정신 중에서 '평등'은 신분, 재산, 성별, 인종 등에 따라 부당하게 차별받지 않고 평등하게 대우받아야 함을 의미합니다.

2 우리나라에서 선거로 선출하는 공무원이 아닌 것의 기호를 쓰세요. 〔사회〕

㉮ 군수   ㉯ 시장   ㉰ 장관   ㉱ 대통령   ㉲ 국회의원

(㉰)

해설 장관는 대통령의 임명으로 선출됩니다.

3 선거 관리 위원회에서 하는 일로 알맞은 것에 모두 ○표를 하세요. 〔사회〕

(1) 선거 때 투표할 장소를 임시로 제공한다. ( )
(2) 개표를 하여 가장 많은 지지를 받은 당선자에게 당선증을 발급한다. (○)
(3) 선거에 참여할 수 있는 권리를 가진 사람의 명단인 선거인 명부를 작성한다. (○)

해설 선거 때 투표할 장소를 임시로 제공하는 것은 공공 기관인 행정복지센터 등입니다.

4 산소에 대한 설명으로 알맞지 않은 것은 무엇인가요? (②) 〔과학〕

① 색깔과 냄새가 없다.
② 화석 연료를 태울 때 나온다.
③ 공기 중에 약 21%를 차지한다.
④ 다른 물질이 타는 것을 도와준다.
⑤ 사람이나 동물이 호흡을 하는 데 없어서는 안 된다.

해설 화석 연료를 태울 때 나오는 것은 이산화 탄소입니다.

1주차 | 확인 문제

9 논설문의 특성이 아닌 것의 기호를 쓰세요. 》 [국어]

㉮ 주관성 ㉯ 타당성 ㉰ 논리성 ㉱ 문학성

(㉮)

해설▶ ㉮는 시, 소설 등의 특성에 해당합니다.

10 국제기구가 생겨난 까닭으로 알맞은 것에 ○표를 하세요. 》 [사회]

(1) 나라 사이에서 일어나는 여러 문제를 해결하기 위해서 (○)

(2) 정부 간의 협력보다는 민간이 국제 협력에 더 효과적이어서 ( )

해설▶ (2)는 비정부 기구가 생겨난 까닭으로 알맞습니다.

11 다음과 같은 역할을 하는 국제기구는 무엇인가요? (④) 》 [사회]

인류가 건강하게 생활할 수 있도록 세계 건강에 관한 다양한 연구를 하고, 질병을 예방하기 위해 힘 쓴다.

① 국제 연합(UN)
② 유럽 연합(EU)
③ 국제 통화 기금(IMF)
④ 세계 보건 기구(WHO)
⑤ 경제 개발 협력 기구(OECD)

해설▶ '국제 통화 기금(IMF)'은 외환가 세계 각 나라에 원활하고 안정적으로 공급되도록 하고 세계 경제의 발전을 위해 함 설립된 기구이고, '경제 개발 협력 기구(OECD)'는 세계 경제 무역을 빠르게 나아가게 하기 위한 국제기구입니다.

1주차 | 확인 문제 ▶정답과 해설 14쪽

12 다음과 같은 활동을 하는 우리나라의 비정부 기구는 무엇인지 쓰세요. 》 [사회]

일본해로 표기가 된 사이트를 발견하면 동해로 바로잡는다.

(반크)

해설▶ '반크'는 전세계 해외 네티즌에게 한국을 바르게 알려 주는 단체입니다.

13 식물의 구조 중에서 광합성을 통해 녹말을 만드는 곳의 기호를 쓰세요. 》 [과학]

㉮ 잎 ㉯ 줄기 ㉰ 뿌리 ㉱ 꽃과 열매

(㉮)

해설▶ 줄기는 물이 이동하는 통로이고, 뿌리는 물을 흡수합니다. 꽃은 꽃가루받이를 거쳐 씨를 만들고, 열매는 어린 씨를 보호하고 익은 씨를 멀리 퍼뜨립니다.

14 다음 빈칸에 알맞은 말을 두 글자로 쓰세요. 》

증산 작용은 잎에 도달한 물이 (기공)을/를 통해 식물 밖으로 빠져나가는 것을 말한다.

해설▶ 증산 작용은 잎에 도달한 물이 기공을 통해 식물 밖으로 빠져나가는 것을 말합니다.

15 낮과 밤 중에서 증산 작용이 잘 일어나는 때는 언제인지 쓰세요. 》 [과학]

(낮)

해설▶ 증산 작용은 햇빛이 강하고 온도가 높은 낮에 잘 일어납니다.

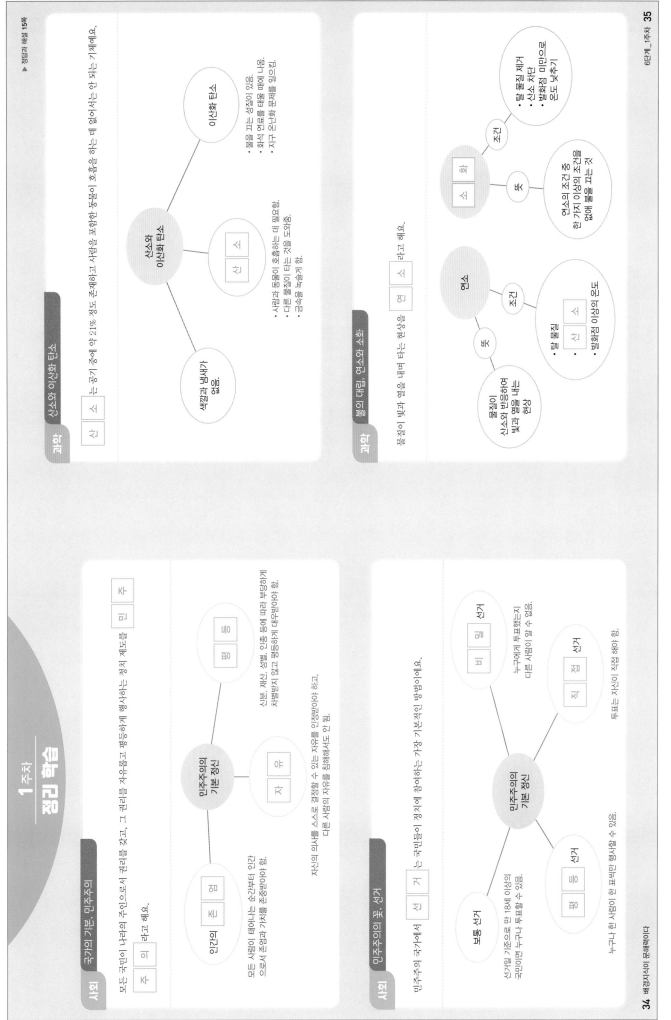

1주차
정리 학습

사회 | 국가의 기본, 민주주의

모든 국민이 나라의 주인으로서 권리를 갖고, 그 권리를 자유롭고 평등하게 행사하는 정치 제도를 [민]주주의라고 해요.

주[의]

민주주의의 기본 정신

- 인간의 [존]엄: 모든 사람이 태어나는 순간부터 인간으로서 존엄과 가치를 존중받아야 함.
- 자[유]: 자신의 의사를 스스로 결정할 수 있는 자유를 인정받아야 하고, 다른 사람의 자유를 침해해서도 안 됨.
- 평[등]: 신분, 재산, 성별, 인종 등에 따라 부당하게 차별받지 않고 평등하게 대우받아야 함.

사회 | 민주주의의 꽃, 선거

민주주의 국가에서 [선]거는 국민들이 정치에 참여하는 가장 기본적인 방법이에요.

민주주의의 기본 정신

- 보통 선거: 선거일 기준으로 만 18세 이상의 국민이면 누구나 투표할 수 있음.
- 평[등] 선거: 누구나 한 사람이 한 표씩만 행사할 수 있음.
- 비[밀] 선거: 누구에게 투표했는지 다른 사람이 알 수 없음.
- 직[접] 선거: 투표는 자신이 직접 해야 함.

과학 | 산소와 이산화 탄소

[산]소는 공기 중에 약 21% 정도 존재하고 사람을 포함한 동물이 호흡을 하는 데 없어서는 안 되는 기체예요.

산소와 이산화 탄소

- 산[소]: 사람과 동물이 호흡하는 데 필요함. 다른 물질이 타는 것을 도와줌. 금속을 녹슬게 함.
- 이산화 탄소: 불을 끄는 성질이 있음. 화석 연료를 태울 때에 나옴. 지구 온난화 문제를 일으킴. / 색깔과 냄새가 없음.

과학 | 물의 대림, 연소와 소화

물질이 빛과 열을 내며 타는 현상을 [연]소라고 해요.

연소
- 뜻: 물질이 산소와 반응하여 빛과 열을 내는 현상
- 조건: 탈 물질 · 산[소] · 발화점 이상의 온도

소화
- 뜻: 연소의 조건 중 한 가지 이상의 조건을 없애 불을 끄는 것
- 조건: 탈 물질 제거 · 산소 차단 · 발화점 미만으로 온도 낮추기

▲ 정답과 해설 15쪽

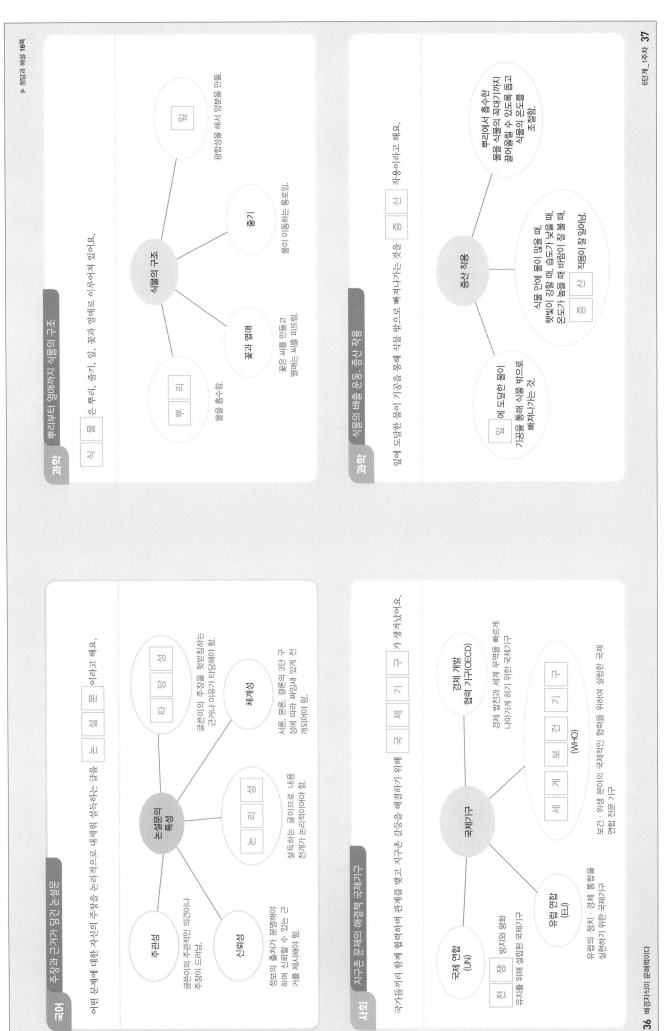

2주차

정답과 해설

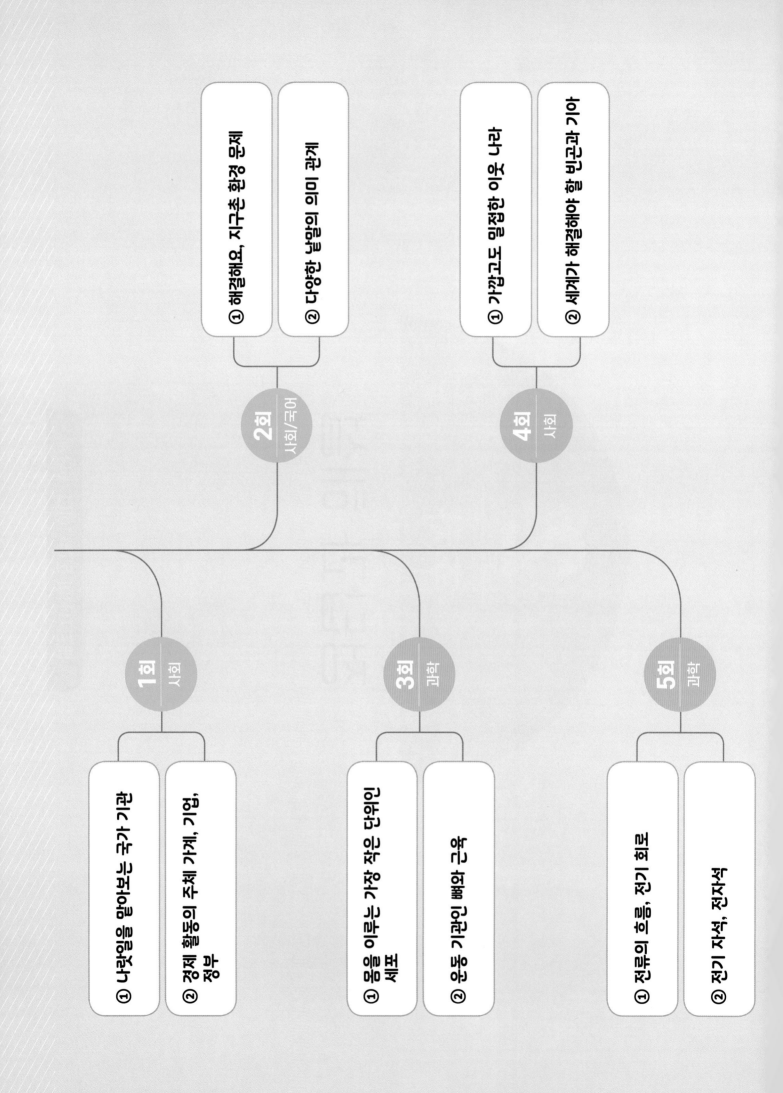

2회
사회/국어

① 해결해요, 지구촌 환경 문제

② 다양한 낱말의 의미 관계

4회
사회

① 가깝고도 멀쩡한 이웃 나라

② 세계가 해결해야 할 빈곤과 기아

1회
사회

① 나라일을 맡아보는 국가 기관

② 경제 활동의 주체 가계, 기업, 정부

3회
과학

① 몸을 이루는 가장 작은 단위인 세포

② 운동 기관인 뼈와 근육

5회
과학

① 전류의 흐름, 전기 회로

② 전기 자석, 전자석

1회

2주차 ①

나랏일을 맡아보는 국가 기관

국가 기관: 국정을 운영하기 위하여 설치한 입법·사법·행정 기관들을 통틀어 이르는 말.

국가 기관은 나랏일을 맡아보는 곳이야. 대표적인 국가 기관에는 입법부, 행정부, 사법부가 있지. 법을 만드는 국가 기관인 입법부는 국회인데 법을 만드는 일을 하는 국가 기관인 행정부는 정부, 법에 따라 재판을 하는 국가 기관이 이에 해당해. 법에 따라 나라 살림을 하는 국가 기관인 행정부는 정부, 법에 따라 재판을 하는 국가 기관은 사법부는 법원이야.

모두 나랏일을 하는 곳인데 셋으로 나누어 놓은 까닭은 왜일까? 이는 한 국가 기관의 권력의 중요한 일을 마음대로 처리할 수 없도록 하고 서로 견제하고 균형을 이루게 하여 국민의 자유와 권리를 지키려고 했기 때문이야. 이렇게 국가 기관의 권력을 나누어 가지고 서로 감시하는 민주 정치의 원리를 권력 분립이라고 해.

국회가 만든 법이 옳지 않다고 생각할 때 대통령은 그 법을 거부할 수도 있고, 국회는 정부가 일을 잘하는지 국정 감사를 할 수가 있어. 그리고 법원에서는 국회에서 만든 법이 헌법에 맞는지를 심사할 수가 있지.

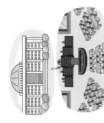
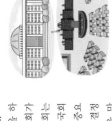

국가 기관

국회 [의] [법] [부]

정부(대통령과 국무총리, 여러 개의 행정 각 부) 행정부

법원 [사] [법] [부]

Tip 민주주의 국가에서 일어나는 문제를 해결하는 기준이 됩니다. 세 개의 국가 기관이 각각 역할을 나누어 법을 만들고, 법에 따라 일을 하고, 법에 따라 재판하는 일을 합니다.

이해 나랏일을 세 개의 □□□에서 나눠서 하도록 한 제도를 삼권 분립이라고 해.

국가 기관의 종류

입법부(입법 기관)

법을 만드는 일을 하는 기관으로, 국회가 이에 해당해. 법에 따라 나라 살림을 하는 국가 기관인 사법부는 법원이야.

국민을 대표하는 국회 의원들이 나라의 중요한 일을 의논하고 결정하는 가장 중요한 일이라고 할 수 있지.

행정부

국가가 발전하고 변영할 수 있도록 여러 가지 정책을 계발하고 실천하는 기관으로, 정부가 이에 해당해. 행정 조직에는 대통령을 중심으로 국무총리와 여러 개의 부, 처, 청 그리고 위원회가 있어. 대통령을 중심으로 법에 따라 나라의 살림을 맡아 하지.

사법부

법에 따라 재판을 하는 기관으로, 법원이 이에 해당해. 법관으로 구성되어 있으며, 대표자는 대법원장이야. 법관은 국민들의 권리를 보호하고 정의를 지키기 위해 헌법과 법률에 의해 양심에 따라 자유롭게 심판하도록 구성하고 법관의 신분을 보장하고 있어. 그리고 법률이 헌법에 어긋나지 않는지 판단하며 지위가 높은 공무원들의 파면을 심판하는 헌법 재판소가 있지.

삼권 분립을 하면 어떤 점이 좋아?

한 국가 기관에서 마음대로 정치하는 것을 막을 수 있어.

한 사람에게 나라를 다스리는 모든 힘을 주면 자기가만 용 다고 생각해서 다른 사람의 말을 듣지 않고 나랏돈을 마음대로 쓰고 나랏일을 엉망으로 할지도 몰라. 그래서 국 가에서는 세 국가 기관에 나랏일에 대한 권한을 독같이 나누어 주어 서로 견제와 균형을 이루도록 한 거야.

▶ 정답과 해설 19쪽

사회

◉ 알맞게 선으로 이어 보세요.

입법부 ——— 법을 만든다.

행정부 ——— 법에 따라 재판을 한다.

사법부 ——— 법에 따라 나라의 살림을 한다.

해설 입법부는 법을 만들고, 행정부는 법에 따라 나라 살림을 하며, 사법부는 법에 따라 재판을 합니다.

◉ 알맞은 말에 ○표를 하세요.

입법부는 국민을 대표하는 국회 의원들이 나라의 중요한 일을 의논하고 결정하는 곳으로 (국회 , 정부)가 이에 해당한다.

해설 정부는 행정부입니다.

◉ 삼권 분립을 하면 좋은 점에 ○표를 하세요.

□ 한 국가 기관에 권력을 집중시킬 수 있다.

○ 한 국가 기관에서 마음대로 정치하는 것을 막을 수 있다.

해설 삼권 분립을 하면 국가 기관끼리 서로 견제하고 균형을 이룹니다.

사회

경제 활동의
주체 가게,
기업, 정부

가게: 소비의 주체인 '가정'.
기업: 영리를 얻기 위하여 재화나 용역을 생산하고 판매하는 조직체.
정부: 행정을 맡아보는 국가 기관.

민서네 부모님은 회사에 다니시는데, 민서네 가족은 부모님이 일을 해서 받은 월급으로 식료품도 사고 다양한 소비 활동을 하지. 이처럼 생산 활동에 참여해 얻은 소득으로 소비 활동을 하는 가족을 '가게'라고 해.

가게는 가장 기본적인 경제 주체야. 그밖에 기업과 정부를 포함해서 가게, 기업, 정부를 경제 활동의 3대 주체라고 해. 가게의 생산 활동과 소비 활동은 기업의 생산 활동 및 이윤 추구와 밀접하게 연결되어 있어. 그리고 가게, 기업, 정부가 서로 긴밀하게 연결되어 한 나라의 경제를 움직이지. 기업은 제품을 사서 제품을 만들고, 이를 판매하여 그 수익으로 월급과 세금 등의 지출을 해. 가게는 직장에서 받은 월급으로 생활비를 사용하는데, 이렇게 지출된 돈이 대부분은 상품 소비로 다시 기업에 들어가지. 정부는 국민과 기업으로부터 세금을 받아서 국가 경영에 지출하는데, 그 지출된 돈은 다시 기업이나 가게의 수입이 돼. 이렇게 가게, 기업, 정부는 밀접하게 연결되어 있어.

한눈에 정리

가게	생산 활동과 소비 활동에 참여
기업	생산 활동과 이윤 추구
정부	국민과 기업의 세금으로 국가 경영

이해 경제 주체는 경제 활동을 하는 개인이나 집단으로 **가게**, **기업**, **정부**가 있어.

경제 활동의 3대 주체

가게

가게는 주로 소비 활동을 하지만 회사 에 다니는 등의 생산 활동을 해. 기업에게 노동력을 제공하고 소득을 얻으면 그 소 득을 정부에 세금으로 내지.

기업

이윤을 얻기 위한 생산 활동을 주로 하지. 자본과 노동력, 토지 등을 이용해서 사람들이 생활하는 데 필요한 물건을 만들어 판매하거나 서비스를 제공해. 제공해 이윤을 얻는 거야. 대신 가게에는 임금을 주고, 정부에는 세금을 내지.

정부

국민 생활에 꼭 필요하지만 일반 기업에는 맡길 수 없는 나라 경제를 위한 활동을 세금으로 하지. 예를 들면 도로 나 다리 등을 건설하고, 공무원을 뽑아 공공 서비스에 해당하는 업무를 할 수 있도록 하는 등 나라의 경제 성장을 돕는 일을 해. 또 경제 주체들 사이에서 경제 활동이 바르게 이루어지도록 규칙을 정하는 일도 해.

돈이나 대가를 받지 않고 하는 생산 활동도 있어?

집에서 요리하기, 청소하기, 쓰레기 버리기, 금붕어 먹이 주기 등과 같은 일들은 모두 돈을 받지 않고 하지만 자신과 가족에게 꼭 필요한 생산 활동이야. 학교 운동장에서 휴지 줍기, 선생님을 도와 수업 준비하기, 화분에 물 주기, 모둠의 도우미로서 친구들 도와주기 등도 학교에서 필요한 생산 활동이지. 봉사 활동은 도움을 받지 않고 하지만 우리의 일상생활에서 없어서는 안 될 매우 소중한 생산 활동이야.

▲ 정답과 해설 20쪽

◉ 다음 설명에 알맞은 말을 쓰세요.

생산 활동에 참여해 얻은 소득으로 소비 활동을 하는 가족을 말한다.

[가] [게]

해설 생산 활동에 참여해 얻은 소득으로 소비 활동을 하는 가족을 가게라고 한다.

◉ 알맞은 말에 ○표를 하세요.

기업은 (세금 · (이윤))을 얻기 위한 생산 활동을 주로 한다.

해설 기업은 이윤을 얻기 위한 생산 활동을 한다.

◉ 돈이나 대가를 받지 않고 하는 생산 활동에 ○표를 하세요.

회사에 다니고 월급을 받는다.	
무료 급식소를 찾아가 봉사 활동을 한다.	○
기업에서 사람들이 필요한 물건을 만들어 판매한다.	

해설 봉사 활동은 돈이나 대가를 받지 않고 하는 생산 활동이다.

2회

① 해결해요, 지구촌 환경 문제

2주차

▶ 정답과 해설 21쪽

지구촌 환경 문제: 세계 곳곳에서 발생하는 여러 가지 환경 문제.

한 나라나 일부 지역에서 발생한 문제가 지구촌 문제로 번지는 경우가 많아. 오늘날 환경 문제도 마찬가지야.

먼저 해양 오염 문제를 들 수 있어. 일상생활에서 사용하고 버린 플라스틱 쓰레기가 바다로 떠내려가 오염시키고, 해양 동물들이 이 플라스틱 쓰레기를 먹이로 착각해 먹고 죽는 일도 생겨나고 있어.

열대 우림 파괴와 지구 온난화 역시 심각한 지구촌 환경 문제 중 하나야. 아마존 열대 우림이 벌목과 개발 등으로 파괴되고 있어. 그리고 지구 온난화로 인해 바다의 온도가 오르면서 여러 가지 문제가 발생해.

이러한 지구촌 환경 문제를 해결하기 위해 개인이 일회용품 사용을 줄이고, 친환경 제품을 사용하려는 노력을 해야 해. 기업은 환경이 사회적 책임을 실천하기 위해 친환경 소재 개발과 제품의 생산을 늘려야 하고, 국가는 '파리 기후 협정' 같은 환경 보호를 위한 국제 규약을 지켜야 하지. 세계는 국제기구나 국제 환경 단체 활동을 통해 적극적으로 해결할 수 있어.

48 배경지식이 문해력이다

사례

플라스틱의 생태계 순환

우리가 사용하고 버린 플라스틱은 미세 플라스틱으로 분해되면서 바다 환경에 큰 문제가 되고 있어. 그뿐만 아니라 합성 섬유로 만든 옷, 치약 등에도 미세 플라스틱이 포함되어 있어. 미세 플라스틱은 크기가 작아서 하수 처리 과정에서 걸러지지 않고 그대로 바다와 강으로 흘러들어 가게 돼. 독성이 강한 미세 플라스틱을 먹이사슬에 의해 결국 우리 인간에게 되돌아오게 되는 거야.

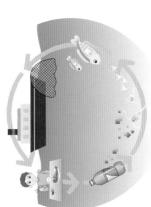

종이로 옷을 만든다고?

환경 오염을 일으키는 플라스틱을 생각하면 어떤 물건이 떠올라? 보통 플라스틱으로 된 일회용 그릇이나 음료 수병을 생각하지. 그런데 섬유나 섬유 등으로 만든 합성 섬유에도 엄청난 양의 미세 플라스틱이 있다는 거 알고 있니? 나일론이나 폴리에스테르, 아크릴 같은 합성 섬유는 크기 1mm 미만의 미세 플라스틱 실로 이루어져 있어. 지구촌 환경 문제를 해결하기 위한 노력으로 친환경 제품의 생산과 소비 생활이 이루어지는 가운데 하나로, 전통 한지로 만드는 옷을 만드는 것도 이런 노력 하나야. 닥나무로 만드는 전통 한지는 썩기도 쉽고 찢어지지 않아 천 년의 닥나무로 만든다고 해.

◉ 알맞은 말에 ○표를 하세요.

일상생활에서 사람들에 의해 사용하고 버려진 (나무 · **플라스틱**) 쓰레기가 바다로 떠내려가 심각한 해양 오염 문제를 일으키고 있다.

> **해설** 해양 동물들이 플라스틱 쓰레기를 먹이로 착각해 먹 고 있고, 독성이 많은 미세 플라스틱을 먹은 생선이나 어패 류를 인간이 먹게 됩니다.

◉ 알맞은 말에 ○표를 하세요.

지구의 허파라고 불리는 (**아마존 열대 우림**, 사하라 사막)이 경제 개발 과정에서 심각하게 파괴되고 있다.

> **해설** 세계 최대 규모의 아마존 열대 우림은 지구에서 발생 한 이산화 탄소를 흡수하고 산소를 제공해 주기 때문에 '지 구의 허파'라고도 불립니다. 브라질을 비롯해 여러 나라에 걸쳐 있는 이 지역의 경제 개발과 무분별한 벌목 과정에서 크게 훼손되고 있습니다.

◉ 알맞은 내용에 모두 ○표를 하세요.

☐ 지구촌 환경 문제는 어느 한 나라의 노력으로 해결된다.

◉ 해양 오염으로 인한 피해는 결국 인간에게 되돌아온다.

◉ 전통 한지로 만든 옷은 지구촌 환경 문제를 위한 노력이다.

> **해설** 지구촌 환경 문제는 어느 나라나 지역의 문제가 아니라 전 세계에 영향을 미치는 문제이므로 개인이나 기업, 국가, 세 계 모두가 노력하여 해결해야 합니다.

한눈에 정리

```
환경 문제 ┬─ 해 양 오 염 문제 ─┬─ 플라스틱 쓰레기
          │                    └─ 열대 우림 파괴
          └─ 열대 우림 파괴 ──── 아마존 열대 우림 파괴 증가
             지구 온난화

환경 문제 ┬─ 개인의 노력 ──┬─ 일회용품 사용 줄이기, 친환경
해결을 위한│               │   제품 사용하기
노력      ├─ 기 업 의 노력 ── 친환경 소재 개발과 제품 생산
          ├─ 국가의 노력 ──── 환경 보호 관련 국제 규약이나
          │                   협약 준수
          └─ 세계의 노력 ──── 국제기구나 국제 환경 단체 활동
```

지구촌
환경 문제

> **이해** 해양 오염 문제, 열대 우림 파괴, 지구 온난화 등은 모두 지구촌 □□□ □□ 문제들이야.

2회 ② 2주차

국어

다양한 낱말의 의미 관계

낱말의 의미 관계: 낱말들이 의미 중심으로 맺어 있는 관계.

낱말들은 다양한 의미 관계를 이해하면 글 속에서 그 뜻을 짐작하는 데 도움을 줄 뿐 아니라 실제 언어 생활에 있어서도 도움이 돼. 의미의 관계를 이루는 것 중에서 '다의어'와 '동형어'를 살펴보려고 해.

다의어는 두 가지 이상의 뜻을 가진 낱말을 말해. '얼굴'이라는 낱말의 뜻을 떠올려 봐. '눈, 코, 입이 있는 머리의 앞면.'이나 '주위에 잘 알려져서 얻은 평판이나 명예 또는 체면.', '어떤 분야에 활동하는 사람.', '어떤 심리 상태가 나타난 형색.', '어떤 사물의 본래 상태를 그대로 보여 주는 대표적 상징.'과 같은 여러 가지 뜻이 있는 다의어이야.

'다리' 역시 '몸의 일부분(예 팔과 다리).'이라는 뜻과 '물체를 받쳐 주는 아랫부분(예 책상 다리).'이라는 뜻을 가진 다의어야.

동형어는 글자만 같고 뜻이 다른 낱말이야. 생각이나 느낌 등을 표현하고 전달하는 소리인 '말'과 동물인 '말'은 우연히 글자가 같을 뿐이지 서로 다른 뜻의 낱말이잖아? 바로 이러한 것들을 동형어라고 해.

낱말 간의 의미 관계 더 알아보기

유의 관계

소리는 다르지만 뜻이 비슷한 낱말들이야. 가리키는 대상의 범위가 다르기도 하고, 약간의 느낌 차이가 있기도 해.

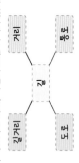

반의 관계

의미가 서로 반대되거나 또는 짝을 이루어 관계를 맺은 낱말들이야.

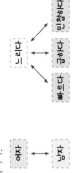

상하 관계

낱말들 사이에서 하나의 낱말이 다른 낱말을 포함하는 경우가 있는데, 포함하는 낱말을 상의어, 포함되는 낱말을 하의어라고 해.

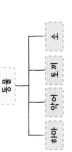

한눈에 정리

다의어 | 두 가지 이상의 뜻을 가진 낱말.
동형어 | 글자만 같고 뜻이 다른 낱말.

Tip 다의어는 두 가지 이상의 뜻을 가진 낱말이 있는데, 동형어는 소리는 같지만 전혀 관계가 없는 의미를 가진 낱말입니다.

이해 낱말들이 의미 중심으로 맺고 있는 관계를 낱말의 [ ][ ] [ ][ ] 관계라고 해.

낱 1. 이루고 싶은 희망이나 이상.
2. 이루어질 가능성이 아주 적거나 전혀 없는 헛된 기대나 생각.
3. 잠자는 동안에 깨어 있을 때와 마찬가지로 여러 가지 사물을 보고 듣는 정신 현상.

배 1. 신체의 일부인 배.
2. 타는 배.
3. 먹는 배.

▶ 정답과 해설 22쪽

◉ 알맞게 선으로 이어 보세요.

다의어 ──── 글자만 같고 뜻이 다른 낱말.
동형어 ──── 두 가지 이상의 뜻을 가진 낱말.

해설 다의어는 두 가지 이상의 뜻을 가진 낱말, 동형어는 글자만 같고 뜻이 다른 낱말을 말합니다.

◉ 다음 밑줄 그은 '얼굴'은 어떤 뜻으로 쓰인 것인지 알맞은 것에 ○표를 하세요.

동창이 살이 쪄 얼굴로 놀이터로 나갔어.

☐ 눈, 코, 입이 있는 머리의 앞면.

☐ 어떤 심리 상태가 나타난 형색.

☐ 주위에 잘 알려져서 얻은 평판이나 명예 또는 체면.

해설 '얼굴'은 '눈, 코, 입이 있는 머리의 앞면.'이나 '주위에 잘 알려져서 얻은 평판이나 명예 또는 체면.', '어떤 분야에 활동하는 사람.', '어떤 심리 상태가 나타난 형색.', '어떤 사물의 본래 상태를 그대로 보여 주는 대표적 상징.'과 같은 뜻이 있는 다의어이니다.

◉ 상하 관계에 해당하는 예를 나타낸 것에 ○표를 하세요.

☐ 길: 길거리, 거리, 도로, 통로

○ 동물: 하마, 악어, 토끼, 소

해설 '길', 길거리, 거리, 도로, 통로'는 유의 관계에 해당합니다.

사전에 다의어, 동형어가 어떻게 나와 있을까?

3회 2주차 ①

몸을 이루는 가장 작은 단위인 세포

과학

모든 생물은 세포로 이루어져 있어. 세포는 생물체를 이루는 기본 단위인데 크기가 작아서 맨눈으로 관찰하기 힘들어. 그래서 세포를 관찰할 때는 현미경을 사용해야 해.

과학 현미경으로 양파와 겹벚꽃을 관찰하면 마치 벽돌이 쌓여 있는 것처럼 보이는데, 벽돌 모양 하나가 세포인 거야. 세포는 세포벽과 세포막으로 둘러싸여 있고 그 안에 핵이 있어. 세포벽은 세포의 모양을 일정하게 유지하고 세포를 보호하는 역할을 해. 세포막은 세포 내부와 외부를 드나드는 물질의 출입을 조절해. 핵은 세포에서 가장 중심인데 여러 유전 정보를 포함하고 생명 활동을 조절하기 때문에 세포에 핵이 없다면 정상적인 생명 활동을 할 수 없어. 이외에도 식물 세포 안에는 미토콘드리아, 엽록체, 액포 등과 같은 세포 소기관이 있어.

동물의 몸도 세포로 이루어져 있는데, 식물과는 조금 달라. 식물 세포에는 세포벽이 있지만 동물 세포에는 세포벽이 없거든. 그래서 동물 세포는 세포로 대체로 힘들인 경우가 많다.

세포: 대부분 생물의 몸을 이루는 구조적, 기능적 기본 단위.

한눈에 정리

핵	생명 활동 조절
세포막	세포 내부와 외부를 드나드는 물질의 출입을 조절
핵	생명 활동 조절
세포막	세포 내부와 외부를 드나드는 물질의 출입을 조절
세포벽	세포의 모양을 일정하게 유지하고 보호
세포 소기관	미토콘드리아, 엽록체, 액포 등

이해 생물체를 이루는 기본 단위를 □□라고 해.

TIP 모든 생물은 세포로 이루어져 있고 우리 몸은 약 60~100조 개의 세포로 이루어져 있습니다.

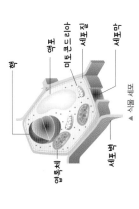

식물 세포의 구조

핵 / 액포 / 세포질 / 미토콘드리아 / 세포막 / 세포벽 / 엽록체

▲ 식물 세포

식물 세포는 세포막, 세포벽, 핵 외에도 미토콘드리아, 엽록체, 액포 등으로 이루어져 있어. 미토콘드리아는 생명 활동에 필요한 에너지를 공급하는 일을 하고, 엽록체는 광합성으로 녹말을 만드는 일을 해. 또 액포는 생명 활동을 하며 생기는 노폐물을 저장하고 분해하는 곳이야. 식물은 성장이 없기 때문에 액포에서 그 역할을 하고 있지. 그 중에서 세포막, 엽록체, 액포는 식물 세포에만 있어.

세포는 모두 맨눈으로 볼 수 없을 만큼 크기가 작을까?

대부분의 세포들은 맨눈으로 볼 수 없을 만큼 크기가 매우 작아. 하지만 맨눈으로 볼 수 있는 세포도 있어. 타조 알, 달걀, 개구리알 등이 그래. 알은 하나의 세포로 되어 있는데, 또 동물의 난자도 맨눈으로 볼 수 있는 크기야.

큰 생물의 세포는 작은 생물의 세포보다 더 클까?

생물의 크기가 크다고 해서 세포의 크기가 큰 것은 아니야. 생물이 크기는 세포의 크기보다 세포의 수에 따라 달라지기 때문이야. 즉 큰 생물은 세포의 크기가 큰 것이 아니라 세포의 수가 많은 것이.

▶ 정답과 해설 23쪽

◉ 빈칸에 공통으로 들어갈 알맞은 말을 쓰세요.

• 모든 생물은 ( )로 이루어져 있다.
• ( )는 생물체를 이루는 기본 단위이다.

[세 포]

해설 세포는 생물체를 이루는 기본 단위로 모든 생물은 세포로 이루어져 있습니다.

◉ 알맞게 선으로 이어 보세요.

핵 — 생명 활동을 조절하는 역할을 한다.

세포벽 — 세포의 모양을 일정하게 유지하고 세포를 보호하는 역할을 한다.

해설 핵은 여러 유전 정보를 포함하고 생명 활동을 조절하는 역할을 하고, 세포벽은 세포의 모양을 일정하게 유지하고 세포를 보호하는 역할을 합니다.

◉ 식물 세포에만 있는 것을 골라 ○표를 하세요.

핵   세포막   (엽록체)

해설 세포벽, 엽록체, 액포는 식물 세포에만 있습니다.

3회 ② 2주차 과학

운동 기관인 뼈와 근육

뼈: 척추동물의 살 속에서 몸을 지탱하는 단단한 조직으로 된 것.
근육: 우리 몸속에서 뼈를 보호하고 몸이 움직일 수 있도록 해 주는 살의 조직.

앉았다가 일어나고, 걷고 달리는 이런 동작을 할 수 있는 것은 뼈와 그 뼈를 움직이게 하는 근육이 있기 때문이야. 우리 몸속 기관 중에서 움직임에 관여하는 뼈와 근육을 운동 기관이라고 해. 우리 몸속의 뼈는 생김새가 다양해. 그리고 뼈의 종류에 따라 하는 일이 달라. 근육의 도움을 받아서 있는 뼈는 우리 몸의 형태를 유지해 주고, 움직일 수 있게 도와줘. 그리고 심장이나 폐, 뇌 등 중요한 몸속 기관을 보호하는 역할을 해. 뼈는 혼자서는 움직일 수 없고, 근육이 있어야지만 움직일 수 있어.

근육은 뼈에 붙어 있는 힘줄인데, 이것이 줄어들거나 늘어나면서 뼈를 움직이게 해 줘. 근육은 뇌로부터 명령을 받아 움직이는 거야. 우리 몸을 구성하는 뼈는 종류와 생김새가 다양한데 움직임도 서로 달라. 우리 몸은 크고 작은 뼈 200여 개가 근육과 힘줄로 단단하게 연결되어 있어 우리가 자유롭게 움직일 수 있는 거야.

한눈에 정리

머리뼈: 바가지 모양으로 둥근 형태임.

갈비뼈: 길이가 길고, 아래쪽 뼈는 안쪽으로 가로 이루어져 있음.

척추뼈: 짧은뼈가 이어져 기둥을 이룸.

팔뼈: 좌우로 둥글게 연결되어 공간을 만듦.

다리뼈: 팔뼈보다 더 길고 두꺼움. 아래쪽 뼈는 안쪽으로 가로 이루어져 있음.

근육의 종류

심/장 근육	마음대로 움직일 수 없다.
내장 근육	마음대로 움직일 수 없다.
뼈대 근육	마음대로 움직일 수 있다.

Tip 근육은 운동을 할수록 발달하여 커지고 힘도 키울 수 있습니다. 열심히 운동하면 건강하고 튼튼한 근육을 만들 수 있습니다.

이해 사람의 몸에서 운동에 관여하는 기관은 □□와 □□이 있다.

뼈와 근육의 역할

뼈
뼈는 몸의 형태를 만들고 지지하며 뇌와 심장과 폐 등 우리 몸속의 여러 기관을 보호해.

근육
뼈와 연결되어 있는 근육은 길이가 줄어들거나 늘어나면서 우리가 움직일 수 있게 해 줘. 뼈에 근육을 움직임으로써 우리가 움직일 수 있게 하고, 내장 근육은 주로 소화 기관이나 혈관 벽 등을 바곳하여 주머니 모양의 방광, 자궁 등이 벽을 이루는 근육이야. 심장 근육은 심장의 벽을 이루는 근육이지. 뼈대 근육은 마음대로 움직일 수 있지만, 내장 근육이나 심장 근육은 마음대로 움직일 수 가 없어.

팔은 어떻게 구부러지고 펴질까?

근육은 접긴 힘줄로 뼈와 연결되어 있어서, 근육이 줄어들면 뼈를 잡아당기고 근육이 늘어나면 뼈를 놓기 때문에 우리 몸이 움직일 수 있는 거지. 팔이 움직이는 모습을 살펴볼까?

팔꿈치에 붙어 있는 안쪽 근육이 줄어들면, 이 근육의 작용으로 바깥쪽 근육이 늘어나면서 뼈가 따라 올라와 팔이 구부러지는 거야.

안쪽 근육이 줄어듦.
바깥쪽 근육이 늘어남.

반대로 팔 안쪽 근육이 늘어나면 바깥쪽 근육은 줄어들면서 팔이 펴지고 뼈가 따라 내려가는 거야.

안쪽 근육이 늘어남.
바깥쪽 근육이 줄어듦.

▶ 정답과 해설 24쪽

◉ 알맞은 말에 ○표를 하세요.

((뼈) , 근육)(은/는) 우리 몸의 형태를 만들어 주고, 심장이나 폐, 뇌 등 중요한 몸속 기관을 보호하는 역할을 한다.

해설 근육은 뼈에 붙어 있는 힘줄로 이것이 줄어들거나 늘어나면서 뼈를 움직이게 해 줍니다.

◉ 우리 몸 속의 뼈와 그에 대한 설명을 알맞게 선으로 이어 보세요.

머리뼈 ── 바가지 모양으로 둥근 형태이다.
갈비뼈 ── 짧은 뼈가 이어져 기둥을 이룬다.
척추뼈 ── 좌우로 둥글게 연결되어 공간을 만든다.

해설 머리뼈는 바가지 모양으로 둥근 형태이고, 갈비뼈는 좌우로 둥글게 연결되어 공간을 만들었고, 척추뼈는 짧은 뼈가 이어져 기둥을 이룹니다.

◉ 알맞은 것에 ○표를 하세요.

근육은 뼈에 붙어 있다.
뼈는 근육을 움직이게 한다.
근육의 길이는 위치에 상관없이 일정하다.

해설 근육은 뼈와 연결되어 근육의 길이가 늘어나거나 줄어들거나 늘어나면서 뼈가 움직일 수 있게 해 주며, 근육이 뼈에 붙어 있습니다.

▶ 정답과 해설 25쪽

4회 ① 가깝고도 밀접한 이웃 나라

2주차

이웃 나라는 국경을 마주하고 있는 인접한 나라나 정치, 경제, 사회, 문화적으로 밀접한 관련을 맺고 있는 나라를 말해.

우리나라와 국경을 마주하고 있는 나라는 중국, 일본, 러시아야. 우리나라의 서쪽에 위치한 중국은 세계에서 네 번째로 영토가 넓고, 세계에서 가장 인구가 많아. 우리나라 동쪽에 있는 일본은 네 개의 큰 섬과 3000개가 넘는 작은 섬들로 이루어진 나라야. 화산과 지진 활동이 활발하며, 사방이 바다로 둘러싸여 있지. 우리나라 북쪽에 있는 러시아는 세계에서 영토가 가장 넓은 나라야. 엄청난 양의 지하 자원이 묻혀 있고 여름이 짧은 서늘한 여름을 즐겨.

무역이나 교류를 통해 우리나라와 밀접한 관계를 맺고 있는 나라도 있어. 미국은 우리나라와 무역을 많이 하는 나라 중 하나야. 각종 지하 자원과 에너지 자원이 풍부해. 사우디아라비아는 세계적인 원유 수출국으로 우리나라가 석유의 원유를 많이 수입하는 대표적인 나라야. 베트남은 우리나라가 수출을 많이 하는 나라 중 하나야. 넓은 평야가 발달해 세계적인 쌀 수출 국가지.

이웃 나라: 국경을 마주하고 있거나 정치, 경제, 문화적으로 밀접한 관계를 맺고 있는 나라.

Tip 정치, 경제, 사회, 문화적으로 밀접하게 관계가 있는 국가를 우방 국가라고 하는데 우호적인 관계를 맺고 있는 우방 국가라고 한다.

한눈에 정리

- **중국** — 세계에서 가장 인구가 많고, 영토가 넓음.
- **일본** — 네 개의 큰 섬과 3000여 개의 작은 섬으로 이루어졌고, 지진과 화산 활동이 활발함.
- **러시아** — 세계에서 영토가 가장 넓고, 각종 지하 에너지 자원이 풍부하며, 우리나라와 무역을 많이 함.
- **미국** — 각종 지하 자원과 에너지 자원이 풍부하고, 우리나라와 무역을 많이 함.
- **사우디아라비아** — 우리나라가 원유를 수입하는 대표적인 나라임.
- 남 / 뫼 / 트 — 세계적인 쌀 수출국이며, 우리나라가 수출을 많이 함.

국경을 마주하고 있는 나라 / 밀접한 관계를 맺고 있는 나라 → **우리나라의 이웃 나라**

용어 국경을 마주하고 있는 나라나 정치, 경제, 사회, 문화적으로 밀접한 관련을 맺고 있는 나라를 '이웃 ㄴ□ㄹ□'라고 해.

우리나라와 이웃 나라의 생활 모습

문자
우리나라, 중국, 일본은 지리적으로 가까이 있어서 오래전부터 활발히 교류했어. 그래서 중국 문자인 한자의 영향을 받아 한자 문화권에 네 번째로 영토가 넓고, 세계에서 가장 인구가 많아. 한자와 한자의 일부를 변형하거나 간단하게 만든 '히라가나'를 사용해. 우리나라는 한글이 만들어지기 전에 한자를 썼어. 지금도 한자로 된 표지판을 쉽게 볼 수 있고, 우리 말에는 한자어가 많아.

식생활 도구
우리나라, 중국, 일본은 음식을 먹을 때 젓가락을 사용해. 하지만 세 나라의 젓가락 모양은 서로 달라. 우리나라는 김치처럼 절인 음식을 많이 먹기 때문에 국물이 스며들지 않는 금속 젓가락을 사용하고, 중국은 큰 식탁에 둘러앉아 뜨겁고 기름진 음식을 먹기 때문에 젓가락이 길고 끝이 뭉툭해. 일본은 섬나라로 생선 요리가 많게 젓가락 끝이 가늘도록 나무로 젓가락을 편하게 바를 수 있도록 젓가락의 끝이 뾰족한 거야.

일본 / 한국 / 중국

러시아는 유럽에 속한 나라일까, 아시아에 속한 나라일까?

세계에서 영토가 가장 넓은 러시아는 아시아와 유럽 두 개 대륙에 걸쳐 있는 나라인데 영토의 대부분이 아시아에 속해. 하지만 대다수의 사람들이 유럽에 가까운 서남부 지역에 살기 때문에 생활 모습은 유럽과 비슷하지.

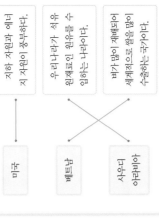

● 우리나라와 국경을 마주하고 있는 나라를 모두 골라 ○표를 하세요.

미국 일본 **(중국)** **(러시아)**
베트남 영국 사우디아라비아 필리핀

해설 우리나라는 동쪽으로 일본, 서쪽으로 중국, 북쪽으로 러시아와 국경을 마주하고 있습니다.

● 알맞게 선으로 이어 보세요.

미국	지하 자원과 에너지 자원이 풍부하다.
베트남	우리나라가 석유의 원제료인 원유를 많이 수입하는 나라이다.
사우디아라비아	벼가 많이 재배되어 세계적으로 쌀을 많이 수출하는 국가이다.

해설 미국, 베트남, 사우디아라비아는 우리나라와 밀접한 관계를 맺고 있는 나라입니다. 미국은 각종 지하 자원이 풍부하고 우리나라와 무역을 많이 하는 나라입니다. 베트남은 세계적인 쌀 수출국이고, 사우디아라비아는 세계적인 원유 수출국입니다.

● 알맞은 말에 ○표를 하세요.

러시아는 영토의 대부분이 (유럽 · **아시아**)에 속한 나라이다. 하지만 대다수의 사람들은 (**유럽** · 아시아)에 가까운 서남부 지역에 살기 때문에 생활 모습은 유럽과 비슷하다.

해설 러시아는 유럽과 아시아에 걸쳐 있는 나라인데 영토의 대부분이 아시아에 속해 있습니다. 하지만 대부분의 국민이 유럽과 가까운 지역에 살아서 언어나 음식 문화 등 유럽과 비슷합니다.

4회 2주차 ②

사회

세계가 해결해야 할 빈곤과 기아

빈곤: 가난해서 생활하는 것이 어려운 상태.

기아: 먹을 것이 없어 굶주리는 것.

> **Tip**
> 2005년 유엔식량농업기구(FAO)의 보고에 따르면 5초마다 한 명의 어린이가 굶어 죽어가고 있다고 했습니다.

빈곤과 기아의 사례

아프리카 대륙의 여러 나라는 매년 극심한 가뭄이 시달리고 있어. 가뭄이 계속되면 농작물 수확이 어려워서 식량이 부족해지고, 심각한 빈곤과 기아 문제로 이어져. 시리아는 2011년부터 지금까지 한 나라에서 싸우는 내전을 겪는 나라야. 오랜 전쟁과 폭력으로 기반 시설이 파괴되고, 사회는 마비되었지. 지금도 계속 빈곤과 기아 인구가 늘고 있어.

가장 큰 원인은 전쟁과 자연재해야. 전쟁은 수많은 인명과 재산 피해를 주고, 오랫동안 빈곤과 기아를 시달리게 해. 또 가뭄으로 식량 생산이 크게 줄거나 홍수나 태풍, 지진 등으로 집과 일터, 식량을 잃기도 하지.

이렇게 빈곤과 기아 문제를 겪고 있는 사람들을 돕기 위해 여러 활동들을 펼치고, 물건과 식량 등을 지원해. 빈곤 때문에 교육을 받지 못하는 사람들이 교육을 받을 수 있도록 학교를 짓고, 교사를 보내기도 하지. 가뭄으로 큰 피해를 입은 곳에는 가뭄에 강한 작물을 기를 수 있도록 농업 기술을 지원해. 또 지구촌 사람들이 함께 참여할 수 있는 다양한 캠페인을 벌이기도 한단다.

전 세계적으로 보면 모든 사람이 섭취할 수 있는 양의 식량을 생산하는데 왜 이런 빈곤과 기아 문제가 발생할까?

먹을 것이 넘쳐나고 많은 사람이 살을 빼기 위해 노력하는 지금, 세계의 수많은 사람이 굶주리고 있다는 사실을 아니? 기아와 빈곤은 아직도 해결되지 않은 지구촌 문제 중 하나야.

> **한눈에 정리**
> 빈곤 — 가난해서 생활하는 것이 어려운 상태.
> 기아 — 먹을 것이 없어 굶주리는 것.
>
> 원인 — 전쟁이나 분쟁으로 인한 인명과 재산의 피해
> 가뭄, 홍수, 태풍, 지진 등의 자연재해
>
> 해결을 위한 노력 — 물건 및 식량 지원 / 교육 지원 및 농업 기술 지원 / 함께 참여할 수 있는 자연 캠페인
>
> **빈곤과 기아**

이해 계속된 가뭄 등으로 식량 부족 문제가 발생하면 먹을 것이 없어 굶주리는 □□ 문제가 발생해.

빈곤과 기아 문제를 겪는 나라들

전체 인구 중 영양 결핍 인구 비율
□ 1단계(5% 미만, 극히 낮은 국가)
□ 2단계(5~9%, 아주 낮은 국가)
□ 3단계(10~19%, 비교적 낮은 국가)
■ 4단계(20~34%, 비교적 높은 국가)
■ 5단계(35% 이상, 아주 높은 국가)
□ 자료 없음

(출처: 국제 연합 세계 식량 계획, 2015)

이것은 세계 빈곤 기아 지도야. 각 나라의 영양실조 등 굶주림의 문제를 겪는 사람들이 비율을 파악해 지도에 나타낸 것이지. 지도를 보면 붉은색으로 갈수록 영양 결핍 비율이 높은 지역을 나타내. 유럽이나 미국 등에 비해 아프리카나 아시아 지역에서 영양 결핍 비율이 매우 높게 나타나고 있어.

세계의 농업 생산력으로 보면, 전 세계 인구가 먹고 남을 만큼 식량을 생산한다는데 왜 이런 일이 일어날까? 우선에서도 자연재해, 전쟁 등과 함께 식량이 제대로 분배되지 않기 때문이라고 지적하는 사람들이 있어.

◈ 알맞게 선으로 이어 보세요.

빈곤 ——→ 먹을 것이 없어 굶주리는 것.

기아 ——→ 가난해서 생활하는 것이 어려운 상태.

> **해설** 빈곤은 가난해서 생활하는 것이 어려운 상태를 말하고, 기아는 먹을 것이 없어서 굶주리는 것을 말합니다.

◈ 빈곤과 기아의 원인으로 알맞은 것에 ○표를 하세요.

가뭄 ○   식량 생산
전쟁 ○   영양 섭취

> **해설** 빈곤과 기아는 주로 가뭄이나 전쟁 같은 자연재해나 전쟁으로 인해 발생합니다.

◈ 알맞은 것에 ○표를 하세요.

전쟁이 오랫동안 빈곤과 기아에 시달리게 한다. ○

기아는 아프리카 일부 지역의 문제이다. □

전 세계 식량 생산이 인구 증가에 비해 턱없이 부족하다. □

> **해설** 세계 기아 지도를 보면, 아프리카 지역이나 아시아 지역에서 기아 문제가 많이 나타납니다. 하지만 유럽이나 미국에서도 기아 문제가 나타나고 있습니다. 식량 생산량으로 보면, 전 세계 인구가 먹고 남을 만큼 식량을 생산하고 있습니다.

5회 ①

전류의 흐름, 전기 회로

과학

전기가 흐를 수 있게 전지, 전선, 전구 등 여러 가지 전기 부품을 연결한 것을 전기 회로라고 해. 이때 전기 회로에 흐르는 전기를 전류라고 하는데 이 전류는 전지의 (+)극에서 (−)극으로 흐르는 거야.

전지를 연결하는 방법은 전지 두 개 이상을 서로 다른 극끼리 연결하는 전지의 직렬 연결과, 전지 두 개 이상을 같은 극끼리 묶어서 연결하는 전지의 병렬 연결이 있어. 전지의 직렬 연결은 전구가 두 배로 흐려 전구가 밝게 빛나지만 전지의 직렬 연결은 전기가 쉽게 소모돼. 하지만 전지 병렬 연결은 한 개의 전지를 연결했을 때와 같은 밝기로 빛나서 전지를 더 오래 쓸 수 있어.

전구를 연결하는 방법도 두 가지가 있어. 전구 두 개를 직렬 연결하면 전구가 한 줄에 있어 전류의 흐름에 방해가 돼. 전구 두 개를 병렬 연결하면 전구 한 개를 연결한 전기 회로가 여러 개의 개를 병렬 연결한 것보다 직렬 연결한 것보다 전구가 더 밝아.

전기 회로: 전류가 흐를 수 있도록 전지, 전선, 전구 등을 연결해 놓은 통로.

여러 가지 전기 부품

전구는 빛을 내는 전기 부품이야. 전구의 꼭지와 꼭지쇠로 전류가 흐르면 필라멘트에 빛이 나.

전기 부품을 전기 회로를 만들 때 전기 끼우개에 전구를 끼우면 사용하는 전기 회로에 선을 쉽게 연결할 수 있지.

전지도 전기 회로에 전류를 흐르게 해. 전지의 (+)극과 (−)극을 연결하면 전류가 흘러.

전지 끼우개는 전기 회로를 만들 때 전지 끼우개를 사용하면 전지를 전선에 쉽게 연결할 수 있어.

집게 달린 전선은 전류가 흐르는 통로야. 전선에 집게를 연결하면 전선을 여러 가지 전기 부품에 쉽게 연결할 수 있어.

스위치는 전기 회로에 전류를 흐르게 하거나 흐르지 않게 할 수 있어.

도체와 부도체

도체는 전기가 자유롭게 움직여 전기가 통하는 물질을 말해. 대표적인 도체로 철, 구리, 알루미늄, 흑연 등이 있어.

부도체는 전기가 자유롭게 움직이지 못하기 때문에 전기가 통하지 않는 물질을 말해. 종이, 유리, 비닐, 나무 등이 부도체에 해당하지.

반도체란 무엇일까?

부도체보다는 전기가 잘 통하지만 도체보다는 잘 통하지 않는 물질로 낮은 온도에서는 전기가 잘 통하지 않고 높은 온도에 전기가 잘 통해.

반도체는 전자 제품의 핵심 부품으로 사용되는데 컴퓨터, 텔레비전, 자동차 등 전기 제품 중에 반도체를 부품으로 사용하지 않는 것이 거의 없다고 보면 돼.

◉ 알맞은 말에 ○표를 하세요.

> 전기 회로에서 (전류 , 전구)는 전지의 (+)극에서 (−)극으로 흐른다.

해설 전구는 전류를 통하여 빛을 내는 기구를 말합니다.

◉ 다음 전구의 연결 방법을 알맞게 선으로 이어 보세요.

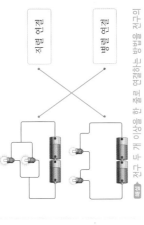

직렬 연결

병렬 연결

해설 전구 두 개를 한 줄로 연결하는 방법을 전구의 직렬 연결이라 하고, 전구 두 개 이상을 여러 개의 줄로 나누어 한 개씩 연결하는 방법을 전구의 병렬 연결이라고 합니다.

◉ 전기 회로에 대해 알맞게 설명한 것에 ○표를 하세요.

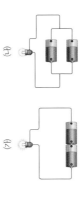

(가)   (나)

(가)는 전지의 병렬 연결이다.

(나)보다 (가)의 전구가 더 밝다.

(나)는 전구에 불이 켜지지 않는다.

해설 (가)는 전지의 직렬 연결이고 (나)는 전지의 병렬 연결입니다. (4)의 전구에 불이 켜집니다. 그리고 전지를 직렬 연결한 전기 회로의 전구가 더 밝습니다.

5회 ② 전기 자석, 전자석

2주차

과학

칠심에 에나멜선을 감아 전기 회로와 연결한 다음 스위치를 닫으면 전류가 흐르는 전선 주위에 자석의 성질인 자기장이 형성되어 칠심에 클립을 붙여 보면 클립이 붙게 돼. 반대로 스위치를 열어 전류를 흐르지 않게 하면 클립이 떨어지지. 전류가 흐르는 동안 자석의 성질을 잃어버리기 때문이야. 이처럼 전류가 흐르면 자석이 되고, 전류를 끊으면 자석의 성질을 잃고 원래의 상태로 되돌아가는 자석을 전자석이라고 해.

전자석은 직렬로 연결된 전지의 개수를 다르게 해 자기장의 세기를 조절할 수 있으며, 전류의 방향을 바꿔 극을 서로 바꿀 수 있는 등의 장점이 있어.

전자석의 세기는 전기 회로에 직렬로 연결한 전지 개수가 많을수록, 에나멜선의 굵기가 굵을수록, 에나멜선을 많이 감을수록 커져. 이처럼 전자석은 비교적 쉽게 자석의 세기를 조절할 수 있고, 필요할 때만 자석의 성질을 만들 수 있어 생활에서 널리 이용되고 있어.

전자석: 전류가 흐르면 자석이 되고, 전류를 끊으면 원래의 상태로 돌아가는 자석.

한눈에 정리

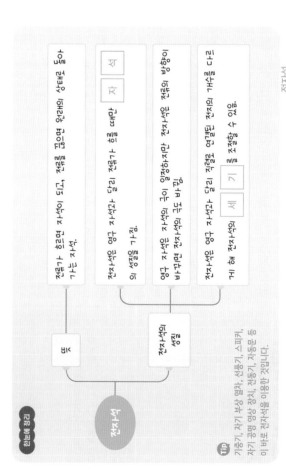

- 전류가 흐르면 자석이 되고, 전류를 끊으면 원래의 상태로 돌아가는 자석.
- 전자석은 영구 자석과 달리 전류가 흐를 때에만 □ 자 □ 석 의 성질을 가짐.
- 영구 자석과 달리 극의 이쪽저쪽이 바뀜. 직렬로 연결된 전지의 개수에 따라 전자석의 세기와 구성이 달라지며 전자석은 전류의 방향이 바뀌면 극의 방향이 바뀜.

전자석

전류가 흐르면 자석이 되고, 전류를 끊으면 원래의 상태로 돌아가는 자석을 □□□이라고 해.

전자석을 만드는 방법

둥근머리 볼트에 종이테이프를 감습니다.

종이 테이프를 감은 둥근 머리 볼트에 에나멜선을 120번 정도 한쪽 방향으로 촘촘하게 감습니다.

에나멜선 양쪽 끝부분을 사포로 겉면을 벗겨 냅니다.

에나멜선 양쪽 끝부분을 전기 회로에 연결해 전자석을 완성합니다.

전자석의 쓰임은 무엇이 있을까?

쇠붙이를 들어 올리는 기중기나 무거운 쇠붙이를 들어 공장에서 주로 활용돼. 스피커에도 전자석이 이용되는데 음향 신호가 전류 신호로 바뀌어 스피커에 전달돼. 스피커의 전자석에 전류 신호가 흐르게 되면 전류 신호의 변화에 따라서 전자석의 세기와 구성이 달라지면서 스피커의 고정을 진동시키게 돼. 전자석이 가장 많이 사용되는 예는 전동기야. 전기 면도기, 냉장고, 스피커, 선풍기, 세탁기, 컴퓨터 등의 전기 제품은 물론 자동차 등의 각종 기계로 전자석을 이용한 전동기가 사용되고 있어.

TIP 기중기, 자기 부상 열차, 선풍기, 전동기, 스피커, 자기 공명 영상 장치, 전동기, 자동문 등이 바로 전자석을 이용한 것입니다.

▶ 정답과 해설 28쪽

● 다음 설명에 알맞은 말을 쓰세요.

전류가 흐르면 자석이 되고, 전류를 끊으면 원래의 상태로 돌아가는 자석을 말한다.

□ 전 □ 자 □ 석

해설 전류가 흐르면 자석이 되고, 전류를 끊으면 원래의 상태로 돌아가는 자석을 전자석이라고 합니다.

● 알맞은 말에 ○표를 하세요.

(직렬 , 병렬)로 연결된 전지의 개수를 다르게 해 전자석의 세기를 조절할 수 있다.

해설 전자석은 영구 자석과 달리 직렬로 연결된 전지의 개수를 다르게 해 전자석의 세기를 조절할 수 있습니다.

● 우리 생활에서 전자석이 쓰이는 예로 알맞은 것에 모두 ○표를 하세요.

기중기	○
보온병	□
스피커	○

해설 보온병은 진공 상태에서 열의 이동을 막는 것으로 전자석이 쓰임과는 관련이 적습니다.

2주차
확인 문제

1 삼부에 대한 설명으로 알맞은 것은 무엇인가요? (⑤)
① 법을 만드는 일을 하는 기관이다.
② 국무총리와 여러 개의 부, 처, 청 등이 있다.
③ 국회 의원들이 나라의 중요한 일을 하고 결정하는 곳이다.
④ 대통령을 중심으로 법에 따라 나라의 살림을 맡아 하는 곳이다.
⑤ 지위가 높은 공무원들의 파면을 심판하는 헌법 재판소가 있다.
해설 ①과 ③은 입법부인 국회에 대한 설명이고 ②와 ④는 행정부인 정부에 대한 설명입니다.

2 경제 활동의 3대 주체로 다음에 해당하는 것은 무엇인지 두 글자로 쓰세요.

> 이윤을 얻기 위한 생산 활동을 주로 한다.

(기업)

해설 기업은 생산 활동과 이윤 추구를 합니다.

3 생산 활동에 대한 설명으로 알맞지 않은 것에 △표를 하세요.
(1) 봉사 활동은 생산 활동에 속하지 않는다. (△)
(2) 자신과 가족을 위해 하는 집안일도 생산 활동이다. ( )
(3) 생산 활동에 참여해 얻은 소득으로 소비 활동을 하는 가족을 가계라고 부른다. ( )
해설 봉사 활동은 돈을 받지 않고 하지만 우리의 일상생활에서 없어서는 안 될 매우 소중한 생산 활동입니다.

4 다음 중 지구촌 환경 문제를 해결하기 위해 개인이 할 수 있는 일로 알맞은 것의 기호를 쓰세요.
⑦ 친환경 소재 개발 ⑭ 일회용품 사용 줄이기 ⑮ 파리 기후 협약 국제 규약 제정
(⑭)
해설 ⑦는 기업에서 ⑮는 국가에서 지구 환경 문제를 해결하기 위한 노력입니다.

2주차 | 확인 문제

▶ 정답과 해설 29쪽

5 다음 문장에서 다의어에 해당하는 것을 찾아 기호를 쓰세요.

> 인촌 마을에 새로 만들어진 저 다리로 가면 쉽게 옆 동네로 갈 수 있다.
> ⑦   ⑭   ⑮

(⑭)

해설 '다리'는 '사람의 신체에 있는 다리', '사람이 건너는 다리' 등이 의미가 있는 다의어입니다.

6 다음 중 '동물'의 하위 관계가 아닌 것은 무엇인가요? (①)
① 소나무
② 강아지
③ 독수리
④ 고양이
⑤ 송아지
해설 '소나무'는 식물이 하위 어에 속합니다.

7 세포에서 핵이 하는 일로 알맞은 것에 ○표를 하세요.
(1) 생명 활동을 조절하는 역할을 한다. ( )
(2) 세포의 모양을 일정하게 유지시킨다. ( )
(3) 세포 내부와 외부를 드나드는 물질의 출입을 조절해 준다. ( )
해설 (2)는 세포막이 하는 일에 대한 설명이고, (3)은 세포막이 하는 일에 대한 설명입니다.

8 알맞은 말에 각각 ○표를 하세요.

> 식물 세포와 동물 세포 모두 크기가 매우 작아 맨눈으로 관찰하기 어렵다는 공통점이 있다. 그러나 식물 세포에는 (핵, (세포벽))이 있지만 동물 세포에는 ((핵), 세포벽)이 없다는 차이점도 있다.

해설 식물 세포에는 세포벽이 있지만 동물 세포에는 세포벽이 없습니다.

2주차 | 확인 문제

▶ 정답과 해설 30쪽

12 번개와 기아를 겪는 원인 중에서 자연재해가 아닌 것을 찾아 기호를 쓰세요. 》 〔사회〕

㉮ 홍수 ㉯ 가뭄 ㉰ 전쟁 ㉱ 지진

(㉰)

해설 '전쟁'은 자연재해로 인한 반군과 기아가 아닌 인재로 인한 반군과 기아입니다.

13 다음 중 전지를 오래 쓸 수 있는 전지 연결 방법을 찾아 기호를 쓰세요. 》 〔과학〕

㉮   ㉯

(㉯)

해설 전지 두 개를 병렬로 연결한 ㉯는 전지를 연결했을 때보다 강은 밝기로 빛나서 전지를 더 오래 쓸 수 있습니다.

14 다음 빈칸에 들어갈 알맞은 말을 세 글자로 쓰세요. 》 〔과학〕

전류가 흐르면 자석이 되고, 전류를 끊으면 자석의 성질을 잃고 원래의 상태로 되돌아가는 자석을 □□□이라고 한다.

(전자석)

해설 전자석은 전류가 흐르면 자석이 되고, 전류를 끊으면 자석의 성질을 잃고 원래의 상태로 돌아가는 자석을 말합니다.

15 전자석이 사용되지 않은 것은 무엇인가요? (④) 》 〔과학〕

① 냉장고
② 세탁기
③ 선풍기
④ 태엽시계
⑤ 전기 면도기

해설 태엽시계는 전자석을 이용한 기계입니다. 냉장고, 세탁기, 선풍기, 전기 면도기 등 여러 가전 제품에 쓰입니다.

2주차 | 확인 문제

9 다음은 뼈와 근육 중에서 무엇에 대한 설명인지 쓰세요. 》 〔과학〕

심장이나 폐, 뇌 등 중요한 몸속 기관을 보호하는 역할을 한다.

(뼈)

해설 뼈는 근육에 둘러싸여 우리 몸의 형태를 유지해 주고, 움직일 수 있게 도와줍니다. 그리고 심장과 폐, 뇌 등 우리 몸속의 여러 기관을 보호합니다.

10 우리나라가 석유의 원재료인 원유를 수입하는 나라는 어디인지 기호를 쓰세요. 》 〔사회〕

㉮ 중국 ㉯ 일본 ㉰ 러시아 ㉱ 베트남 ㉲ 사우디아라비아

(㉲)

해설 사우디아라비아는 우리나라가 석유의 원재료인 원유를 수입하는 대표적인 나라입니다.

11 중국에 대한 설명으로 알맞은 것에 ○표를 하세요. 》 〔사회〕

(1) 세계에서 영토가 가장 넓은 국가이다. (   )
(2) 세계적으로 쌀 수출을 많이 하는 국가이다. (   )
(3) 우리나라의 서쪽에 위치해 있고 세계에서 인구가 가장 많다. (○)

해설 (1)은 러시아에 대한 설명이고, (2)는 베트남에 대한 설명입니다.

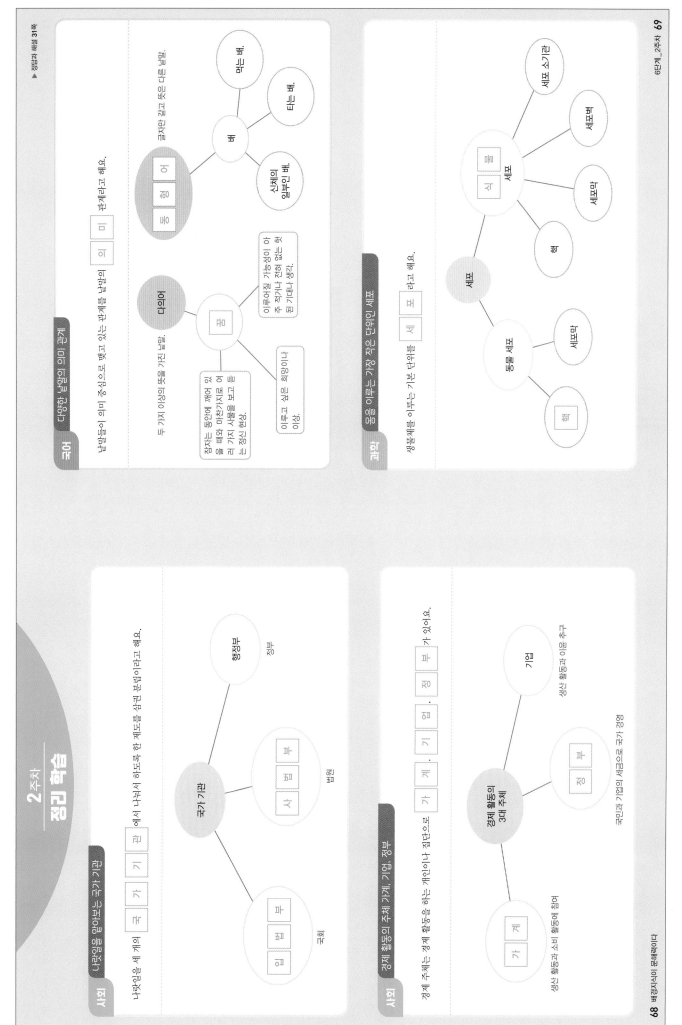

▲ 정답과 해설 31쪽

2주차 정리 학습

사회 — 나랏일을 맡아보는 국가 기관

나랏일을 세 개의 [국][가][기][관] 에서 나눠서 하도록 한 제도를 삼권 분립이라고 해요.

국가 기관
- [입][법][부] 국회
- [사][법][부] 법원
- 행정부 정부

사회 — 경제 활동의 주체 가계, 기업, 정부

경제 주체는 경제 활동을 하는 개인이나 집단으로 [가][계].[기][업].[정][부] 가 있어요.

경제 활동의 3대 주체
- [가][계] 생산 활동과 소비 활동에 참여
- 기업 생산 활동과 이윤 추구
- [정][부] 국민과 기업의 세금으로 국가 경영

국어 — 다양한 낱말의 의미 관계

낱말들이 의미 중심으로 맺고 있는 관계를 낱말의 [의][미] 관계라고 해요.

[동][음][이][의][어] 글자는 같고 뜻은 다른 낱말.

배
- 먹는 배.
- 타는 배.
- 신체의 일부인 배.

[다][의][어] 두 가지 이상의 뜻을 가진 낱말.

꿈
- 잠자는 동안에 깨어 있을 때와 마찬가지로 여러 가지 사물을 보고 듣는 정신 현상.
- 이루고 싶은 희망이나 이상.
- 이루어질 가능성이 아주 작거나 전혀 없는 헛된 기대나 생각.

과학 — 몸을 이루는 가장 작은 단위인 세포

생물체를 이루는 기본 단위를 [세][포] 라고 해요.

세포
- 동물 세포: [핵], 세포막
- 식물 세포: 핵, 세포막, 세포벽, 세포 소기관

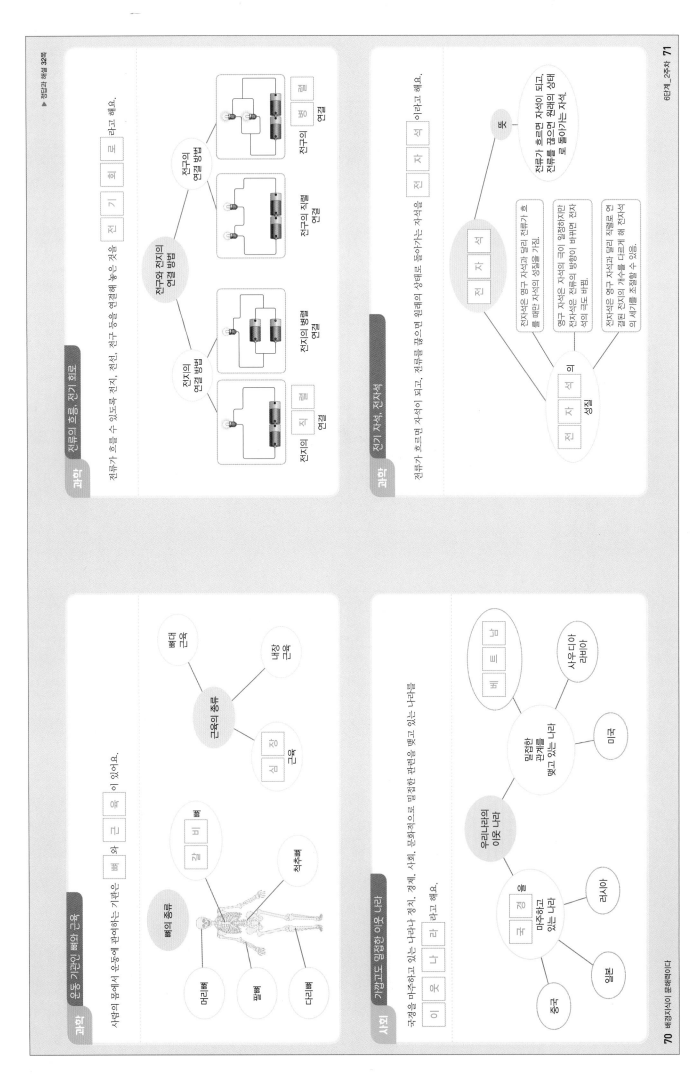

과학 전류의 흐름, 전기 회로

전류가 흐를 수 있도록 전지, 전선, 전구 등을 연결해 놓은 것을 전 기 회 로 라고 해요.

전구와 전지의 연결 방법
- 전구의 연결 방법
  - 전구의 병렬 연결
  - 전구의 직렬 연결
- 전지의 연결 방법
  - 전지의 병렬 연결
  - 전지의 직 렬 연결

▲ 정답과 해설 32쪽

과학 전기 자석, 전자석

전류가 흐르면 자석이 되고, 전류를 많으면 원래의 상태로 돌아가는 자석을 전 자 석 이라고 해요.

전 자 석 의 성질
- 뜻: 전류가 흐르면 자석이 되고, 전류를 많으면 원래의 자석.
- 전자석은 영구 자석과 달리 전류가 흐를 때만 자석의 성질을 가짐.
- 영구 자석은 자석의 극이 일정하지만 전자석은 전류의 방향이 바뀌면 전자석의 극도 극도 바뀜.
- 전자석은 영구 자석과 달리 직렬로 연결된 전지의 개수를 다르게 해 전자석의 세기를 조절할 수 있음.

과학 운동 기관인 뼈와 근육

사람의 몸에서 운동에 관여하는 기관은 뼈 와 근 육 이 있어요.

- 근육의 종류
  - 뼈대 근육
  - 내장 근육
  - 심 장 근육
- 뼈의 종류
  - 머리뼈
  - 팔뼈
  - 갈 비 뼈
  - 척추뼈
  - 다리뼈

사회 가깝고 밀접한 이웃 나라

국경을 마주하고 있는 나라나 정치, 경제, 사회, 문화적으로 밀접한 관련을 맺고 있는 나라를 이 웃 나 라 라고 해요.

우리나라의 이웃 나라
- 국 경 을 마주하고 있는 나라
  - 중국
  - 일본
  - 러시아
- 밀접한 관계를 맺고 있는 나라
  - 미국
  - 사우디아라비아
  - 베 트 남

3주차

정답과 해설

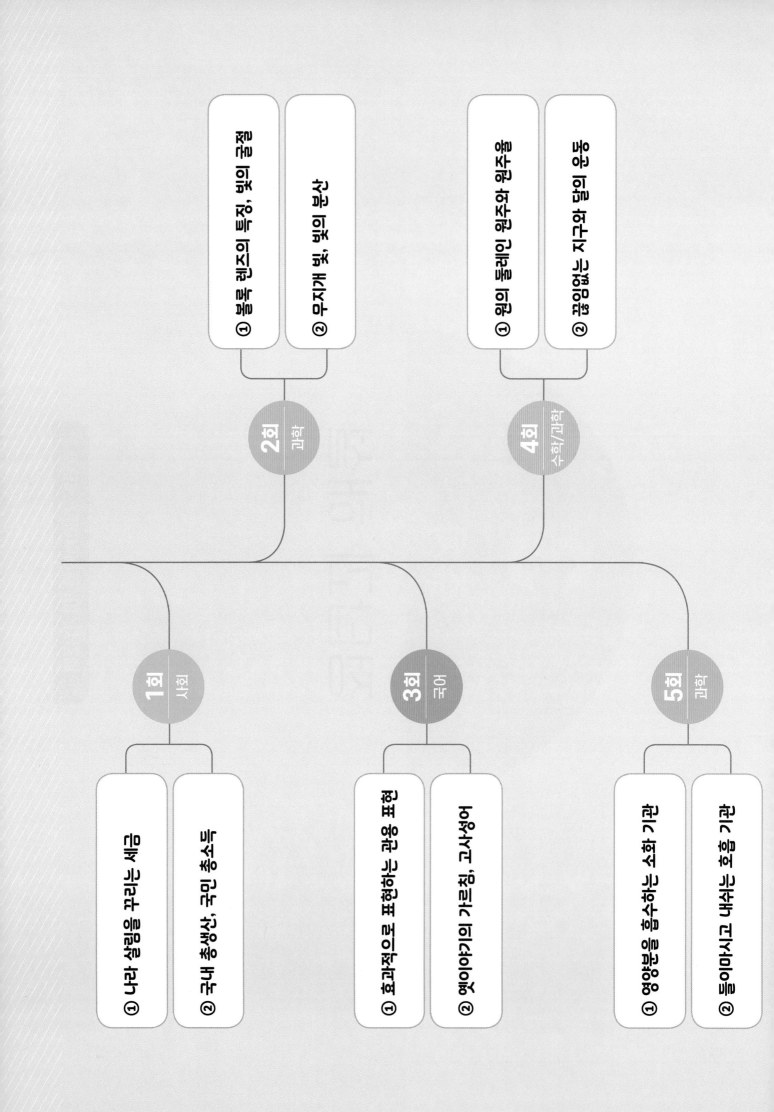

2회
과학
① 볼록 렌즈의 특징, 빛의 굴절
② 무지개 빛, 빛의 분산

4회
수학/과학
① 원의 둘레인 원주와 원주율
② 끊임없는 지구와 달의 운동

1회
사회
① 나라 살림을 꾸리는 세금
② 국내 총생산, 국민 총소득

3회
국어
① 효과적으로 표현하는 관용 표현
② 옛이야기의 가르침, 고사성어

5회
과학
① 영양분을 흡수하는 소화 기관
② 들이마시고 내쉬는 호흡 기관

1회 ① 3주차

나라 살림을 꾸리는 세금

세금: 국가나 지방 자치 단체가 필요한 돈을 마련하기 위해 국민으로부터 거두어들이는 돈.

헌법에서 제시한 국민의 의무가 있는데 그중의 하나가 납세의 의무야. 세금은 국가나 지방 자치 단체가 필요한 돈을 마련하기 위해 국민으로부터 거두어들이는 돈인데 나라의 살림을 튼튼히 하기 위하여 세금을 내야 할 의무가 있는 거지.

정부는 국민이 낸 세금으로 나라를 지키고 국민들의 건강을 보호하는 등 많은 일을 해. 또 가난하거나 나이가 많아서 생활이 힘든 사람들에게 생활하는 데 필요한 최소한의 생활비를 지원하는 것도 다 세금으로 하지.

우리가 내는 세금은 직접세와 간접세로 나눌 수 있는데, 부모님이 받는 월급에서 떼어지는 세금은 직접세야. 그리고 소비자가 물건을 살 때 붙는 세금은 간접세라고 해.

세금은 또 누가 걷느냐에 따라서 국세와 지방세로 나눌 수 있어. 국가에서 거두는 국세에는 소득세, 상속세, 법인세 등이 있고, 지방 자치 단체에서 거두는 지방세로는 주민세, 재산세, 자동차세 등이 있어.

직접세와 간접세

직접세
직접세는 개인이나 기업이 벌어들인 소득에 세금을 부과하는 것으로 소득세라고도 해. 직접세를 내야 하는 소득은 근로 소득, 이자 소득, 재산 소득, 사업 소득, 증여 소득 등이 있어.

간접세
간접세는 부가가치세, 개별소비세, 관세 등이 있지.

천을 구해서 옷을 만들면 재료비보다 훨씬 높은 값으로 팔 수 있어. 명품 옷은 웃돈수록 더욱 비싸게 팔릴 거야. 그 옷값에 매겨진 세금이 부가가치세야. 부가가치세는 물건이나 서비스를 판매한 사람이 가지고 있다가 신고 기간 내에 신고하고 납부하면 돼.

사치성 상품이나 골프장이나 경마장 같은 특정한 장소에서 소비하는 것에 대해 특별히 높은 세율을 적용하는 세금을 개별소비세라고 해. 에너지 절약, 환경 오염 방지 등의 목적으로 이와 관련 있는 상품에 개별소비세를 붙여서 소비량을 줄이기도 해.

외국의 상품을 우리나라로 들여올 때 그 상품에 부과하는 세금을 관세라고 해. 관세의 주된 목적은 국내 산업을 보호하기 위함이야.

여러 사람이 이용하는 것은 모두 세금으로 운영하는 공공시설일까?

여러 사람들이 이용한다고 다 공공시설은 아니야. 정부나 공공 단체 등에서 시민들이 낸 세금으로 만들고 관리하는 것을 공공시설이라고 해. 따라서 국장이나 백화점, 대형 마트는 공공시설이 아니야. 공공시설의 또 다른 특징은 대부분 무료로 이용할 수 있거나, 아주 적은 이용료만 내면 된다는 사실이야. 돈이 없는 사람들도 마음 놓고 이용할 수 있는 거지.

직접세와 간접세

●세금의 쓰임새에 대한 설명에 ○표를 하세요.

- 국가나 지방 자치 단체가 필요한 돈을 마련하기 위해 국민으로부터 거두어들이는 돈이다. (○)
- 기업에서 물건을 만들 때 필요한 재료를 구입하기 위해 쓰인다. ( )

해설 정부는 국민이 낸 세금으로 나라를 지키고, 도로나 댐 등을 건설하고, 국민들이 건강을 보장하는 등 많은 일을 합니다. 기업은 세금으로 운영하는 공공기관이 아닙니다.

●알맞은 말에 ○표를 하세요.

국가에서 거두는 세금인 소득세, 상속세, 법인세 등은 (국세), 지방세 에 해당한다.

해설 세금은 또 누가 걷느냐에 따라서 '국세'와 '지방세'로 나눌 수 있습니다.

●알맞게 선으로 이어 보세요.

관세 — 외국의 상품을 우리나라로 들여올 때 그 상품에 부과하는 세금

개별소비세 — 사치성 상품, 고급 서비스의 소비에 대해 특별히 높은 세율을 적용하는 세금

해설 관세는 국내 산업을 보호하기 위해 외국 상품에 붙이는 세금이고, 개별소비세는 사치성 상품, 고급 서비스의 소비 등에 대해 특별히 높은 세율을 적용하는 세금입니다.

한눈에 정리

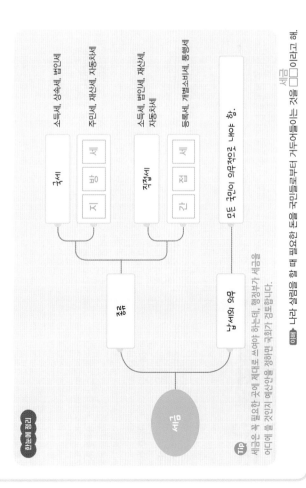

국세	직	접	세	소득세, 상속세, 법인세
	간	접	세	주민세, 재산세, 자동차세
지방세	직	접	세	소득세, 법인세, 재산세, 자동차세
	간	접	세	등록세, 개별소비세, 통행세

세금 — 모든 국민이 의무적으로 내야 함.

Tip 세금은 꼭 필요한 곳에 제대로 쓰여야 하는데, 행정부가 세금을 어디에 얼마나 쓸 것인지 예산안을 정하며 국회가 검토합니다.

이해 나라 살림을 할 때 필요한 돈을 국민들로부터 거두어들이는 것을 □□이라고 해.

1회

② 3주차

국내 총생산, 국민 총소득

사회

국내 총생산: 생산한 사람의 국적에 상관없이 일정한 기간 안에 한 나라에서 만들어진 물건과 서비스의 가치를 돈으로 계산한 것.

국민 총소득: 일정한 기간에 한 나라에서 국민이 벌어들인 소득.

국민 소득을 나타내는 기준에는 여러 가지가 있는데 그 중 대표적인 것은 국내 총생산(GDP)과 국민 총소득(GNP)이야.

국내 총생산(GDP)은 생산한 사람이 외국인이어도 우리나라 사람이든 국적에 상관없이 일정한 기간에 한 나라에서 만들어진 물건과 서비스의 가치를 돈으로 계산한 것이야. 국내 총생산(GDP)이 많아지면 경제가 성장했다고 하고, 반대로 줄어들면 경제 성장이 마이너스가 되었다고 하지.

국민 총소득(GNP)은 일정한 기간에 한 나라에서 국민이 벌어들인 소득을 말해. 국민 총소득은 어느 나라에서 벌었든, 우리나라 국민이 벌어들인 돈이라면 모두 포함시켜. 최근 나라 간 경제 교류가 활발해지면서 GNP보다는 GDP를 더 중요하게 생각해. 외국에 진출한 우리나라 기업은 먼저 외국인과 일하고 그 나라에서 돈을 쓰지만 우리나라에 진출한 우리나라에서 돈을 쓰기 때문이야. 임하고 그 나라에서 사람을 고용하고 외국인에 도움을 주기 때문이지.

경제 성장률과 1인당 국민 총소득

경제 성장률
경제 성장률은 올해의 국내 총생산이 지난해의 국내 총생산에 비해서 얼마나 증가했는지를 백분율로 나타낸 것이야. 올해 경제 성장률이 5%라고 하면, 이것은 지난해에 비해서 5% 성장했다는 뜻이야.

대개 경제 성장률이 높으면 생산과 판매, 소득이 늘어나고 기업들도 많은 돈을 벌게 되지만 그렇다고 경제 성장률이 높다고 무조건 좋은 것은 아니야. 지나치게 빨리 성장하면 인플레이션이나 환경 오염 같은 부작용도 생길 수 있기 때문이지.

1인당 국민 총소득
대체로 국민 총소득이 높은 나라와 1인당 국민 총소득이 높은 나라는 서로 다르게 나타나는 경우가 많아. 1인당 국민 총소득이란 국민 총소득을 그 나라의 인구 수로 나눈 거야. 인구가 많아 국민 총소득은 높아도 1인당 국민 소득이 낮다면, 그 나라 국민 개개인은 잘 산다고 할 수는 없을 거야.

국가 경제 위기를 극복한 사례는 무엇이 있을까?

우리는 1997년 말에 외환 위기라는 큰 어려움을 겪었어. 이 경제 위기를 해결하기 위해 정부는 1997년 12월 말 국제 통화 기금(IMF)에서 돈을 빌렸어. 이때 많은 기업이 문을 닫았고, 일자리를 잃은 근로자도 많았어. 이 경제 위기를 극복하기 위해 우리는 금 모으기 운동에 참여하고, 국산품을 애용하였어. 기업은 기술 개발에 힘썼지. 정부는 일자리를 잃은 사람들에게 일자리를 주기 위해 힘썼어. 모두가 노력한 결과, 4년 후 우리나라는 IMF의 빚을 모두 갚을 수 있었지.

한눈에 정리

국내 총생산 (GDP)
국내 총생산 ↑ → 경제 성장
국내 총생산 ↓ → 경제 성장 −

생산한 사람의 국적에 상관없이 일정한 기간 안에 한 나라에서 만들어진 물건과 서비스의 가치를 돈으로 계산한 것.
→ 국□에서 생산된 것만 맞음.

국민 총소득 (GNP)
우리나라 야구 선수가 외국에서 연봉을 받는다면 그 연봉도 국민 총소득에 포함됨

일정한 기간에 한 나라에서 국민이 벌어들인 소득.
→ 국민이 □해에서 벌어들인 소득 포함함.

국민 소득 지표

Tip: 세계에서 제일 잘 사는 나라를 살펴볼 때 흔히 국민 총소득이나 국내 총생산 등을 따져 봅니다.

이해 국내 □□□은 국적에 상관없이 일정한 기간에 한 나라에서 만들어진 물건과 서비스의 가치야. → 총생산

▶ 정답과 해설 36쪽

◉ 알맞게 선으로 이어 보세요.

국내 총생산 ——— 외국인이 국내에서 벌어들인 돈을 포함함.

국민 총소득 ——— 우리나라 사람이 외국에서 벌어들인 돈을 포함한다.

해설 국내 총생산(GDP)은 국적에 상관없이 그 나라 안에 만들어진 물건과 서비스의 가치를 말하고 국민 총소득(GNP)은 어느 나라에서 벌었든 국민이 벌어들인 돈이라면 모두 포함시킨다.

◉ 알맞은 말에 ○표를 하세요.
국내 총생산이 지난해에 국내 총생산에 비해서 얼마나 증가했는지를 백분율로 나타낸 것을 (물가지수, 경제 성장률)이라고 한다.
해설 (물가지수는 물가의 변동을 파악하기 위하여 작성되는 지수를 말합니다.)

◉ 1인당 국민 총소득에 대한 설명에 ○표를 하세요.
국민 총소득을 그 나라의 인구 수로 나눈 수를 말한다. ○
국민 총소득이 높은 나라는 반드시 1인당 국민 총소득도 높다. □
해설 1인당 국민 총소득이란 국민 총소득을 그 나라의 인구 수로 나눈 것입니다.

2회 3주차 ①

볼록 렌즈의 특징, 빛의 굴절

과학

빛의 굴절: 빛이 비스듬히 나아갈 때 서로 다른 물질의 경계에서 빛이 꺾여 나아가는 것.

물고기가 보이는 곳에 없다고?

빛이 비스듬히 나아갈 때 서로 다른 물질의 경계에서 빛이 꺾여 나아가는 것을 굴절이라고 해. 빛이 공기와 물의 경계에서 굴절하기 때문에 물속에 있는 물체를 실제와 다르게 보이지.

우리가 사용하는 물건 중에도 빛을 굴절시키는 물건이 있어. 바로 볼록 렌즈야. 볼록 렌즈는 가운데가 가장자리보다 두꺼운 렌즈인데, 볼록 렌즈로 물체를 보면 빛을 굴절시키기 때문에 실제 모습과 다르게 보여. 볼록 렌즈의 가운데가 볼록하기 때문에 볼록 렌즈를 통과하는 빛은 모두 가운데로 모이게 돼. 그래서 실제 물체보다 크게 보이기도 하고, 실제 물체와 달리 상하좌우가 바뀌어 보이게도 있지.

우리 생활에서 볼록 렌즈는 어디에 이용될까? 돋보기, 휴대전화 사진기, 망원경, 쌍안경 등 물체를 크게 보이게 하기 위해 만든 물건에는 대부분 볼록 렌즈가 이용되지.

볼록 렌즈로 햇빛을 모을 수 있다고?

볼록 렌즈로 햇빛 모으기

햇빛을 볼록 렌즈에 통과시키면 가장자리를 통과한 빛이 가운데 쪽으로 굴절되지. 그래서 햇빛이 한곳으로 모이게 돼. 볼록 렌즈로 햇빛을 모은 곳은 주변보다 밝기가 밝고 온도가 높아.

볼록 렌즈를 이용해 그림 그리기

볼록 렌즈로 햇빛을 모으면 온도가 높아져 종이를 태울 수 있어. 그래서 볼록 렌즈를 이용해 그림을 그릴 수 있는 거야. 종이에 검은색 등의 사인펜으로 그림을 그린 다음, 볼록 렌즈로 햇빛을 모아 검은색 부분을 태우면 돼.

한눈에 정리

빛		빛이 비스듬히 나아갈 때 서로 다른 물질의 경계에서 꺾여 나아가는 것.
굴절		

	특징	· 가운데가 가장자리보다 두꺼움. · 볼록 렌즈를 통과한 빛은 모두 가운데로 모임. · 빛이 볼록 렌즈의 가장자리를 통과하면 두꺼운 가운데 부분으로 꺾여 나아감.
볼록 렌즈	**물체의 모습**	· 실제 물체의 모습과 다르게 보임. · 실제 물체보다 크게 보일 수 있음. · 실제 물체와 달리 상하좌우가 다르게 보일 수 있음.

이해 서로 다른 물질의 경계에서 빛이 꺾여 나아가는 것을 빛의 □□□이라고 해.

TIP 물방울, 유리 아래, 물이 담긴 둥근 어항 같은 물건은 가운데 부분이 가장자리보다 두껍고 빛을 통과시키기 때문에 볼록 렌즈의 구실을 한다.

◉ 앞맞은 말에 ○표를 하시오.

빛이 비스듬히 나아갈 때 서로 다른 물질의 경계에서 빛이 꺾여 나아가는 것을 (파장 , **굴절**)이라고 한다.

이해 빛은 서로 다른 물질의 경계에서 꺾여 나아간다.

◉ 볼록 렌즈에 대한 설명에 ○표를 하시오.

□ 가운데 부분이 가장자리보다 얇은 렌즈이다.

□ 볼록 렌즈로 물체를 보면 실제 모습과 가깝게 보인다.

○ 볼록 렌즈로 물체를 보면 상하좌우가 실제 모습과 다르게 보일 수 있다.

해설 볼록 렌즈로 물체를 보면 실제 모습과 다르게 보인다.

◉ 볼록 렌즈가 이용된 물건에 ○표를 하시오.

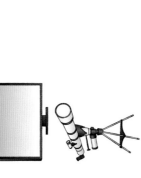

□

○

해설 볼록 렌즈는 확대해서 보기 위해 만든 물건에 이용됩니다.

2회 ②3주차

무지개 빛, 빛의 분산

빛의 분산: 빛이 여러 가지 색으로 나누어지는 현상.

비 온 뒤 무지개를 본 적이 있니? 무지개는 주로 햇빛에서 생겨나. 그렇다면 햇빛은 어떻게 여러 가지 색깔로 보이는 거지? 그걸 알기 위해서는 프리즘이라는 도구가 필요해. 프리즘은 유리나 플라스틱 등으로 만든 삼각기둥 모양의 기구야. 프리즘에 앞에 하얀색 도화지를 놓고 햇빛을 통과시키면 하얀색 도화지에 여러 가지 색깔이 나와. 이렇게 빛이 물이나 프리즘을 통과해 여러 가지 색깔로 분리되는 것을 빛의 분산이라고 해. 빛의 분산은 햇빛이 여러 가지 색깔로 이루어져 있기 때문에 생기는 거야.

비가 온 뒤 무지개가 생기는 것도 같은 원리야. 유리의 비스듬한 부분을 통과한 햇빛도 무지개를 만들지. 이렇게 빛이 여러 가지 색깔로 나누어지는 까닭은 무엇일까? 빛은 여러 가지 색 무지개 빛이 다시 모여 흰색 빛이 되는 거야. 햇빛이 여러 가지 색깔로 나누어졌다가 다시 모이면 흰색 빛이 되지. 빛의 분산은 이 중 사람이 눈에 보이는 빛을 가시광선이라고 해. 그런데 가시광선은 색깔에 따라 물질에서 빛이 꺾이는 정도가 달라. 그래서 여러 가지 색깔의 빛이 쉽게 물이나 프리즘, 유리 같은 물질을 만나 여러 가지의 색깔로 나뉘는 거야.

빛의 분산

물이나 프리즘, 유리와 같은 투명한 것에 빛이 굴절되면서 여러 가지 색깔로 분리되는 현상을 말해.

무지개 만들기

무지개는 주로 비가 내린 뒤에도 볼 수 있어. 왜 그럴까? 그건 물방울을 때문이야. 공기 중에 있는 물방울이 프리즘 역할을 하기 때문에 무지개가 생기는 거야.

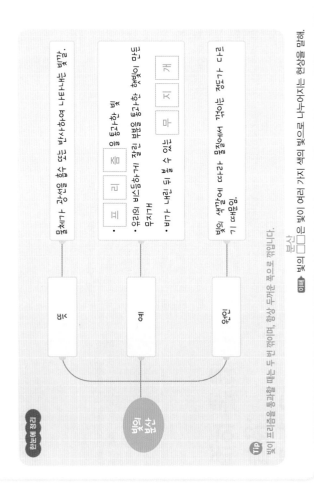

무지개는 주로 비가 내린 뒤에 볼 수 있어. 공기 중에 있는 물방울이 프리즘 역할을 해서 맑은 날에도 무지개를 볼 수 있어. 그런 물방울로 해를 등지고 위를 넓게 분무기로 물을 뿌리면 무지개를 만들 수 있어.

햇빛이 강한 날에 물이 담긴 분무기를 준비해서 밖으로 나가 봐. 그런 다음 해를 등지고 위를 넓게 분무기로 물을 뿌리면 무지개를 만들 수 있어.

우리 눈에 안 보이는 빛은?

빛에는 가시광선처럼 눈에 보이는 빛도 있지만, 눈에 보이지 않는 적외선이나 자외선도 있어. 빛을 프리즘에 통과시켰을 때 적외선은 가시광선의 빨간색 및 바깥쪽에서 나와서 적외선이고, 자외선은 보라색 및 바깥에서 나와서 자외선이라고 해. 적외선은 농수산물의 건조나 병원에서 소독할 때 등 생활 속에서 사용되지만 자외선은 피부를 검게 그을리게 하고 너무 많이 쐬면 건강에도 해로워.

● 알맞은 말에 ○표를 하세요.

프리즘 앞에 하얀색 도화지를 놓고 햇빛을 프리즘에 통과시키면 (한 가지 , **여러 가지**) 색깔이 보인다.

> 프리즘은 빛의 분산을 일으키기 위해 유리나 수정으로 만든 삼각 기둥 모양의 기구입니다.

● 프리즘과 비슷한 역할을 하는 것에 모두 ○표를 하세요.

(유리) 탁구공 (물방울)

> 유리, 물방울 등과 같이 빛을 통과시키는 물질이 프리즘과 비슷한 역할을 합니다.

돌멩이

● 빛이 여러 가지 색깔로 나누어진 현상을을 볼 수 있는 경우에 ○표를 하세요.

 ○

 □

> 무지개는 비 온 뒤 빛이 여러 가지 색깔로 나누어진 것을 볼 수 있는 현상입니다.

한눈에 정리

- 물체가 광선을 흡수 또는 반사하여 나타나는 빛깔
- 우리의 비스듬하게 잘린 부분 통과한 햇빛이 만든 무지개
- 비가 내린 뒤 볼 수 있는 빛

뜻		
예		
원인		

프 리 즘

무 지 개

빛의 분산

빛의 생김새에 따라 꺾이는 정도가 다르기 때문임.

분산

이해 빛이 □□은 빛이 여러 가지 색깔로 나누어지는 현상을 말해.

TIP 빛이 프리즘을 통과할 때는 두 번 꺾이며, 항상 두꺼운 쪽으로 꺾입니다.

3회

효과적으로 표현하는 관용 표현

관용 표현: 원래의 뜻과는 다른 새로운 뜻으로 굳어져 쓰는 표현.

TIP
관용 표현을 활용하여 발표하고, 연극 내용을 익살맞게 높이지고, 관용 표현을 사용하여 이야기를 하면 상대방의 생각이 더욱 잘 이해가 되는 것 같아서 공감하기 좋습니다.

관용 표현이란 '코가 납작해지다', '입이 짧다'와 같이 둘 이상의 낱말이 합쳐져 원래의 뜻과는 다른 뜻으로 굳어져 사용하는 말을 말해.

관용 표현 중에서 관용어는 많은 사람이 두루 사용하지만 평범하지 않고 약간은 비속어의 느낌이 들어가 있기도 해. '입이 귀밑까지 찢어지다'라는 표현만 봐도 과장적인 성격이 강해. 또 직설적이거나 사실적이기보다는 비유적이고 과장적인 성격이 강해. 실제로 입이 귀 밑까지 찢어진다는 것은 상상조차 할 수 없는 일이잖아? 그래서이지 짧은 말이지만 인상적인 표현으로 인해 이해 전달이 확실하다는 특징이 있어.

관용 표현을 사용하면 전하고 싶은 내용을 짧은 말로 쉽게 표현할 수 있고, 재미있는 표현이어서 듣는 사람의 관심을 불러일으킬 수 있어. 그리고 웃음을 생각하게 되므로 보는 과정이 생각지서 생생해질 수 있어. 듣는 사람에게 전하고 싶은 내용을 생생하고 정확하게 전달해 내용이 풍부하고 정확해질 수 있어.

우리 몸과 관련된 관용 표현

'눈'과 관련된 관용 표현
'눈에 띄다'는 두드러지게 드러나다, '눈을 돌리다'는 관심을 돌리다, '눈을 붙이다'는 잠을 잔다라는 뜻이야.

'입'과 관련된 관용 표현
'입이 무겁다'는 여러 사람이 같은 의견을 말하다, '입이 짧다'는 음식을 가린다는 뜻이야.

'코'와 관련된 관용 표현
'코가 높다'는 잔뜩 체하고 뽐내는 기세가 있다, '코를 납작하게 만들다'는 기를 죽이다, '코 묻은 돈'은 어린아이가 가진 적은 돈이라는 뜻이야.

'귀'와 관련된 관용 표현
'귀를 기울이다'는 다른 사람의 말에 집중하여 듣다, '귀가 얇다'는 남의 말을 쉽게 받아들이다, '귀가 따갑다'는 '손이 크다'는 쓴잔소리가 크다라는 뜻이야.

'손'과 관련된 관용 표현
'손을 빼다'는 적극적인 도움, 요구가 멀리까지 미치게 하다, '손이 익다'는 일이 손에 익숙해지다, '손이 크다'는 쓴잔소리가 크다라는 뜻이야.

'발'과 관련된 관용 표현
'발 벗고 나서다'는 적극적으로 나서다, '발을 구르다'는 매우 안타까워하거나 다급해하다, '발을 끊다'는 오가지 않거나 관계를 끊다, '발이 넓다'는 사귀어 아는 사람이 많아 활동하는 범위가 크다는 뜻이야.

관용 표현을 사용해서 말할 때에는?

예를 들어 친구가 주변에 아는 사람들이 많은 상황일 때 친구에게 '너는 참 아는 사람들이 많구나.'라는 것을 말하고 싶으면 관용 표현인 '친구야, 넌 정말 발이 넓구나!'라는 말을 쓸 수 있겠지?

한눈에 정리

이해 원래의 뜻과는 다른 새로운 뜻으로 굳어져서 쓰는 표현을 □□ 표현이라고 해.

관용 표현

원래의 뜻과는 다른 뜻으로 굳어져 쓰이는 표현

관용어
- 말하여야 할 상황과 말할 내용을 확인함.
- 상황에 어울리고 자신의 생각을 효과적으로 나타내는 □을 찾음.

관용 표현
- 짧은 말로 자신의 생각을 넣어 자신의 생각을 말함.
- 상황에 알맞게 관용 표현을 넣어 자신의 생각을 쉽게 표현할 수 있음.
- 듣는 이의 기분을 상하지 않게 표현할 수 있음.
- 재미있는 표현이어서 듣는 이의 관심을 불러일으킬 수 있음.

▲ 정답과 해설 39쪽

◉ 관용 표현의 특징에 모두 ○표를 하세요.

사실적임.	□
과장된 표현이 않음.	○
비유적임.	○

해설 관용 표현은 직설적이거나 사실적이기보다는 비유적이고 과장적인 성격이 강합니다.

◉ 알맞은 내용에 ○표를 하세요.

'코가 (높다), 낮다)'는 잔뜩 체하고 뽐내는 기세가 있다는 뜻의 관용 표현이야.

해설 '코가 높다'는 관용 표현은 잔뜩 체하고 뽐내는 기세가 있다는 뜻입니다.

◉ 상황에 알맞은 관용 표현을 사용한 문장에 ○표를 하세요.

동생이 편식이 심해서 아버지께서 입이 짧다고 꾸중하셨다.	○
급식실에서 실수로 식판을 쏟은 친구를 도와주기 위해 민서는 발을 굴렀다.	□

해설 두 번째 문장에서는 '발 벗고 나서다', '발을 굴러' 지다'로 다른 사람을 적극적으로 도와주는 행동을 뜻하는 관용 표현인 '친구야, 넌 정말 발이 넓구나!'라 많이 어울립니다.

3회 ②
옛이야기의 가로치, 고사성어

3주차

국어

고사성어는 옛날에 있었던 일에서 유래하여 관용적으로 쓰이는 말이야. '대기만성(大器晩成)'이란 그릇을 만드는 데는 시간이 걸린다.'라는 뜻인데, 이 고사성어는 어떤 이야기에서 유래했는지 알려 줄게.

옛날에 '최염'이라는 장수가 있었어. 그에게는 사촌 동생이 있었는데, 최염은 겁도 많고 볼품없고 출세도 하지 못해 가족들에게 늘 무시를 당했어. 그런 최염에게 최염은 "너는 대기만성할 것이다. 모든 일은 신중하게 행동하면 반드시 큰 인물이 될 것이다."라고 격려했어. 최염의 말대로 최염은 훗날 높은 벼슬에 오르게 되었어. 여기서 '대기만성'은 크게 성공하기 위해서는 많은 노력과 시간이 필요하다는 의미로 쓰였지. 상황에 맞는 고사성어 한마디는 길고 복잡한 어떤 설명보다도 설득력을 가지는 장점이 있어.

고사성어: 옛 이야기에서 유래한 한자로 이루어진 말.

한눈에 정리

고사유래	過猶不及	지나친 것은 모자란 것만 못하다.
구우일모	九牛一毛	소 아홉 마리 가운데 터럭 하나처럼 하찮은 것.
다다익선	多多益善	많으면 많을수록 좋다.
상전벽해	桑田碧海	뽕나무밭이 바다가 될 만큼 세상이 변했다.
역지사지	易地思之	다른 사람과 입장을 바꾸어 생각하다.
호가호위	狐假虎威	남의 권세를 빌려 허세를 부리는 것.

이해 옛이야기에서 유래한 한자로 이루어진 말을 고사성어 □□□□ 라고 해.

TIP 고사성어는 한자성어 중, 고사(옛이야기)에서 유래한 내용을 담고 있는 말이고, 사자성어는 한자성어 중에서 네 글자로 이루어진 말을 뜻합니다.

▶ 정답과 해설 40쪽

◉ **성공과 관련된 고사성어에 ○표를 하세요.**

관포지교(管鮑之交)

역지사지(易地思之)

입신양명(立身揚名) ○

해설 '관포지교(管鮑之交)'는 옛날 중국의 관중과 포숙처럼 친구 사이가 다정함을 이르는 말이고, '역지사지(易地思之)'는 다른 사람과 입장을 바꾸어 생각함을 이르는 말입니다.

◎ **알맞은 내용에 ○표를 하세요.**

(반포지효, 망운지정)은/는 까마귀 새끼가 자란 뒤에 늙은 어미에게 먹이를 물어다 주는 효를 뜻하는 말로, 자식이 자라서 부모에게 효도하는 것을 뜻하는 고사성어야.

해설 '망운지정(望雲之情)'은 구름을 바라보며 그리워한다는 뜻입니다.

◉ **'괄목상대'를 쓸 수 있는 알맞은 상황에 ○표를 하세요.**

우리 할아버지는 젊었을 때 서울로 가서 성공하셔서 고향으로 돌아오셨대.

꾸준히 노력하는 사람은 시간이 지난 뒤 충분 상상도 못 할 만큼 발전할 거야. ○

해설 첫 번째 상황에 쓸 수 있는 고사성어는 '금의환향(錦衣還鄕)'입니다.

주제별 고사성어

'친구'와 관련된 고사성어
'관포지교(管鮑之交)'는 옛날 중국의 관중과 포숙처럼 친구 사이가 다정함을 이르는 말이고, '백아절현(伯牙絶絃)'은 백아가 거문고 줄을 끊어 버렸다는 뜻으로, 자기를 알아 주는 친한 벗의 죽음을 슬퍼함을 이르는 말이야.

'독서'와 관련된 고사성어
'주경야독(晝耕夜讀)'은 낮에는 농사를 짓고 밤에는 공부를 한다는 뜻으로, 바쁜 틈을 타서 어렵게 공부함을 이르는 말이고, '위편삼절(韋編三絶)'은 한 권의 책을 몇십 번이나 되풀이해서 읽음을 비유하는 말이야.

'효도'와 관련된 고사성어
'망운지정(望雲之情)'은 구름을 바라보며 그리워한다는 뜻으로, 멀리 떠나온 자식이 부모님을 그리워하는 정을 이르는 말이고, '반포지효(反哺之孝)'는 많이 봤어? 까마귀 새끼가 자란 뒤에 늙은 어미에게 먹이를 물어다 주는 효를 뜻하는 말로, 자식이 자라서 부모에게 효도하는 것을 뜻하는 말이야.

'성공'과 관련된 고사성어
'금의환향(錦衣還鄕)'은 비단옷을 입고 고향에 돌아온다는 뜻으로, 출세해서 고향에 돌아옴을 이르는 말이고, '입신양명(立身揚名)'은 사회적으로 인정받고 출세하여 세상에 이름을 날림을 이르는 말이야. '괄목상대(刮目相對)'는 눈을 비비고 다시 보며 상대를 대한다는 뜻으로, 다른 사람의 학식이나 재주 따위가 크게 나아진 것을 말해.

'사랑'과 관련된 고사성어
'오매불망(寤寐不忘)'은 자나 깨나 잊지 못함을 이르는 말이야.

'노력'과 관련된 고사성어
'우공이산(愚公移山)'은 어리석은 사람이 산을 옮긴다는 뜻으로, 지금 비록 어리석고 힘든 일 같지만 지치지 느려한다면 그 뜻을 이룰 수 있음을 이르는 말이야.

4회 ①

3주차

원의 둘레와
원주와
원주율

수학

맛있는 피자를 주문하려고 하는데 정육각형 모양과 원 모양의 피자와 원 모양의 피자 중에 뭘 선택할지 고민될 때가 있어. 같은 값이면 왠지 더 커 보이는 피자를 고르고 싶어서야. 그럼 둘레를 재어서 비교해 볼까? 하지만 정육각형 모양 피자는 쉽게 잴 수 있는 반면 원 모양 피자의 둘레는 어떻게 재어야 하지? 둘레는 자로 쉽게 잴 수 있는 가장자리를 합한 길이인데 원의 둘레를 일반 자로는 잴 수 없어.

든, 이럴 땐 실이나 구부리기 쉬운 줄자를 끈으로 원의 가장자리를 재면 둘레를 알 수 있어.

원 모양 물건의 둘레를 재는 또다른 방법으로 바퀴나 훌라후프처럼 굴릴 수 있는 둥근 물건은 한 바퀴 굴렸을 때 굴러간 거리를 재면 돼. 이와 같이 원의 둘레를 간단히 원주라고도 해.

일일이 재지 않고 원의 둘레를 구하는 방법도 있어. 원주율을 알면 돼. 원의 지름에 대한 원주의 비, 즉 원주율은 항상 일정하기 때문에 지름 또는 반지름의 길이만 알면 아무리 큰 원이라도 원의 둘레를 구할 수 있지.

원주 : 원의 둘레.
원주율 : 지름에 대한 원주의 비율.

원주

원은 원의 중심, 지름, 반지름 그리고 원주로 이루어져 있는데 여기서 원 주는 원의 둘레를 말하는 거야.

그림에서 보면 원의 지름이나 반지름이 길어지면 원주 도 길어지고, 원의 지름이나 반지름이 짧아지면 원주도 짧아진다는 걸 알 수 있어.

원주
원의 지름
원의 반지름
원의 중심

원주율

원의 지름에 대한 원주의 비율을 원주율이라고 해.

(원주율)=(원주)÷(지름)

원주율은 원주를 지름으로 나누면 구할 수 있는데 소수로 나타내면 딱 떨어지지 않고 3.141592……와 같이 끝없이 계속 이어지기 때문에 필요에 따라 3, 3.1, 3.14 등으로 어림하여 간단하게 사용하면 돼.
원주율은 원의 크기와 상관없이 지름에 대한 원주의 비는 항상 일정하다는 걸 알 수 있어.

원주율을 이용해서 원주를 구할 수 있을까?

지름을 알 때 원주율을 이용하면 원주를 구할 수 있어.

(원주율)=(원주)÷(지름) ➡ (원주)=(지름)×(원주율)

바퀴의 원주

지름이 50 cm인 원 모양의 바퀴를 한 바퀴 굴렸을 때 한 바퀴 굴러간 거리가 바로 이 바퀴의 원주가 되는 거야.
원주율이 3일 때 이 바퀴의 원주는 50×3=150(cm)가 되는 거지.

● 빈칸에 알맞은 말을 쓰세요.

원의 둘레를 (　　　)라고 한다.

[해설] 원의 둘레를 원주라고 한다.

　원　주

● 알맞은 내용에 ○표를 하세요.

원의 (지름 , 반지름)에 대한 원주의 비율을 원주율이라고 한다.

[해설] 원주율은 원의 지름에 대한 원주의 비율입니다.

● 알맞은 내용에 ○표를 하세요.

(원주)=(지름)÷(원주율)

(원주)=(지름)×(원주율)

원의 지름이 길어지면 원주도 길어진다.

[해설] (원주)=(지름)×(원주율)이므로 (원주)÷(지름)=(원주율)이고 원의 지름이 길어지면 원주도 길어지므로 원주율은 항상 일정합니다.

▲ 정답과 해설 41쪽

한눈에 정리

원

원주 → 원주 → 원의 둘레 → 지름×원주율 → 원주 계산법

원주율 → 원주율 → 원주율의 계산법

지름에 대한 원주의 비율

지름 : ○

원주 : 15.7 cm, 5cm
(원주)÷(지름)
=15.7÷5=3.14

원주 : 31.4cm, 10cm
(원주)÷(지름)
=31.4÷10=3.14

원주 : 78.5cm, 25cm
(원주)÷(지름)
=78.5÷25=3.14

(원주)÷(지름)은 약 3.14로 일정함.

[이해] 지름에 대한 원주의 비율을 □□□이라고 해.
원주율

Tip (원주)÷(지름)을 계산하면 원주율이 되고, (원주)÷(원주율)을 계산하면 지름이 된다.

3주차 ②

4회

끝임없는 지구와 달의 운동

과학

지구의 운동: 지구가 태양을 중심으로 1년에 한 바퀴씩 회전하는 것(공전)과 지구가 자전축을 중심으로 하여 하루에 한 바퀴씩 회전하는 것(자전).

달의 운동: 달이 지구를 중심으로 약 한 달에 한 바퀴씩 회전하는 운동(공전)과 달이 자전축을 중심으로 약 한 달에 한 바퀴씩 회전하는 운동(자전).

우리가 사는 지구는 가만히 멈춰 있는 것처럼 느껴지지만 사실은 끊임없이 운동을 하고 있어. 지구에는 북극과 남극을 이은 가상의 직선이 있는데, 이것을 자전축이라고 해. 지구는 자전축을 중심으로 하루에 한 바퀴씩 서쪽에서 동쪽(시계 반대 방향)으로 회전하는데, 이것을 지구의 자전이라고 하지. 하루 동안 태양과 달이 동쪽에서 서쪽으로 움직이는 것처럼 보이는 것은 지구의 자전 때문이야. 지구는 또 태양을 중심으로 일 년에 한 바퀴씩 서쪽에서 동쪽(시계 반대 방향)으로 일정한 길을 따라 회전하는데, 이것을 지구의 공전이라고 해. 계절에 따라 보이는 별자리가 다른 이유는 지구의 공전 때문이야.

달은 어떤 운동을 할까? 여러 날 동안 달을 관찰하면 30일을 주기로 초승달, 상현달, 보름달, 하현달, 그믐달의 순서로 모양이 변해. 그런데 모양만 변하는 게 아니라 위치도 달라져. 태양이 지고 난 뒤에 초승달은 서쪽 하늘에서 보이고, 상현달은 남쪽 하늘에서, 보름달은 동쪽에서 보이지.

지구의 낮과 밤

지구는 하루에 한 바퀴씩 자전하기 때문에 태양을 향한 쪽과 향하지 않는 쪽이 생겨. 이때 태양을 향한 쪽은 태양 빛을 받기 때문에 낮이 되고, 태양을 향하지 않는 쪽은 태양 빛을 받지 못하기 때문에 밤이 되지. 그런데 계속 회전하기 때문에 하루에 낮과 밤이 번갈아 나타나는 거야.

여러 날 동안 달의 모양 변화

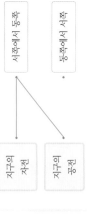

▲ 여러 날 동안 달의 모양 변화

약 30일을 주기로 달은 초승달에서 점점 커져서 상현달이 되고, 상현달에서 점점 커져서 보름달이 돼. 보름달부터는 점점 작아져서 하현달, 그믐달이 되지. 즉, 오른쪽 부분이 보이기 시작하면서 점점 왼쪽으로 보름달이 보이다가 다시 오른쪽부터는 점점 보이지 않게 되다가 다시 달이 지나고부터는 오른쪽이 점점 보이지 않게 되면서 그믐달 모양이 되지.

바닷물도 달의 영향을 받는다고?

바닷가에서는 하루에 두 번 물이 들어오고 나가는데 이러한 현상을 밀물과 썰물이라고 해. 태양과 달이 일직선 상에 있을 때는 달이 인력이 강해져서 바닷물을 많이 당겼다가 놓아 주었다 해. 그리고 태양과 달이 직각을 이루게 되면 바닷물을 끌어당기는 힘이 나누어지기 때문에 바닷물의 움직임이 약해지지.

한눈에 정리

지구	자 전	지구는 자전축을 중심으로 하루에 한 바퀴씩 서쪽에서 동쪽(시계 반대 방향)으로 회전함.
	공전	지구는 태양을 중심으로 일 년에 한 바퀴씩 서쪽에서 동쪽(시계 반대 방향)으로 일정한 길을 따라 회전함.
달	모양 변화	달은 30일을 주기로 초 ⇨ 상현달, 보름달, 하현달, 그믐달의 순서로 변함.
	위치 변화	여러 날 동안 같은 시각에 달을 관찰하면 그 위치가 서쪽에서 동쪽으로 조금씩 옮겨가는 것을 알 수 있음.

지구와 달의 운동

Tip 지구의 자전과 공전 방향은 같습니다.

이해 지구는 하루에 한 바퀴씩 자전 하고, 일 년에 한 바퀴씩 공전 을 해.

▶ 정답과 해설 42쪽

◉ 반칸에 들어갈 알맞은 말을 쓰세요.

지구는 ( )을 중심으로 하루에 한 바퀴씩 서쪽에서 동쪽(시계 반대 방향)으로 자전 한다.

자	전	축

해설 자전축은 북극과 남극을 이은 가상의 직선입니다.

◉ 지구의 자전 방향과 공전 방향을 알맞게 이어 보세요.

지구의
자전 ——— 서쪽에서 동쪽

지구의
공전 ——— 동쪽에서 서쪽

해설 지구의 자전 방향과 공전 방향은 같습니다.

◉ 달의 이름에 해당하는 달의 모양을 알맞게 그려 보세요.

초승달	상현달	보름달	하현달	그믐달

해설 오른쪽 부분이 보이기 시작하면서 오른쪽으로 점점 커지다가 보름달이 지나고부터는 오른쪽이 점점 보이지 않게 됩니다.

5회 3주차 ①

영양분을 흡수하는 소화 기관

사람을 포함한 동물은 생활에 필요한 에너지와 영양소를 얻기 위해 음식물을 섭취해. 이때 섭취한 음식물의 영양분을 흡수하기 쉽도록 분해하는 과정을 소화라고 해.

우리가 먹는 음식물이 입으로 들어오면 여러 소화 기관들을 일을 하기 시작해. 이는 음식을 잘게 쪼개고, 잘게 쪼개진 음식물을 식도를 지나 위에 도착해. 위는 소화를 돕는 액체를 분비하여 음식물을 더 잘게 쪼개는 역할을 해. 위를 빠져나온 음식물은 작은창자로 가는데, 구불구불한 작은창자는 소화를 돕는 액체를 분비하여 음식물을 잘게 분해하고 영양소를 흡수하지. 큰창자는 주로 수분만 흡수하는데 음식물 찌꺼기에서 수분을 흡수한 후 소화되지 않은 음식물 찌꺼기는 항문을 통해 배출돼.

이렇게 우리가 먹는 음식물은 '입 → 식도 → 위 → 작은창자 → 큰창자 → 항문' 순으로 지나는 거야.

소화 기관: 음식물을 소화와 흡수를 담당하며 식도, 위, 작은창자, 큰창자, 항문까지의 기관.

한눈에 정리

음식물을 이로 잘게 부수고 침과 골고루 섞어 삼킬 수 있도록 함.

곧은 관 모양으로 음식물을 분해하고 영양소를 흡수함.

굵은 관 모양으로 주로 수분을 흡수함.

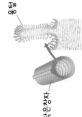

소화 기관의 생김새

식도	입과 위를 연결하는 긴 관 모양으로 음식물을 위로 잘게 내려보냄.
위	작은 주머니 모양이고, 식도와 작은 창자를 연결함. 음식물을 더 잘게 쪼갬.
항문	큰창자와 연결되어 있고 음식물 찌꺼기가 배출되는 곳임.

TIP 간, 쓸개, 이자 등은 소화를 도와주는 기관인데 간은 쓸개즙을 분비하고 쓸개는 쓸개즙을 저장하며 이자는 소화를 돕는 여러 가지 액체가 나옵니다.

이해 우리가 섭취한 음식물이 영양분을 흡수하기 쉽도록 분해하는 과정을 □□라고 해. → 소화

작은창자

위와 대장 사이에 있는 길이 6~7 m에 이르는 소화관으로 소장이라고도 불러. 분해된 영양소는 대부분 작은창자에서 흡수되는데, 어느 음식을 잘게 쪼개고, 잘게 쪼개진 음식물을 식도를 지나 위에 도착해. 어느 소화를 돕는 액체를 분비하여 음식물을 더 잘게 쪼개는 역할을 해. 작은창자 안쪽에는 주름이 많이 있어. 주름의 표면에는 작은 융털이 돋아나 있는데 영양소는 바로 이 융털에서 흡수돼.

이해 위는 소화를 돕는 액체를 분비하여 음식물을 더 잘게 쪼개고 작은창자는 주로 수분을 흡수합니다.

큰창자

큰창자는 굵은 관 모양으로 식도, 위, 작은창자를 가지고 찌꺼기만 남은 음식의 수분을 흡수해. 수분이 빠져나간 음식 찌꺼기는 부피가 줄어들어, 변의 상태로 몸 밖에 내보내져. 큰창자의 길이는 1.5 m 정도로 작은창자의 4분의 1 정도지만, 대신 폭이 두 배 정도로 더 넓기 때문에 대장이라고도 불러.

이해 음식물이 소화 과정입니다. 빈칸에 들어갈 알맞은 말을 쓰세요.

입 → 식도 → ( ) → 작은창자 → 큰창자
→ 항문

→ **위**

음식을 왜 꼭꼭 씹어 먹어야 할까?

우리 몸이 음식물의 영양소를 소화하기 위해서는 음식물이 잘게 쪼개져야 하고 소화 효소가 필요해. 소화 효소는 영양소를 더욱 잘게 쪼개서 몸 안에서 흡수되기 쉬운 상태로 만들어. 입에서 나오는 침이 대표적인 소화 효소야. 음식물을 입안에 넣으면 귀, 턱, 혀에서 침이 나오는데 침은 음식물이 소화되기 쉬운 형태로 만들어 주지. 그래서 음식을 먹을 때 꼭꼭 씹으면 음식물이 더욱 잘게 쪼개지고, 침과 더 잘 섞여 소화가 더욱 잘 되는 거야.

이해 입안에서 영양소는 대부분 (작은창자, 큰창자)에서 흡수되는데 음식이 여기 안쪽에는 주름이 많이 있다.

이해 분해된 영양소는 대부분 작은창자에서 흡수됩니다.

◉ 영양분 앞에 ○표를 하세요.

◉ 음식물이 소화 과정입니다. 빈칸에 들어갈 알맞은 말을 쓰세요.

◉ 소화 기관과 그곳에서 하는 일을 알맞게 선으로 이어 보세요.

음식물 찌꺼기의 수분을 흡수한다.

소화를 돕는 액체를 분비하여 음식물과 섞고 음식물을 더 잘게 쪼갠다.

| 위 | |
| 큰창자 | |

이해 위는 소화를 돕는 액체를 분비하여 음식물을 더 잘게 쪼개는 소화 기관이고, 큰창자는 음식물 찌꺼기의 수분을 주로 흡수합니다.

▶ 정답과 해설 43쪽

5회 3주차 ②

들이마시고 내쉬는 호흡 기관

과학

해녀는 산소마스크를 착용하지 않고 오로지 자신의 호흡으로만 바닷속 10 m 정도까지 내려가 전복, 소라 등의 해산물을 채취하느데, 한번 잠수할 때마다 1분간 숨을 참을 수 있다고 해. 해녀들의 이런 모습을 보고 나도 얼마나 물속에서 버틸 수 있나 시험을 해 보았더니 평상시 느끼지 못했던 숨의 중요성을 깨 단게 될 거야.

이처럼 숨을 들이마시고 내쉬는 활동을 호흡이라 하고, 호흡에 관여하는 코, 기관, 기관지, 폐 등을 호흡 기관이라고 하지. 호흡 기관은 몸에 필요한 공기를 들이마시고, 불필요한 공기를 몸 밖으로 내보내지. 숨을 들이마실 때 코로 들어온 공기는 기관 과 기관지를 지난 후 폐로 들어가. 숨을 내쉴 때 공기는 폐에서 기관지, 기관을 거쳐 코를 통해 밖으로 나가.

이처럼 호흡을 할 때 몸속에서 공기의 이동은 숨을 들이마실 때 는 '코 → 기관 → 기관지 → 폐'이고 숨을 내쉴 때는 '폐 → 기 관지 → 기관 → 코'의 순서야.

한눈에 정리

호흡 기관: 우리 몸에서 숨을 들이마 시고 내쉬는 일에 관여하는 기관.

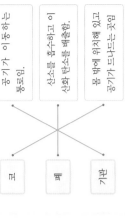

기관 | 굵은 관 모양으로 생겼고 기관과 폐를 연결하며 공기가 이동하는 통로임.

기관지 | 나뭇가지처럼 생겼고 기관 과 폐를 연결하며 공기가 이 동하는 통로임. 기관지가 많 이 갈라지면 세포와 혈관이 만나는 면적이 넓어져서 공 기 전달되는 데 효과적임.

코 | 몸 밖에 위치해 있고 공기 가 드나드는 곳임.

폐 | 좌우 한 쌍으로 부풀어 있는 모양이고 몸 밖에 서 들어온 산소를 받아 서 몸 안에서 생긴 이산화 탄소를 몸 밖으 로 내보냄.

TIP 우리 몸 속에 있는 동안 기관과 폐를 통해 끊임없이 산소를 들이마시고 이산화 탄소를 몸 밖으로 내뱉는 호흡을 합니다.

이해 숨을 들이마시고 내쉬는 활동을 □□이라고 해. (답: 호흡)

◎ 알맞게 선으로 이어 보세요.

코 ──── 공기가 이동하는 통로임.

폐 ──── 산소를 흡수하고 이 산화 탄소를 배출함.

기관 ──── 몸 밖에 위치해 있고 공기가 드나드는 곳임.

확인 코는 공기가 드나드는 곳이고 기관은 공기가 이동하 는 통로입니다. 폐는 몸 밖에서 들어온 산소를 받아들이고, 몸 안에서 생긴 이산화 탄소를 몸 밖으로 내보내는 역할을 합니다.

폐의 호흡 과정

폐에는 근육이 없기 때문에 폐 스스로 움직일 수 없어. 폐로 공기가 드나드는 것은 갈비뼈와 가로막의 움직임 덕 분이야. 공기를 들이마시는 숨을 쉴 때는 갈비뼈 사이의 근육이 늘어나면서 공기가 내려가. 이때 가슴 안이 넓 어지면서 폐로 공기가 들어오지. 숨을 내쉬는 날숨일 때 는 갈비뼈 사이의 근육이 좁아지면서 가로막이 올라가. 이때 가슴 안이 좁아지면서 공기가 폐에서 몸 밖으로 밀 려 나가.

◎ 알맞은 말에 ○표 하세요.

(기관, 기관지)가 갈라져 있으면 세포와 혈 관이 만나는 면적이 넓어져서 공기가 전달되는 데 효과적이다.

확인 기관지는 사람의 손이 갈라져 호흡기를 이루고 있는 부분으로 기관에서 양쪽 폐로 갈라져서 폐의 입구까지 이르는 관을 말합니다.

◎ 숨을 들이마시는 과정에 ○표를 하세요.

☐ 갈비뼈 사이의 근육이 늘어나면서 가로막이 내려간다.

☐ 갈비뼈 사이의 근육이 좁아지면서 가로막이 올라간다.

확인 갈비뼈 사이의 근육이 좁아지면서 가로막이 올라가 는 것은 숨을 내쉬는 과정입니다.

대기 오염이 질병을 일으키는 과정

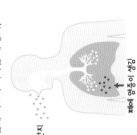

미세먼지 / 폐에 염증이 생김

대기 오염 물질 가운데 미세먼지를 많이 마시면 기관지 에서 걸러지지 않고 그대로 폐로 들어가. 미세먼지가 폐 에 들어가면 기침과 열이 나는 기관지염이나 폐렴의 질병 을 일으킬 수도 있어. 미세먼지는 면역력을 약화시키고 여러 가지 병을 일으키기 때문에 되도록 피하는 게 좋아.

높은 곳에 가면 왜 숨이 가빠질까?

지표면의 공기에는 우리 몸에 중요한 산소가 21 % 정 도 포함되어 있어. 그런데 높은 곳에 올라가면 공기 속의 산소가 줄어들어. 그래서 높은 곳에 올라가면 줄어드는 산 소를 보충하려고 숨을 자주 쉬게 되어서 호흡 수가 많아 지고 숨이 가빠지는 거야.

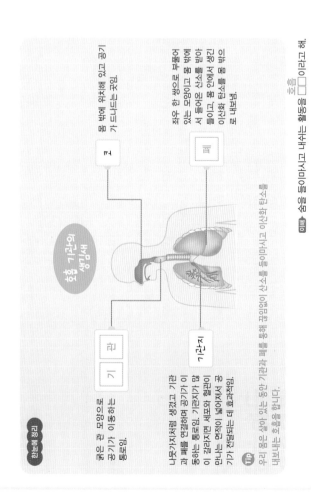

우리 몸 안의 호흡 기관의 모습

기관 | 굵은 관 모양으로 공기가 이동하는 통로임.

코 | 몸 밖에 위치해 있고 공기 가 드나드는 곳임.

기관지

폐 | 좌우 한 쌍으로 부풀어 있는 모양이고 몸 밖에 서 들어온 산소를 받아 서 몸 안에서 생긴 이산화 탄소를 몸 밖으 로 내보냄.

이해 숨을 들이마시고 내쉬는 활동을 □□이라고 해. (답: 호흡)

3주차 확인 문제

▶ 정답과 해설 45쪽

5 돋보기, 현미경, 망원경, 쌍안경에 사용하는 렌즈의 기호를 쓰세요. » 〔과학〕

㉮ 볼록렌즈   ㉯ 오목렌즈

(   )

해설 물체를 크게 보이게 하기 위해 만든 물건에는 대부분 볼록 렌즈가 이용됩니다.

6 빛이 여러 가지 색깔로 나누어지는 까닭으로 알맞은 것에 ○표를 하세요. » 〔과학〕

(1) 빛의 색깔에 따라 물질에서 꺾이는 정도가 다르기 때문이다.   (   )

(2) 사람의 눈은 가시광선, 적외선, 자외선 등을 볼 수 있기 때문이다.   (   )

해설 사람이 눈으로 빛의 종류 중에서 가시광선만 볼 수 있습니다.

7 관용 표현을 쓰면 좋은 점으로 알맞지 않은 것을 두 가지 고르세요. (① , ④) » 〔국어〕

① 관용 표현 없이 대화를 할 수가 없다.

② 짧은 말로 자신의 생각을 표현할 수 있다.

③ 듣는 이의 기분을 상하지 않게 표현할 수 있다.

④ 남녀노소 상관없이 누구나 쉽게 이해할 수 있다.

⑤ 재미있는 표현이어서 듣는 이의 관심을 불러일으킬 수 있다.

해설 관용 표현을 사용하면 자신의 뜻을 쉽게 전달 수 있어서 편리하긴 하지만 누구나 다 이해하는 것은 아닙니다. 그리고 관용 표현이 없어도 대화는 가능합니다.

8 '매우 안타까워하거나 다급해하다.'의 뜻을 가진 관용 표현을 찾아 기호를 쓰세요. » 〔국어〕

㉮ 발 벗고 나서다   ㉯ 발을 구르다   ㉰ 발을 끊다   ㉱ 발이 넓다

(   )

해설 '발 벗고 나서다'는 적극적으로 나선다는 뜻이며, '발을 끊다'는 오가지 않거나 관계를 끊는다는 뜻입니다. '발이 넓다'는 사귀어 아는 사람이 많아 활동하는 범위가 크다는 뜻입니다.

3주차 확인 문제

1 다음 빈칸에 들어갈 알맞은 말을 세 글자로 쓰세요. » 〔사회〕

지방 자치 단체에서 거두는 (   )에는 주민세, 재산세, 자동차세 등이 있다.

지방세

해설 국세는 국가에서 거두는 세금이고 지방세는 지방 자치 단체에서 거두는 세금입니다.

2 개별소비세가 붙는 물품이 기호를 쓰세요. » 〔사회〕

㉮ 고가의 보석 제품   ㉯ 외국에서 수입한 신발   ㉰ 우리나라에서 생산되는 과자

(   )

해설 사치성 상품, 고급 서비스의 소비에 대해 특별히 높은 세율을 적용하는 세금을 개별소비세라고 합니다.

3 국민 총소득에 해당하는 것에 ○표를 하세요. » 〔사회〕

(1) 한 나라의 국민이 해외에서 벌어들인 소득

(2) 국적에 상관없이 국내에서 벌어들인 소득

(3) 우리나라에서 만들어진 물건과 서비스의 가치

해설 (2)와 (3)은 국내 총생산에 해당합니다.

4 다음 빈칸에 들어갈 알맞은 말을 두 글자로 쓰세요. » 〔과학〕

빛이 공기와 물의 경계에서 (   )하기 때문에 물체가 물속에 있을 때는 실제와 다르게 보인다.

굴절

해설 빛이 비스듬히 나아갈 때 서로 다른 물질의 경계에서 빛이 꺾여 나아가는 것을 빛의 굴절이라고 합니다.

3주차 | 확인 문제 (과학)

▶ 정답과 해설 46쪽

12 달 모양이 변하는 순서대로 기호를 쓰세요. ≫

㉮ ㉯ ㉰ ㉱ ㉲ ㉳

(㉳) → (㉰) → (㉮) → (㉱) → (㉯) → (㉲)

해설 달 모양이 변하는 순서는 '초승달, 상현달, 보름달, 하현달, 그믐달' 입니다.

13 다음과 같은 일을 하는 소화 기관은 무엇인가요? (②) ≫

입과 위를 연결하는 긴 관 모양으로 음식물을 위로 내려보낸다.

① 코
② 식도
③ 큰창자
④ 기관지
⑤ 작은창자

해설 잘게 쪼개진 음식물은 식도를 지나 위에 도착합니다.

14 빈칸에 들어갈 알맞은 말을 쓰세요. ≫

(   ) 은 대표적인 소화 효소로 음식물이 소화되기 쉬운 형태로 만들어 준다.

(침)

해설 침은 음식물이 소화되기 쉬운 형태로 만들어 줍니다.

15 숨을 내쉴 때 몸속의 공기 이동에 ○표를 하세요. ≫

(1) 코 → 기관 → 기관지 → 폐 ( )
(2) 폐 → 기관지 → 기관 → 코 (○)

해설 (1)은 숨을 들이마실 때 몸속의 공기 이동입니다.

3주차 | 확인 문제 (국어)

9 '독서'와 관련된 고사성어로 알맞은 것은 무엇인가요? (②) ≫

① 배아절현
② 주경야독
③ 망운지정
④ 괄목상대
⑤ 오매불망

해설 '백아절현(伯牙絶絃)'은 백아가 거문고 줄을 끊어 버렸다는 뜻이고, '주경야독(晝耕夜讀)'은 낮에는 농사를 짓고 밤에는 공부를 한다는 뜻입니다. '망운지정(望雲之情)'은 구름을 바라보며 그리워한다는 뜻으로, 멀리 떠나온 자식이 어버이를 그리는 정을 이르는 말이고, '괄목상대(刮目相對)'는 눈을 비비고 다시 보며 상대를 대한다는 뜻으로, 다른 사람의 학식이나 업적이 크게 나아진 것을 이르는 말입니다. '오매불망(寤寐不忘)'은 자나 깨나 잊지 못함을 이르는 말입니다.

10 원주율에 대한 설명으로 알맞지 않은 것에 ○표를 하세요. ≫ (수학)

(1) 원의 지름에 대한 원주의 비율을 원주율이라고 한다. ( )
(2) 지름을 몰라도 원주율을 이용하면 원주를 구할 수 있다. (○)
(3) 원주율은 원의 크기와 상관없이 지름에 대한 원주의 비는 항상 일정하다. ( )

해설 지름을 알 때 원주율을 이용하면 원주를 구할 수 있습니다.

11 다음은 지구의 자전과 공전 중에서 무엇에 대한 설명인지 쓰세요. ≫ (과학)

지구가 태양을 중심으로 일 년에 한 바퀴씩 서쪽에서 동쪽(시계 반대 방향)으로 일정한 길을 따라 회전하는 것이다.

지구의 (공전)

해설 주어진 제시글은 지구의 공전에 대한 설명입니다. 지구의 자전은 하루 동안 태양과 달이 동쪽에서 남쪽을 지나 서쪽으로 움직이는 것처럼 보이는 것입니다.

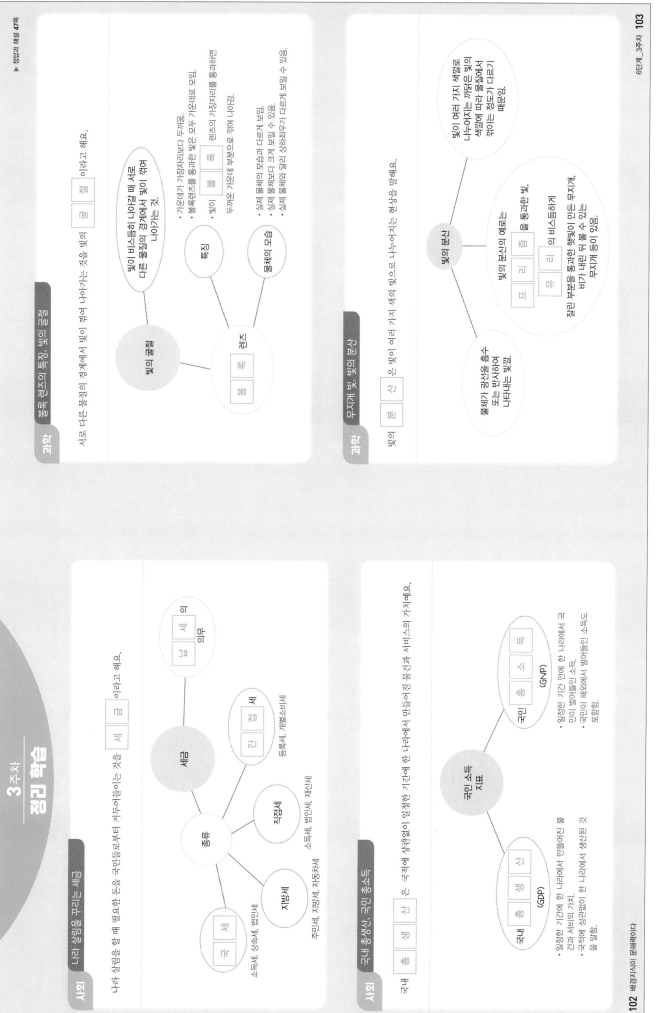

▲ 정답과 해설 47쪽

3주차
정리 학습

과학 | 볼록 렌즈의 특징; 빛의 굴절

서로 다른 물질의 경계에서 빛이 꺾여 나아가는 것을 빛의 [굴][절] 이라고 해요.

빛의 굴절
- 빛이 비스듬히 나아갈 때 서로 다른 물질의 경계에서 빛이 꺾여 나아가는 것.

렌즈
[볼][록]
- 가운데가 가장자리보다 두꺼움.
- 볼록렌즈를 통과한 빛은 모두 가운데로 모임.

빛
- 빛이 렌즈의 가장자리를 통과하면 두꺼운 가운데 부분으로 꺾여 나아감.

특징

물체의 모습
- 실제 물체의 모습과 다르게 보임.
- 실제 물체보다 크게 보일 수 있음.
- 실제 물체와 멀리 상하좌우가 다르게 보일 수 있음.

과학 | 무지개 빛, 빛의 분산

빛의 [분][산] 은 빛이 여러 가지 색의 빛으로 나누어지는 현상을 말해요.

빛의 분산
- 빛이 여러 가지 색깔로 나누어지는 까닭은 빛의 색깔에 따라 물질에서 꺾이는 정도가 다르기 때문임.

[프][리][즘] 을 통과한 빛.
- 빛의 분산의 예로는 [프][리][즘] 의 [의] 비스듬하게 분리 부분을 통과한 햇빛이 만든 무지개, 비가 내린 뒤 볼 수 있는 무지개 등이 있음.

무지개
- 물체가 광선을 흡수 또는 반사하여 나타내는 빛깔.

사회 | 나라 살림을 꾸리는 세금

나라 살림을 할 때 필요한 돈을 국민들로부터 거두어들이는 것을 [세][금] 이라고 해요.

세금

종류
- 직접세: 소득세, 법인세, 재산세
- 지방세: 주민세, 지방세, 자동차세
- 국세 [국][세]: 소득세, 상속세, 법인세
- 간접세 [간][접][세]: 등록세, 개별소비세

[납][세] 의 의무

사회 | 국내 총생산, 국민 총소득

국내 [총][생][산] 은 국적에 상관없이 일정한 기간에 한 나라에서 만들어진 물건과 서비스의 가치예요.

국민 소득 지표

국내 [총][생][산] (GDP)
- 일정한 기간에 한 나라에서 만들어진 물건과 서비스의 가치.
- 국적에 상관없이 한 나라에서 생산된 것을 말함.

국민 [총][소][득] (GNP)
- 일정한 기간 안에 한 나라에서 국민이 벌어들인 소득.
- 국민이 해외에서 벌어들인 소득도 포함함.

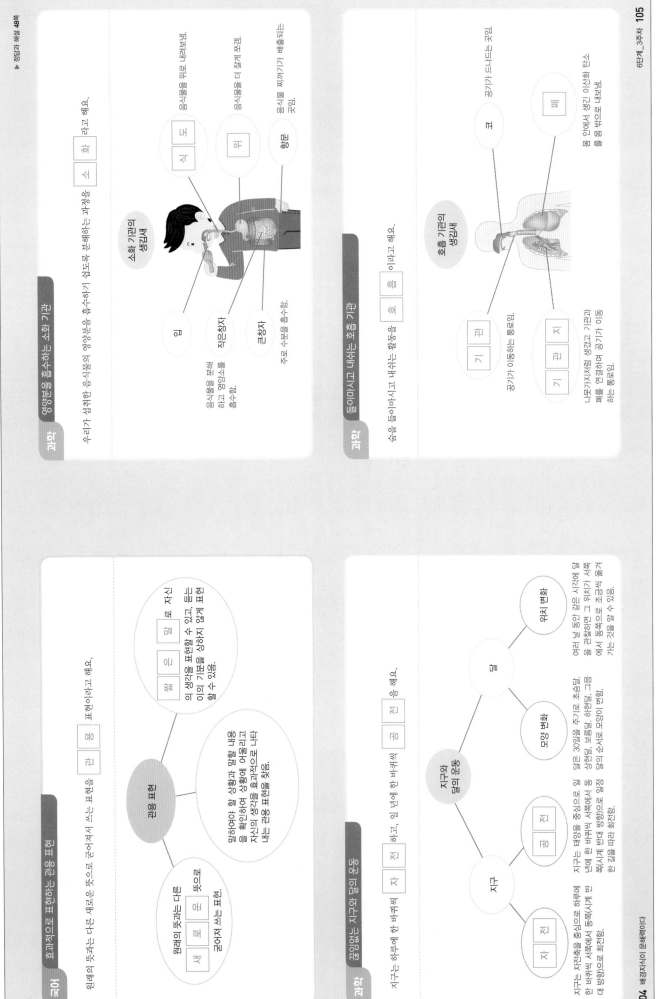

과학

영양분을 흡수하는 소화 기관

우리가 섭취한 음식물이 영양분을 흡수하기 쉽도록 분해하는 과정을 소화 라고 해요.

▶ 정답과 해설 48쪽

소화 기관의 생김새

- 입 — 음식물을 분해하고 영양소를 흡수함.
- 식도 — 음식물을 위로 내려보냄.
- 위 — 음식물을 더 잘게 조각냄.
- 작은창자
- 큰창자 — 주로 수분을 흡수함.
- 항문 — 음식물 찌꺼기가 배출되는 곳임.

과학

들이마시고 내쉬는 호흡 기관

숨을 들이마시고 내쉬는 활동을 호흡 이라고 해요.

호흡 기관의 생김새

- 코 — 공기가 드나드는 곳임.
- 기관 — 공기가 이동하는 통로임.
- 기관지 — 나뭇가지처럼 생겼고 기관과 폐를 연결하며 공기가 이동하는 통로임.
- 폐 — 몸 안에서 생긴 이산화 탄소를 몸 밖으로 내보냄.

국어

효과적으로 표현하는 관용 표현

원래의 뜻과는 다른 새로운 뜻으로 굳어져서 쓰는 표현을 관용 표현이라고 해요.

관용 표현

- 원래의 뜻과는 다른 새로운 뜻으로 굳어져서 쓰는 표현.
- 말하여야 할 상황과 말할 내용을 확인하여 상황에 어울리고 자신의 생각을 효과적으로 나타내는 관용 표현을 찾음.
- 적절한 관용 표현을 사용하면 자신의 생각을 효과적으로 표현할 수 있고, 듣는 이의 관심을 불러일으킬 수 있음.

과학

끊임없는 지구와 달의 운동

지구는 하루에 한 바퀴씩 자전 하고, 일 년에 한 바퀴씩 바뀌어서 공전 을 해요.

지구와 달의 운동

- 지구
  - 자전
  - 공전
- 달
  - 모양 변화
  - 위치 변화

지구는 자전축을 중심으로 하루에 한 바퀴씩 서쪽에서 동쪽(시계 반대 방향)으로 회전함.

지구는 태양을 중심으로 일 년에 한 바퀴씩 서쪽에서 동쪽(시계 반대 방향)으로 회전함.

달은 30일을 주기로 초승달, 상현달, 보름달, 하현달, 그믐달의 순서로 모양이 변함.

여러 날 동안 같은 시간에 달을 관찰하면 그 위치가 서쪽에서 동쪽으로 조금씩 옮겨 가는 것을 알 수 있음.

4
주차

정답과 해설

배경지식이 문해력이다 | 6단계

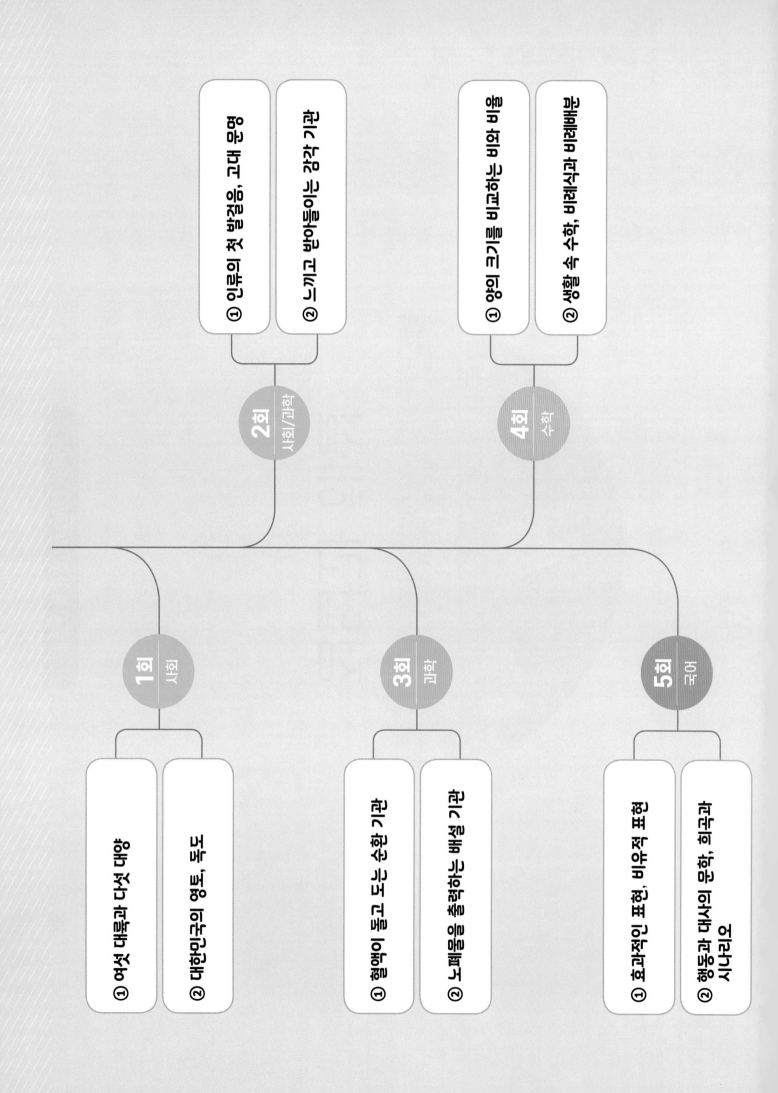

2회
사회/과학

① 인류의 첫 발걸음, 고대 문명
② 느끼고 받아들이는 감각 기관

4회
수학

① 모양의 크기를 비교하며 배우는 비율
② 생활 속 수학, 캐릭터와 캐릭터

1회
사회

① 여섯 대륙과 다섯 대양
② 대한민국의 영토, 독도

3회
과학

① 형앵이 돌고 도는 순환 기관
② 노폐물을 출력하는 배설 기관

5회
국어

① 효과적인 표현, 비유적 표현
② 행동과 대사의 문학, 희곡과 시나리오

1회 4주차 ①

여섯 대륙과 다섯 대양

사회

우주와 관련된 영화나 다큐멘터리들을 보면 우주에서 바라본 지구의 모습을 볼 수 있어. 지구는 넓은 바다가 있는 행성인데 지구에는 다섯 개의 대양과 여섯 개의 대륙이 있어. 대양은 큰 바다를 말하는데 지구에서 차지하는 넓이가 약 70%가 될 정도로 매우 넓어. 그래서 우주에서 지구를 바라보면 대부분이 바다로 덮여 있는 거야.

대륙은 큰 땅덩어리를 말해. 세계에서 가장 큰 섬인 그린란드보다 면적이 넓으면 대륙이라고 하지. 하나의 대륙에 여러 나라가 이웃해 있기도 하는데, 특히 아시아는 대륙이 넓으면 크게 많은 나라가 속해 있어. 그리고 바다나 산맥이 대륙과 대륙을 구분 짓는 기준이 되기도 하는데, 아시아와 유럽 사이에 있는 우랄산맥이 그 대표적인 예라고 할 수 있지.

대륙과 대양의 크기를 비교해 보고 싶다면 지구본이나 세계 지도를 통해 비교해 볼 수 있어.

대륙: 바다로 둘러싸인 넓은 면적을 가진 육지.
대양: 세계의 해양 가운데에서 해역을 넓게 차지하는 바다.

대륙

바다로 둘러싸인 큰 땅덩어리로, 아시아, 아프리카, 유럽, 오세아니아, 북아메리카, 남아메리카가 있어. 이 가운데 아시아는 가장 큰 대륙으로 세계 육지 면적의 약 30%를 차지하지. 아프리카는 아시아 다음으로 큰 대륙이며 북반구와 남반구에 걸쳐 있고, 유럽은 다른 대륙에 비해 면적은 좁지만 많은 나라가 있어. 북극해와 접해 있는 북아메리카는 북반구에, 대륙의 남쪽이 남극해와 접해 있는 남아메리카는 남반구에 속해 있어.

대양

큰 바다를 말하며, 태평양, 대서양, 인도양, 북극해, 남극해가 있어. 이 가운데 태평양은 아시아, 오세아니아, 북아메리카, 남아메리카 대륙 사이에 있는 가장 큰 바다로, 우리나라와도 인접해 있어. 대서양은 아프리카, 유럽, 아메리카 등에 둘러싸여 있고, 인도양은 아시아, 아프리카, 오세아니아 등에 인접해 있어. 북극해는 아시아, 유럽, 북아메리카에 둘러싸여 있고, 남극해는 남극 대륙을 둘러싸고 있어.

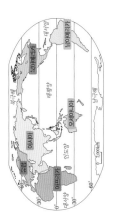

각 대륙에는 어떤 나라들이 속해 있을까?

아시아에는 대한민국, 일본, 중국, 인도 등이, 아프리카에는 소말리아, 케냐, 이집트 등이 있어. 유럽에는 에스파냐, 영국, 프랑스, 스위스 등이 있지. 북아메리카에는 캐나다, 미국, 멕시코 등이, 남아메리카에는 브라질, 아르헨티나, 칠레 등이 있어. 그리고 오세아니아에는 뉴질랜드, 오스트레일리아 등이 있지.

알맞은 말에 ○표를 하세요.

대륙 중에서 가장 큰 대륙으로 세계 육지 면적의 약 30%를 차지하는 대륙는 (**아시아**, 아프리카)이다.

해설 대륙 중에서 가장 큰 대륙은 '아시아'입니다.

북극해에 대한 설명으로 알맞은 것에 ○표를 하세요.

☐ 남극 대륙에 있다.

◉ 아시아, 유럽, 북아메리카에 둘러싸여 있다.

해설 북극해는 아시아, 유럽, 북아메리카에 둘러싸여 있습니다.

각 대륙과 나라를 알맞게 선으로 이어 보세요.

아프리카 —— 이집트
유럽 ——×—— 브라질
남아메리카 —— 에스파냐

해설 이집트는 아프리카, 에스파냐는 유럽, 브라질은 남아메리카에 속합니다.

한눈에 정리

지구

- 대륙 — 바다로 둘러싸인 큰 땅덩어리
  - 아시아
  - 아프리카
  - 유럽
  - 오세아니아
  - 북아메리카
  - 남아메리카
- 대양 — 큰 바다
  - 태평양
  - 대서양
  - 인도양
  - 북극해
  - 남극해

TIP 지구는 육지와 바다로 이루어져 있는데, 그중 육지 면적이 약 30%, 바다의 면적이 약 70%입니다.

이해 지구는 5□□ 대양 6□□ 대륙으로 이루어져 있어.

1회 ② 대한민국의 영토, 독도

4주차

사회

독도에 살던 강치라고 불리던 바다사자에 대해 들어본 적이 있니? 1900년대 초에는 강치가 무리 지어 살고 있었어. 그런데 일본인들이 강치를 무차별적으로 포획하면서 지금은 더 이상 독도에서 강치를 볼 수 없게 되었지. 독도가 일본인에게 불법적으로 점유되면서 귀중했던 강치의 아픔을 기억하며, 독도가 소중한 우리의 영토임을 잊어서는 안 되겠지?

독도는 화산섬으로 다양한 지형과 지질학적 가치를 지니고 있어. 괭이갈매기, 슴새, 바다제비의 서식지이야. 이에 우리 정부는 독도를 천연기념물 제336호로 지정해 관리하고 있어.

독도가 우리나라 영토임을 증명하는 지리적, 역사적, 법적 증거들이 있어. 독도는 울릉도에서 맑은 날 육안으로 볼 수 있을 정도로 지리적으로 인접한 섬이야. 『세종실록지리지』 기록을 통해 우리 땅 안용복의 사례나 『세종실록지리지』 기록을 통해 독도가 우리나라 영토임을 확인할 수 있어.

독도: 경상북도 울릉군에 속하는 화산섬.

독도의 위치 및 역사

독도는 우리나라의 동쪽 끝에 있는 섬으로, 동도와 서도의 두 개의 큰 섬과 그 주위에 크고 작은 바위섬 89개로 이루어져 있어. 독도가 일본인에게 불법적으로 점유되면서 귀중했던 강치의 아픔을 기억하며, 독도가 소중한 우리의 영토임을 잊어서는 안 되겠지?

독도는 우리나라의 영토라는 사실은 옛 지도인 팔도총도, 『대일본전도와 옛 기록인 『세종실록지리지』, 대한 제국 칙령 제41호 제2조, 연합국 최고 사령관 각서 제677호에 잘 나타나 있어.

독도의 자연환경

독도는 독특한 지형과 경관을 지닌 화산섬으로, 다양한 동식물이 서식하는 생태계의 보고이지. 독도의 주변 바다는 차가운 바닷물과 따뜻한 바닷물이 만나는 곳으로, 먹이가 풍부해 여러 해양 생물들이 살기 좋은 환경을 갖추고 있어. 그리고 바다의 밑바닥에는 미래 에너지 자원으로 주목받는 메탄 하이드레이트가 묻혀 있어.

독도를 지키려는 노력

소중한 우리의 영토인 독도를 지키려는 여러 사람들의 노력이 있었어. 조선 시대에 안용복은 일본으로 가서 울릉도와 독도가 우리 영토임을 확인받았어. 현재 우리 울릉도와 독도가 우리 영토임을 확인받았어. 현재 우리 정부에서는 등대, 선박 접안 시설, 경비 시설 등을 설치하고, 독도의 생태를 보호하고 지속 가능한 이용을 위해 여러 법령을 시행하고 있어. 특히 민간 단체인 사이버 외교 사절단 반크의 단원들은 독도에 관한 사실을 전 세계 사람들에게 알리고, 일본의 억지 주장을 바로잡기 위해 노력하고 있어.

독도의 주소는?

원래 주소는 '경상북도 울릉군 울릉읍 독도리 산 1~96'번지 였는데, 2011년부터 정부가 새롭게 만든 도로명 주소를 쓰면서 '경상북도 울릉군 울릉읍 독도 이사부길'과 '경상북도 울릉군 울릉읍 독도 안용복길'로 바뀌었지.

TIP 현재 독도에는 독도 경비대, 독도 관리인, 울릉군청 독도 관리 사무소 직원 등 약 50여 명이 거주하며 독도를 지키고 있습니다.

한눈에 정리

독도

- **위치 및 역사**
  - **위치**: 우리나라의 [동] 쪽 끝에 있는 섬. 울릉도까지 거리 87.4 km.
  - **역사**:
    - 지도: 「팔도총도」, 「대일본전도」.
    - 기록: 「세종실록지리지」.
- **자연환경**
  - 독특한 지형과 경관을 지닌 [화] [산] [섬] 임.
  - 다양한 동식물이 서식하는 생태계의 보고임.
  - 바다 밑에 미래 에너지 자원이 묻혀 있음.
- **독도를 지키려는 노력**
  - **개인**: 조선 시대, 안용복이 일본에 가서 울릉도와 독도가 우리 영토임을 확인받음.
  - **정부**: 독도의 생태 보호와 지속 가능한 이용을 위해 여러 법령을 시행하고 있음.
  - **민간단체**: 외교 사절단 단원들이 독도에 관한 사실을 전 세계 사람들에게 알림.

이해 동해에 한가운데에 자리잡고 있는 섬인 □□는 선박의 항로뿐만 아니라 군사적으로도 중요한 위치에 있어.

확인 문제

◉ 알맞은 말에 ○표를 하세요.

독도는 우리나라의 (남쪽 · (동쪽)) 끝에 있는 섬으로, 동도와 서도의 두 개의 큰 섬과 그 주위에 크고 작은 바위섬 89개로 이루어져 있다.

해설 독도는 우리나라의 동쪽 끝에 있는 섬입니다.

◉ 독도의 자연환경에 대한 설명으로 알맞은 것에 모두 ○표를 하세요.

□ 독도는 아직 천연기념물로 지정되지 못했다.

○ 독도는 독특한 지형과 경관을 지닌 화산섬이다.

○ 독도의 바다 밑바닥에는 메탄 하이드레이트가 묻혀 있다.

해설 독도는 천연기념물 제336호로 지정되어 보호받고 있습니다.

◉ 조선 시대에 일본으로 가서 독도가 우리 영토임을 확인받은 인물은 누구인지 쓰세요.

[안] [용] [복]

해설 안용복은 일본으로 가서 울릉도와 우리 영토임을 확인받은 인물입니다.

2회 4주차 ①

인류의 첫 발걸음, 고대 문명

고대 문명: 기원전 3000년 무렵에 만들어진 고대 사람들의 문명. 메소포타미아 문명, 인더스 문명, 이집트 문명, 황하 문명이 있음.

[사회]

사람들이 집을 짓고 맛있는 음식을 만들어 먹으며 예쁘거나 영화도 보면서 살아가는 이런 것들이 어떻게 시작되었는지 생각해 본 적 있니? 이렇게 자연 그대로의 생활이 아닌, 사람들의 지혜를 이용하여 만들어낸 발달된 생활 모습을 문명이라고 해. 이런 문명은 언제 생겼을까? 인류는 기원전 3000년경에 처음으로 농사를 짓고, 문자를 사용하고, 도시를 만들어서 살기 시작했어. 이것을 고대 문명이라고 하지.

고대 문명에는 메소포타미아 문명, 이집트 문명, 인더스 문명, 황하 문명이 있어. 메소포타미아 문명은 지금의 이라크 지역인 티그리스·유프라테스 강 주변에서 발생하였고, 이집트 문명은 나일 강 주변에서 발생하였지. 인더스 문명은 인도의 인더스 강 주변에서 발생하였고, 황하 문명은 중국의 황하 강 주변에서 발생하였어. 고대 문명은 모두 큰 강 주변에 있고, 농사를 짓고 청동기 도구를 사용했어. 또 각자의 생각을 표현하는 문자를 만들었고, 사람들 사이에 계급이 형성되었어.

고대 문명의 종류

메소포타미아 문명
메소포타미아 지역의 티그리스·유프라테스 강 주변에 살던 사람들은 도시를 만들어서 물건을 교환을 했고, 이때 쐐기 문자를 사용했어.

이집트 문명
나일 강 주변은 많이 비옥해서 농사가 잘 되었고, 농사와 관련된 수학이나 천문학 등이 발달했어. 또 상형 문자도 사용했어.

인더스 문명
인더스 강 지역의 사람들은 농사를 지으며 살았어. 그 당시에 벽돌로 집을 짓고 계획도시를 건설했다고 해.

황하 문명
황하 강 주변은 홈이 많은 기름진 농사가 잘 되어서 문명이 많이 모여 있었고, 작은 나라를 이루면서 문명이 시작되었지. 거북의 껍질에 갑골 문자를 새겨 놓기도 했는데 이것이 현재의 한자로 발전되었어.

고대 문명의 공통점

큰 강 주변에 생겼어.
고대 문명은 모두 큰 주변에 큰 강이 있어. 강이 있으면 농사를 지을 때 물을 사용할 수가 있어서 농작물이 잘 자랄 수 있어.

문자와 청동기 도구를 사용했지.
메소포타미아 문명은 쐐기 문자, 이집트 문명은 상형 문자, 인더스 문명은 그림 문자, 황하 문명은 갑골 문자도 만들었지. 또 청동기를 이용한 도구도 만들었어.

계급이 생기고 도시를 만들었어.
여러 사람이 모여 살다 보니 사람들 사이에서 계급이 생기고 도시가 만들어졌어.

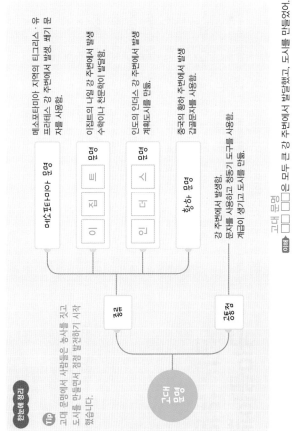

[한눈에 정리]

메소포타미아 문명	메소포타미아 지역의 티그리스·유프라테스 강 주변에서 발생. 쐐기 문자를 사용함.
이집트 문명	이집트의 나일 강 주변에서 발생. 수학이나 천문학이 발달함.
인더스 문명	인도의 인더스 강 주변에서 발생. 계획도시를 만듦.
황하 문명	중국의 황하 강 주변에서 발생. 갑골문자를 사용함.

고대 문명: □□□ 은 모두 큰 강 주변에서 발생했고, 도시를 만들었어.
강 주변에서 발생함.
문자를 사용하고 청동기 도구를 사용함.
계급이 생기고 도시를 만듦.

[Tip] 고대 문명에서 사람들은 농사를 짓고 도시를 만들면서 점점 발전하기 시작했습니다.

◉ 앞맞은 말에 ○표를 하세요.
(이집트 문명), 황하 문명 은 농사가 발달하였고, 농사와 관련된 수학이나 천문학이 발달하였다.

[해설] 농사와 관련된 수학이나 천문학이 발달한 문명은 이집트 문명입니다.

◉ 다음에서 설명하는 문명을 쓰세요.
• 인도의 인더스 강 주변에서 발생한 문명이다.
• 벽돌로 집을 짓고 계획도시를 건설했다.

→ 인 더 스 문 명

[해설] 인도의 인더스 강 주변에서 발생한 문명은 인더스 문명입니다.

◉ 문명과 문자를 알맞게 선으로 이어 보세요.

황하 문명		쐐기 문자
메소포타미아 문명		갑골 문자

[해설] 메소포타미아 문명에서 사용한 문자는 쐐기 문자, 황하 문명에서 사용한 문자는 갑골 문자입니다.

과학

2회

4주차 ②

느끼고
받아들이는
감각 기관

놀이터를 지나다 날아오는 공을 발견하면 우리는 재빨리 달아나거나 몸을 웅크려 공을 피하게 돼지. 날아오는 공이라는 자극에 우리 몸이 반응하는 거야. 이런 외부 자극에 대해 우리 몸은 어떤 과정을 거쳐 날아오는 공을 피하는 걸까?

날아오는 공을 보는 것과 같이 주변의 자극을 느끼고 받아들이는 기관을 감각 기관이라고 하는데, 감각 기관에는 물체를 보는 눈, 소리를 듣는 귀, 냄새를 맡는 코, 맛을 보는 혀, 온도를 접촉해서 느끼는 피부 등이 있어.

우리는 공이 날아오는 외부의 자극을 눈이라는 감각 기관을 통해 받아들이고, 자극은 온몸에 퍼져 있는 신경 조직으로 이루어진 기관인 신경계를 통해 전달돼. 그러면 신경계는 전달된 자극을 해석하여 공을 피하라고 행동을 결정하여 운동 기관에 명령을 전달하지. 명령을 받은 운동 기관은 몸을 움직여 공을 피하게 되는 거야.

감각 기관: 주변으로부터 전달된 자극을 느끼고 받아들이는 기관.

우리 몸의 감각 기관과 신경계

감각 기관

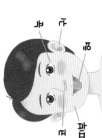

눈(시각): 주변의 사물을 볼 수 있음.
귀(청각): 소리를 들을 수 있음.
코(후각): 냄새를 맡을 수 있음.
혀(미각): 맛을 볼 수 있음.
피부(피부 감각): 온도와 촉감을 느낄 수 있음.

신경계

감각 기관으로부터 전달된 자극을 해석하여 그에 알맞은 행동을 결정하고 운동 기관에 명령을 내리는 역할을 해. 행동을 결정하는 신경계도 중추 신경계이고, 자극과 명령을 전달하는 신경계도 말초 신경계야.

혀로 맛을 어떻게 느낄까?

혀는 쓴맛, 단맛, 짠맛, 신맛을 느껴. 혀를 자세히 보면 오돌토돌한 부분이 있어. 그 부분 옆면에는 꽃봉오리 모양의 맛봉오리가 있는데, 그 속에 미각 세포가 있지.

그래서 음식을 먹을 때 맛봉오리와 만나면 그 정보를 미각 세포를 통해 뇌로 전달해서 맛을 느끼게 되는 거야.

◉ 감각 기관에서 하는 일에 ○표를 하세요.

공을 줍는다. ☐
날아오는 공을 본다. ○

풀이 공을 줍는 것은 운동 기관에서 하는 일입니다.

◉ 다음은 무엇에 대한 설명인지 쓰세요.

감각 기관으로부터 전달된 자극을 해석하여 그에 알맞은 행동을 결정하고 운동 기관에 명령을 내리는 역할을 한다.

| 신 | 경 | 계 |

풀이 신경계는 감각 기관으로부터 전달된 자극을 해석하여 운동 기관에 명령을 내리는 역할을 합니다.

◉ 다음 동작을 자극과 반응으로 구분하여 쓰세요.

자극 반응

풀이 공이 날아오는 외부의 자극을 눈이라는 감각 기관을 통해 받아들이고, 운동 기관은 몸을 움직여 공을 피하게 되는 반응을 하게 됩니다.

한눈에 정리

자극이 전달되고 반응하는 과정

| 감각 기관 | → | 자극 을 전달하는 신경계 | → | 행동을 결정 하는 신경계 | → | 명령을 전달 하는 신경계 | → | 운동 기관 |

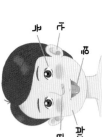

TIP 감각 기관을 통해 자극을 받아들이면 이를 해석하고 판단을 내려 어떻게 행동을 해야 할지 결정하고 운동 기관에 명령을 내려.

풀이 주변의 자극을 느끼고 받아들이는 기관은 감각 기관 이라고 해.

3회 4주차 ①

혈액이 돌고 도는 순환 기관

과학

달리기를 하고 나면 숨이 헐떡거리고 가슴에서 두근두근, 쿵쾅 쿵쾅 소리가 들려. 이게 무슨 소리일까? 우리의 심장이 뛰고 있 는 소리야. 심장은 하루종일 잠시도 쉬지 않고 우리 몸 곳곳으로 혈액을 보내는 일을 하고 있어.

심장은 가슴의 중앙에서 약간 왼쪽으로 치우쳐 있는데, 크기는 보통 자기 주먹만 한 크기로 둥근 주머니 모양이야. 심장은 펌프 작용을 통해 혈액을 온몸으로 순환시키는 역할을 해. 혈관은 혈 액이 지나다니는 길이고 온몸 전체에 퍼져 있는데, 혈관은 가늘고 긴 관이 복잡하게 얽힌 모양을 하고 있어.

심장에서 나온 혈액이 혈관을 따라 온몸을 거친 다음 다시 심 장으로 돌아오는 과정을 반복하는데, 이 과정을 순환이라고 부르 고, 혈액의 이동에 관여하는 심장과 혈관을 순환 기관이라고 해. 이때 혈액이 심장에서 나온 혈액을 호흡으로 얻은 산소와 소화로 흡수 한 영양소를 싣고 온몸으로 이동하며 산소와 영양소를 전달하고 다시 심장으로 되돌아오는 순환 과정을 반복하는 거지.

순환 기관: 혈액의 이동에 관여하는 심장, 혈관을 말함.

한눈에 정리

- 혈액이 지나가는 통로임.
- 몸 전체에 퍼져 있음.
- 가늘고 긴 관이 복잡하게 얽혀 있음.

→ 혈관

- 가슴 중앙에서 약간 왼쪽에 위치함.
- 주먹만 한 크기의 둥근 모양.
- 펌프 작용으로 혈액을 온몸으로 순환시키는 역할을 함.

→ 심장

→ 순환 기관

이해 혈액의 이동에 관여하는 심장과 혈관을 □□ □□이라고 해.

TIP 순환 기관은 동물 종류를 제외한 혈액을 만들고, 혈액을 순환시켜 영양분, 산소, 물, 호르몬과 함께 등을 몸의 각 부분으로 보내 줍니다.

순환 기관의 생김새와 혈액의 이동

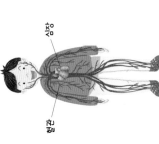

심장
혈관

순환 기관의 생김새

동맥은 빨간색, 정맥은 파란색으로 구분되어 있는데, 이 것은 심장으로 들어가는 혈액과 심장에서 나오는 혈액을 구별하기 위한 것이며, 실제 혈관이나 혈액이 파랗지는 않아. 동맥과 정맥은 서로 분리된 것이 아니라 모세 혈관 으로 이어져 있어.

혈액의 이동

심장은 펌프 작용으로 혈액을 온몸으로 보내고 심장에 서 나온 혈액은 온몸을 거쳐 다시 심장으로 돌아오는 순 환 과정을 반복해. 혈액은 혈관을 따라 이동하며 우리 몸 에 필요한 영양소와 산소를 온몸으로 운반해. 만약 심장 이 멈춘다면 혈액이 이동하지 못해 영양소와 산소를 몸에 공급하지 못하게 되지.

심장이 빠르게 뛰거나 느리게 뛸 때 우리 몸에서 어떤 변화가 있어날까?

심장이 빠르게 뛰면 혈액이 이동하는 빠르기가 빨라지 고 혈액의 이동량이 많아져. 반대로 심장이 느리게 뛰면 혈액이 이동하는 빠르기가 느려지고 혈액의 이동량이 적 어지지.

◉ 순환 기관에 대한 설명으로 알맞은 것에 ○표 를 하세요.

혈액의 이동에 관여하는 기관이다. [○]

숨을 들이마시고 내쉬는 활동에 관 여하는 기관이다. [ ]

해설 심장에서 나온 혈액이 혈관을 따라 온몸을 거친 다음 다시 심장으로 돌아오는 과정을 반복하는데, 이 과정을 순 환이라고 부르고, 혈액의 이동에 관여하는 심장과 혈관을 순환 기관이라고 합니다.

◉ 알맞은 말에 ○표를 하세요.

(혈관 , (심장))은 펌프 작용으로 혈액을 온몸 으로 순환시켜 몸에 필요한 산소와 영양소를 몸 에 운반할 수 있도록 한다.

해설 심장은 펌프 작용을 통해 혈액을 온몸으로 순환시키 는 역할을 합니다.

◉ 빈칸에 들어갈 알맞은 말을 쓰세요.

가늘고 긴 관이 복잡하게 얽힌 모양을 하고 있 는 혈관은 ( )이 지나다니는 길이고 몸 전 체에 퍼져 있다.

혈액

해설 혈관은 몸 전체에 퍼져 있으며, 혈액이 지나가는 길입 니다.

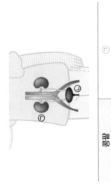

3회 ②

4주차

노폐물을 출력하는 배설 기관

배설 기관: 몸속에서 생긴 노폐물을 몸 밖으로 내보내는 기관.

음식을 먹고 숨을 쉬면서 우리 몸은 영양분을 얻는데, 음식물이 소화되는 과정에서 찌꺼기가 생겨. 소화 작용의 결과로 생긴 노폐물은 항문을 통하여 몸 밖으로 내보내지만 이것을 배출이라고 해. 이것 말고도 우리 몸에서는 소변이라는 노폐물이 생겨 우리 몸은 혈액이 운반해 주는 영양소와 산소를 이용하여 필요한 에너지를 만드는데 이 과정에서 노폐물이 생기는 거야. 노폐물이 우리 몸에 쌓이게 되면 몸에 해로우므로 몸 밖으로 내보내야 해. 이때 콩팥이 혈액에 섞인 노폐물을 걸러내는 필터 기능을 하는 거야. 콩팥에서 노폐물을 걸러내 깨끗해진 혈액은 다시 몸속으로 보내고, 걸러진 노폐물은 오줌이 되어 방광으로 보내져. 방광에 모인 오줌은 어느 정도 차오르면 요도를 통해 몸 밖으로 배출돼. 이렇듯 혈액에 있는 노폐물을 걸러내고 그 일을 하는 콩팥과 방광을 배설 기관이라고 하지.

한눈에 정리

콩팥은 혈액에 섞인 노폐물을 걸러내고, 노폐물은 걸러진 혈액은 다시 혈관을 통해 순환하고, 걸러진 노폐물은 오줌이 되어 방광에 저장되었다가 몸 밖으로 나간다.

UP

등허리 쪽에 두 개가 있으며 혈액에 있는 노폐물을 걸러냄.

콩팥에서 걸러낸 노폐물을 모아 두었다가 몸 밖으로 내보냄.

콩팥 → 방광 → 몸

포함한 오줌

노폐물이 많은 혈액

콩팥을 거친 혈액

오줌을 통해 노폐물이 많이 줄어진 혈액이 콩팥으로 운반됨

콩팥을 거친 혈액은 노폐물이 걸러져 다시 순환함.

개념 우리 몸이 살아가는 과정에서 생긴 노폐물을 몸 밖으로 내보내는 것을 □□이라고 해.

내 몸의 정수기, 콩팥

콩팥은 혈액을 깨끗하게 하는 정수기 같은 역할을 해. 콩팥은 혈액에 있는 노폐물을 걸러내고 쓸 수 있는 물질인 혈액으로 다시 돌려 보내지. 하루 동안 콩팥에서 걸러진 혈액은 약 160~180 L의 양이지만 대부분이 혈액으로 다시 돌아가지. 즉, 걸러진 수분의 99%는 혈액으로 되돌아가고 나머지 1%만 노폐물과 함께 오줌이 돼.

콩팥(신장)이 혈액을 잘 걸러 주지 못하게 된다면?

신장은 하루에 170리터가 넘는 많은 양의 혈액을 걸러서 노폐물을 방광으로 보내고, 나머지를 심장으로 돌려보내. 만약 신장이 병에 걸려서 혈액을 순환시키는 것을 제대로 하지 못하면, 노폐물과 독소가 혈액으로 돌아가게 되지. 이렇게 나쁜 물질이 우리 몸에 쌓이면, 오줌을 누기가 힘들고 몸이 피곤하고 구토하고 어지러움이 일어나는 '요독증'에 걸릴 수 있어. 이 병에 걸린 사람들은 인공 신장을 혈액을 걸러 주는 혈액 투석을 해야 해. 신장을 건강하게 하기 위해서는 평소에 너무 짜거나 자극적인 음식을 먹지 말고 피해야 해. 그런 음식들이 혈액을 안 좋게 만들기 때문이야.

배설과 배출의 차이점은?

배설은 영양소가 우리 몸이 생명 활동을 위해 쓰이다가 만들어진 노폐물이 몸 밖으로 버려지는 과정을 말하고, 배출은 음식물이 소화 과정에서 흡수되고 남은 찌꺼기를 항문을 통해 몸 밖으로 내보내는 것을 말해. 즉, 소변은 배설, 대변은 배출된다고 해.

◎ 알맞은 말에 ○표를 하세요.

우리 몸은 혈액이 운반해 주는 영양소와 산소를 이용하여 몸에 필요한 에너지를 만드는데 이 과정에서 생기는 노폐물은 (소변, 대변)이다.

해설 대변은 음식물이 소화되는 과정에서 생기 노폐물입니다.

◎ 다음 그림에서 콩팥과 방광을 찾아 기호를 쓰세요.

콩팥	
방광	

해설 콩팥은 등허리 쪽에 두 개가 있으며, 방광에 모인 어 줌은 어느 정도 차오르면 요도를 통해 몸 밖으로 배설되므 로 방광이 위치는 배꼽 정도에 위치해 있다.

◎ 알맞게 선으로 이어 보세요.

콩팥 ●

방광 ●

● 혈액에 있는 노 폐물을 걸러낸다.

● 노폐물을 모아 두었다가 몸 밖으 로 내보낸다.

해설 콩팥은 혈액에서 노폐물을 걸러내는 일을 하고, 걸러 진 노폐물은 오줌이 되어 방광에 저장됩니다.

4회 ①
양의 크기를 비교하는 비와 비율

4주차

비: 두 수의 양을 ':'을 사용하여 나타낸 것.

비율: 기준량에 대한 비교하는 양의 크기.

짜장떡볶이를 만들 때 짜장 가루와 고추장의 비율을 '3 대 1'로 넣느다면 3은 짜장 가루의 양을, 1은 고추장의 양을 나타내는 전체 ':'라는 기호를 사용해서 3 : 1과 같이 간단히 비로도 나타낼 수 있어.

두 양의 비를 비교할 때 기호 ':'을 사용하여 나타내는 첫음 비라고 해. 우리 반 여학생 수와 남학생 수의 비율 5 : 6이라고 한다면 기호 ':'의 오른쪽에 있는 수를 6을 기준양, 기호 ':'의 왼쪽에 있는 수를 5를 비교하는 양이라고 해.

비, 비율, 백분율

비

두 수를 비교할 때 한 수가 다른 수의 몇 배인지를 나타내. 기호 ':'를 사용하여 나타내. 예를 들어 ...

비율

두 수의 비처럼 ':'을 사용하지 않고 기준량과 비교하는 양을 분수나 소수로도 나타낼 수도 있어. 기준량에 대한 비교하는 양의 크기를 비율로 나타내면 (비교하는 양) ÷ (기준량)으로 계산하면 돼.

$$(비율) = (비교하는 양) \div (기준량) = \frac{(비교하는 양)}{(기준량)}$$

백분율

비율을 나타내는 또다른 방법은 백분율이야. 백분율은 기준량을 100으로 할 때의 비율이야. 비율을 백분율로 나타내려면 분수나 소수에 100을 곱한 다음 기호 '%'를 붙여.

황금비율은 뭐지?

황금비율을 파타고라스가 발견한 이론 중 하나로 1:1.168의 비율을 말해. 최고의 물건과 색을 '황금'이라고 한 데서 붙여졌다고 해. 황금비율이 사람의 시각을 편안하게 해 주는 아름다운 비율이기 때문에 신용카드나 명함, 컴퓨터 모니터나 영화관 스크린, 책 등의 가로, 세로의 비율을 보면 일부가 황금비율에 가깝게 만들고 있는 것을 알 수 있어.

한눈에 정리

두 양의 크기 비교하기

- 비
- 비율

기준량을 100으로 했을 때 사용 → 백분율
기준량에 대한 비교하는 양의 크기를 비율이라고 해.

Tip 비율을 백분율로 나타내려면 100을 곱하고, 백분율을 분수나 소수로 나타내려면 100으로 나눈다.

● **알맞은 말에 ○표를 하세요.**

비에서 기호 ':'의 오른쪽에 있는 수를 (기준량), 기호 ':'의 왼쪽에 있는 수를 (기준량, 비교하는 양)이라고 한다.

해설 비에서 기호 ':'의 오른쪽에 있는 수를 기준량, 기호 ':'의 왼쪽에 있는 수를 비교하는 양이라고 합니다.

● **빈칸에 들어갈 알맞은 말을 쓰세요.**

$$(\quad) = (비교하는 양) \div (기준량) = \frac{(비교하는 양)}{(기준량)}$$

해설 기준량에 대한 비교하는 양의 크기를 비율이라고 합니다.

● **알맞은 것에 ○표를 하세요.**

백분율은 기호 % 를 사용하여 나타낸다.

백분율은 분수나 기호 100을 곱한 다음 기호 '%'를 사용하여 나타낸다.

백분율은 기준량을 10으로 할 때의 비율이다.

해설 비는 기호 ':'를 사용하여 나타냅니다. 백분율은 기준량을 100으로 할 때의 비율입니다.

▲ 정답과 해설 57쪽

4회 ② 4주차

생활 속 수학, 비례식과 비례배분

비례식: 비의 값이 같은 두 비를 등식
으로 나타낸 식.

비례배분: 전체를 주어진 비로 배분하
는 것.

4개에 3000원 하는 과자를 10개 사려면 과자 값으로 얼마를
내야 할까? 이럴 땐 구할 수도 있는 3000원을 4로 나눠 과자 1개 값을 구한 다
음 10을 곱해 구할 수도 있지만 비례식을 세워서 구하는 방법도
있어. 비례식이란 비율이 같은 두 비를 '='를 사용하여 나타낸 식
인데 과자 10개의 값을 □원이라 하고 비례식을 세우면 7500원
을 내야 한다는 걸 구할 수 있어.

휘발유 3L로 27km를 달리는 자동차가 81km를 달리려면 필
요한 휘발유의 양이 궁금할 때도 비례식을 이용하면 구하면 돼.
얼마께 받은 용돈 5000원을 나와 동생이 3 : 2로 나누어 가지려
면 나는 3000원, 동생은 2000원을 가지면 되는데 이것은 전체 5000
원을 주어진 비 3 : 2로 나눈 것으로 비례배분을 해서 구한 거야.
비례는 한쪽의 양이나 수가 증가하는 만큼 그와 관련 있는 다
른 쪽의 양이나 수도 증가하는 것을, 배분은 몫을 나누어 가지는
것을 의미하는 말이야.

한눈에 정리

비례식은 외항의 곱과 내항의 곱이 같습니다.

비례식과 비례배분

전항, 후항, 내항, 외항

기호 ':'의 앞과 뒤에 있는 수를 '항'이라고 해. 비에서 ':'
앞에 있는 항을 전항, ':' 뒤에 있는 항을 후항이라고 해.
비례식에서 등호를 중심으로
로 바깥쪽에 있는 항을 외항,
안쪽에 있는 항을 내항이라
고 해.

비의 성질

비의 성질은 두 가지인데 비의 전항과 후항에 0이 아닌
같은 수를 곱하여도 비율은 같다는 것과 비의 전항과 후
항을 0이 아닌 같은 수로 나누어도 비율은 같다는 거야.
비의 성질을 이용하면 비의 값이 같은 두 비는 아주 많
다는 걸 쉽게 알 수 있어.

비례식과 비례식의 성질

$5 : 6$과 $10 : 12$의 비율은 $\frac{5}{6}$로 같은데 이와 같이 비율
이 같은 두 비를 비율 기호 '='를 사용
하여 나타낸 식을 비례식이라고
해. 비례식이면 안쪽의 수 2개의
곱과 바깥쪽의 수 2개의 곱은 항상
같아야 돼. 즉 비례식의 성질이란
비례식에서 외항의 곱과 내항의 곱은 같다는 거야.

$$5 \times 12 = 60$$
$$5 : 6 = 10 : 12$$
$$6 \times 10 = 60$$

비례배분

전체를 주어진 비로 배분하는 것을 비례배분이라고 해.
비례배분을 할 때에는 주어진 비의 전항과 후항의 합을
분모로 하는 분수의 비로 고쳐서 계산하면 편리해.

0을 곱하거나 나눌 수 있을까?

전항과 후항에 각각 0을 곱하면 0 : 0이 되므로 0을 곱
할 수는 없어. 또한 분모가 0인 분수는 존재하지 않기 때
문에 전항과 후항을 각각 0으로 나눌 수도 없어.

◉ 알맞은 말에 ○표를 하세요.

비례식 4 : 7 = 8 : 14에서 4와 14를 (외항,
내항), 7과 8을 (외항, 내항)이라고 한다.

해설 비례식에서 등호를 중심으로 바깥쪽에 있는 항은 외
항, 안쪽에 있는 항은 내항이라고 합니다.

◉ 빈칸에 알맞은 말을 보기에서 찾아 쓰세요.

보기
전항, 후항, 외항, 내항

비례식에서 외항의 곱과 내항의 □□의 곱은 같습니다.

해설 비례식에서 외항의 곱과 내항의 곱은 같습니다.

◉ 알맞은 것에 ○표를 하세요.

비율이 같은 두 비를 비율 기호 '='를
사용하여 나타낸 식을 (비례식, 비례배분)
이라고 한다.

해설 비율이 같은 두 비를 비율 기호 '='를 사용하여 나타낸 식
은 비례식입니다.

5회 4주차 ① 효과적인 표현, 비유적 표현

국어

'꽃잎 같은 친구 좋아'라는 표현에서 '친구'를 '꽃잎'에 비유해서 나타낸 어떤 현상이나 사물을 비슷한 현상이나 사물에 빗대어 표현하는 것처럼 어떤 현상이나 사물을 비유적 표현이라고 해. 비유적 표현의 특성은 비유하는 두 대상에서 비슷하거나 같은 점을 찾을 수 있다는 거야.

비유적 표현의 종류에는 직유법과 은유법이 있어. 직유법은 '~같이', '~처럼', '~같은', '~인 듯이'와 같이 상을 직접 빗대어 표현하는 것이고, 은유법은 '~은(는) ~(이)다'와 같이 대상을 다른 대상에 빗대어 표현하는 방법이야. 또 의인법이 있는데, 이것은 사람이 아닌 동물이나 식물, 사물을 사람처럼 말하고 행동하도록 나타내어 표현하는 방법이야.

비유적 표현을 하면 복잡한 상황을 구체적이고 생생하게 전달할 수 있어. 그래서 글쓴이의 의도나 생각을 효과적으로 전할 수 있지.

비유적 표현: 어떤 현상이나 사물을 비슷한 현상이나 사물에 빗대어 표현한 것.

비유적 표현의 종류

직유법
비슷한 성질이나 모양을 가진 두 사물을 '~같이', '~처럼', '~듯이'와 같은 말을 사용하여 직접 비유하는 방법을 말해.
예) 쟁반같이 둥근 달

은유법
'~은(는) ~(이)다'를 사용하여 은유하여 표현하려는 대상을 다른 대상에 빗대어 표현하는 방법이야.
예) 텔레비전은 바보상자이다.

의인법
사람이 아닌 것을 사람인 것처럼 표현하는 방법이야.
예) 새들이 노래를 한다.

활유법
살아 있지 않은 무생물을 살아 있는 것처럼 표현하는 것을 말해. 의인법이 사람이 아닌 것을 사람처럼 표현하는 방법이라면, 활유법은 생명이 없는 사물을 생명이 있는 것처럼 표현하는 방법이야.
예) 꼬리를 숨기고 달아나는 기차

풍유법
본뜻을 숨기고 비유하는 말만으로 숨겨진 뜻을 암시하는 표현이나 속담이나 격언 등을 활용하여 직접 표현하는 방법이야.
예) 급한가 맹꽁이도 뛴다더니.
→ 제 처지는 생각지도 않고 자보다 나은 사람을 모방하려는 사람을 비꼬는 말.

비유적 표현을 쓰면 좋은 점은?
비유적 표현을 읽으면 생생한 느낌이 들고 장면이 쉽게 떠오른다. 그리고 내용을 이해하기 쉽고 때문에 시나 소설 같은 문학 작품에서 많이 사용돼.

한눈에 정리

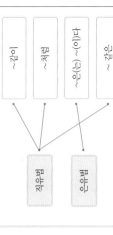

비유의 종류	설명
직유법	비슷한 성질이나 모양을 가진 두 사물을 '~같이', '~처럼', '~듯이'와 같은 말을 사용하여 직접 비유하는 방법
은유법	'~은(는) ~(이)다'를 사용하여 표현하려는 대상을 다른 대상에 빗대어 표현하는 방법
의인법	사람이 아닌 것을 사람인 것처럼 표현하는 방법
활유법	살아 있지 않은 무생물을 살아 있는 것처럼 표현하는 방법
풍유법	본뜻을 숨기고 비유하는 말만으로 숨겨진 뜻을 암시하는 표현 방법

이해 어떤 현상이나 사물을 비슷한 현상이나 사물에 빗대어 표현한 것을 □□적 표현이라고 해. → 비유

▲ 정답과 해설 59쪽

❶ 비유적 표현의 종류와 그에 알맞은 표현을 선으로 이어 보세요.

- ~같이
- ~처럼
- ~은(는) ~(이)다
- ~은

직유법
은유법

해설 직유법은 '~같이', '~처럼', '~같은', '~인 듯이'와 같이 두 대상을 직접 빗대어 표현하고, 은유법은 '~은(는) ~(이)다'와 같이 표현합니다.

❷ 알맞은 말에 ○표를 하세요.
무생물을 마치 살아 있는 것처럼 표현하는 비유법을 (풍유법, **활유법**)이라고 해.
해설 뜻풀이하는 표현 방법입니다.

❸ 비유적 표현을 쓰면 좋은 점으로 알맞은 것에 ○표를 하세요.
- 비유적 표현을 읽으면 장면이 쉽게 떠오른다. ○
- 비유적 표현을 사용하면 단순한 내용도 깊이 있는 표현이 된다. □
해설 비유적 표현을 읽으면 생생한 느낌이 들고 장면이 쉽게 떠오릅니다. 그리고 내용을 이해하기 쉽습니다.

5회 ② 4주차

행동과 대사의 문학, 희곡과 시나리오

희곡: 공연을 목적으로 쓴 연극의 대본.
시나리오: 영화의 대본.

희곡은 무대 위에서 공연하는 것을 목적으로 쓴 연극의 대본이야. 희곡은 허구적 사건을 다루는 점에서 소설과 같으나, 소설처럼 사건을 묘사하거나 서술하지 않고 대화와 행동을 통하여 그것을 제시하는 문학이야. 희곡은 해설과 지문, 대사로 이루어져 있어. 해설은 희곡의 맨처음에 나오는 글로 등장 인물, 장소, 무대 등을 설명해 주는 부분이야. 지문은 대화 사이에 짤막하게 넣어서 인물의 동작, 표정, 심리 상태 등을 설명하거나 조명, 효과음 등을 나타내는 글이지. 대사는 등장 인물들이 서로 주고받는 말이야. 대사를 기초로 하여 장면을 구성하고 희곡의 사건을 연결하여 사건들을 설정하고 이러한 사건들이 모여 한 편의 희곡 시나리오가 이루어지는 거야. 희곡으로 표현되므로 촬영을 고려해야 하고, 특수한 시나리오 용어가 사용돼. 시나리오도 주로 대사와 행동으로 표현되는데 희곡과 다르게 장면의 변화가 자유로워서 시간적, 공간적 배경의 제한을 받지 않고 등장 인물의 수에도 제한을 받지 않아.

희곡의 지문과 소설의 지문

희곡의 지문
희곡은 무대 상연을 위한 연극의 대본이기 때문에 희곡에는 인물이 어떤 동작이나 표정, 말투 등으로 대사를 해야 하는지 나와 있어. 이러한 표시를 지문이라고 해.

소설의 지문
희곡에서는 인물의 동작, 표정, 말투 등을 괄호 안에 넣어 지문으로 나타내지만, 소설에서는 줄글로 전달자가 설명하듯이 쓰기 때문에 지문이 없어.

희곡과 지문의 공통점
행동과 대사가 중요한 문학 작품으로 여러 분야의 예술을 종합하여 작품을 만들기 때문에 종합 예술이라고도 불러.

희곡과 시나리오의 장면 구분 단위

희곡의 구성 단위
희곡을 형식적으로 구분하는 것은 '장'과 '막', '장'이지. '장'은 희곡의 기본 단위야. 전체 가운데 독립된 한 장면이지. 따라서 배경이 바뀌고, 인물의 등장이나 퇴장으로 그 구분이 이루어져. '막'은 몇 개의 장으로 이루어지고 커튼을 올리고 내리는 것으로 생기는 구분이야. 연극을 본 경험을 떠올려 봐. 하나의 막이 끝나면 커튼이 내려지고 이루어졌다가 다시 커튼이 걷히고 새로운 무대가 펼쳐지면서 한해져.

영화의 구성 단위
신은 영화의 구성 단위로서, 사건이 전개되는 하나의 시간과 공간으로 이루어져. 희곡과 달리 시나리오는 장면으로 구성이 되는데 시나리오에 보면 장면이 전환되고 등장 인물이나 사진 같은 것들이 조금씩 바뀌는 걸 확인할 수 있어. 그래서 각 장면에는 번호가 붙어.

- **공통점**
  - 문학 작품임.
  - 종합 예술임.
  - 행동과 대사가 중요함.

- **차이점**
  - 희곡
    - 연극의 대본임.
    - 시간·공간의 제한을 받음.
    - 무대를 통해서 공연됨.
  - 시나리오
    - 영화의 대본임.
    - 시간·공간의 제한을 받지 않음.
    - 화면을 통해서 상영됨.

이해 희곡□□은 공연을 목적으로 쓴 연극의 대본이고, □□□□는 영화의 대본이다.

국어

● 희곡과 시나리오에 대한 설명을 각각 알맞게 선으로 이어 보세요.

- 영화의 대본
- 연극의 대본
- 무대를 통해서 공연
- 화면을 통해서 상영

희곡 / 시나리오

해설 희곡은 연극의 대본으로 무대를 통해 공연하고, 시나리오는 영화의 대본으로 스크린을 통해 상영됩니다.

● 알맞은 말에 ○표를 하세요.

(희곡의 지문 , 소설의 지문)은 인물의 동작, 표정, 말투 등을 괄호 안에 넣어 나타낸다.

해설 소설의 줄글로 전달자가 설명하듯이 쓰기 때문에 지문이 없습니다.

● 시나리오의 '장면 번호'에 대한 설명으로 알맞은 것에 ○표를 하세요.

- ○
- □

해설 촬영을 쉽게 하기 위하여 각 장면에 붙이는 숫자이다.

카메라의 각도나 화면 사이즈 등을 적은 연출용 대본이다.

해설 시나리오에서 장면 번호는 대본을 쓸 때 줄임말이나 편집을 쉽게 하기 위하여 각 장면에 붙이는 숫자를 말합니다. 카메라의 각도나 화면 사이즈 등을 적은 연출용 대본은 콘티를 말합니다.

4주차 | 확인 문제

▶ 정답과 해설 61쪽

5 고대 문명에 대한 설명으로 알맞지 않은 것은 무엇인가요? (③) [사회]
① 고대 문명은 모두 문자를 사용했다.
② 고대 문명에서는 청동기 도구를 사용했다.
③ 이집트 문명에서는 쐐기 문자를 사용했다.
④ 인더스 문명에서는 벽돌로 집을 짓고 계획도시를 만들었다.
⑤ 황허 주변에서 사용했던 갑골 문자는 현재 한자로 발전했다.
해설 쐐기 문자를 사용한 문명은 메소포타미아 문명입니다.

6 다음과 관련 있는 감각은 무엇인지 기호를 쓰세요. [과학]

날아오는 공을 봄

㉮ 시각
㉯ 미각
㉰ 후각

(㉮)
해설 날아오는 공을 보고 있는 모습이므로 관련 있는 감각은 시각입니다.

7 심장에 대한 설명으로 알맞은 것에 ○표를 하세요. [과학]
(1) 혈액이 이동하는 통로 역할을 한다. ( )
(2) 펌프 작용을 통해 혈액을 온몸으로 순환시키는 역할을 한다. (○)
해설 (1)은 혈관에 대한 설명입니다.

8 다음에서 설명하는 순환 기관은 무엇인지 쓰세요. [과학]

혈액이 이동하는 통로 역할을 한다.

(혈관)
해설 혈관은 혈액이 지나다니는 길이며 몸 전체에 퍼져 있습니다.

4주차 확인 문제

1 다음 중 가장 큰 대륙은 무엇인지 찾아 기호를 쓰세요. [사회]

㉮ 유럽 ㉯ 아시아 ㉰ 아프리카 ㉱ 오세아니아 ㉲ 북아메리카

(㉯)
해설 지구에서 가장 큰 대륙은 아시아입니다.

2 대양에 대한 설명으로 알맞은 것에 ○표를 하세요. [사회]
(1) 모두 6개의 대양으로 이루어져 있다. ( )
(2) 지구에서 가장 큰 대양은 태평양이다. (○)
(3) 지구에서 대양이 차지하는 넓이는 약 30%이다. ( )
해설 모두 5개의 대양으로 이루어져 있으며 지구에서 대양이 차지하는 비율은 약 70%입니다.

3 다음이 설명하는 것이 무엇인지 두 글자로 쓰세요. [사회]

울릉도에 속한 화산섬이다. 여러 해양 생물들이 살기 좋은 환경을 갖추고 있고, 바다의 밑바닥에는 맨틀 하이드레이트가 묻혀 있다.

(독도)
해설 울릉도에 속한 화산섬은 독도입니다.

4 다음에서 설명하는 고대 문명은 무엇인지 쓰세요. [사회]
• 나일 강 주변에서 시작된 고대 문명이다.
• 농사와 관련된 수학이나 천문학이 발달하였다.

(이집트 문명)
해설 나일 강 주변에서 시작된 고대 문명이고, 농사와 관련된 수학과 천문학이 발달한 문명은 이집트 문명입니다.

4주차 | 확인 문제

12 비례식을 계산할 때 전항과 후항에 곱하거나 나눌 수 없는 숫자는 무엇인지 쓰세요.

(0(영))

> 해설 전항과 후항에 각각 0을 곱하면 0 : 0이 되므로 0을 곱할 수도 없고, 분모가 0인 분수는 존재하지 않기 때문에 0으로 나눌 수도 없습니다.

13 다음 문장에서는 어떠한 비유적 표현을 사용했는지 쓰세요.

> 구름은 햇살처럼. 나부끼는 바람처럼

(직유법)

> 해설 '~처럼'이라는 표현이 있으므로 직유법을 사용했습니다.

14 희곡에 대한 설명으로 알맞은 것을 찾아 ○표를 하세요.

(1) 영화의 대본이다. ( )

(2) 무대를 통해서 공연된다. ( )

(3) 시간과 공간의 제약을 받지 않는다. ( )

> 해설 (1)과 (3)은 시나리오에 대한 설명입니다.

15 다음에서 설명하는 것은 무엇인지 두 글자로 쓰세요.

> 희곡에서 인물의 어떤 동작, 표정, 말투 등을 괄호 안에 넣어 나타낸 것을 말한다.

(지문)

> 해설 인물이 어떤 동작이나 표정, 말투 등으로 대사해야 하는지 표시한 부분을 지문이라고 합니다.

4주차 | 확인 문제

9 콩팥에 대한 설명으로 알맞지 않은 것을 찾아 기호를 쓰세요.

㉮ 등 허리 쪽에 두 개가 있다.

㉯ 혈액에서 노폐물을 걸러내는 일을 한다.

㉰ 노폐물을 모아 오줌이가 몸 밖으로 내보낸다.

( )

> 해설 ㉰는 방광에 대한 설명입니다.

10 백분율에 대한 설명으로 알맞지 않은 것을 두 가지 고르세요. (② , ③)

① 기준량을 100으로 나타낼 때의 비율이다.

② 지도에서 축척을 나타낼 때 사용할 수 있다.

③ 기준량에 대한 비교하는 양의 크기를 말한다.

④ 분수나 소수에 100을 곱하고 기호 %를 사용한다.

⑤ 물건의 할인율이 높은지를 비교할 때 사용할 수 있다.

> 해설 ②, ③은 비율에 대한 설명입니다.

11 다음에서 설명하는 것은 무엇인지 각각 두 글자로 쓰세요.

> 비례배분에서, ㉠ 는 한쪽의 양이나 수가 증가하는 만큼 그와 관련 있는 다른 쪽의 양이나 수도 증가하는 것을 말하고, ㉡ 은 몫을 나누어 가지는 것을 의미하는 것을 말이다.

(1) ㉠: (비례)   (2) ㉡: (배분)

> 해설 비례배분은 전체를 주어진 비로 배분하는 것을 말합니다.

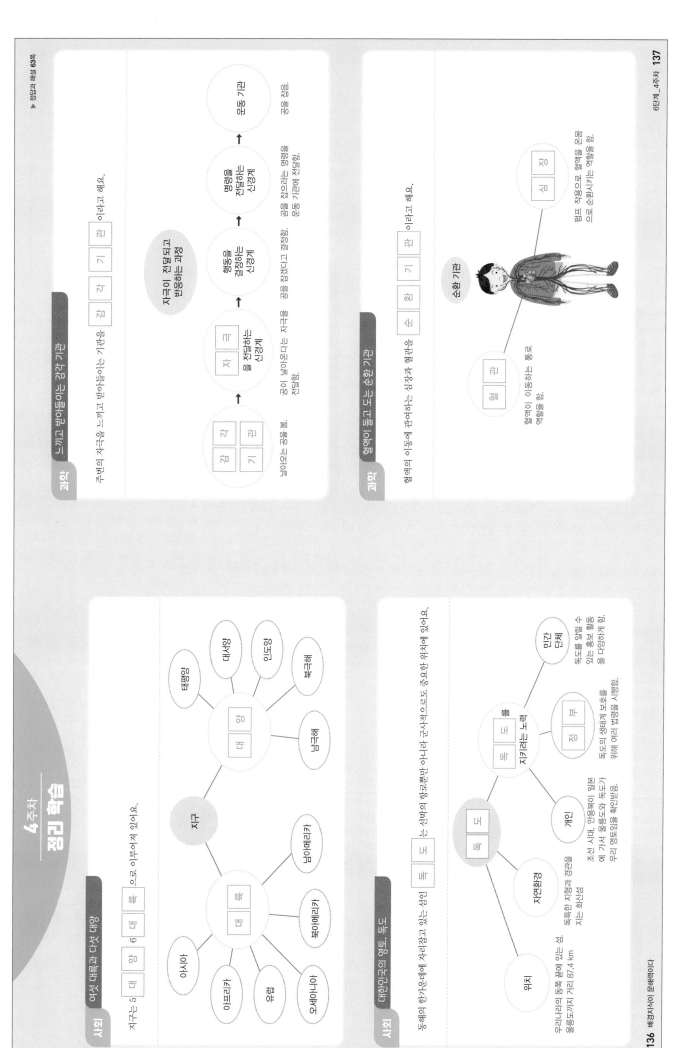

4주차 정리 학습

과학 — 느끼고 받아들이는 감각 기관

▲ 정답과 해설 63쪽

주변의 자극을 느끼고 받아들이는 기관을 감 각 기 관 이라고 해요.

자극이 전달되고 반응하는 과정

감 각 기 관 (날아오는 공을 봄.)
→ 자 극 을 전달하는 신경계 (공이 날아온다는 자극을 전달함.)
→ 행동을 결정하는 신경계 (공을 잡겠다고 결정함.)
→ 명령을 전달하는 신경계 (공을 잡으라는 명령을 운동 기관에 전달함.)
→ 운동 기관 (공을 잡음.)

과학 — 혈액이 돌고 도는 순환 기관

혈액이 이동에 관여하는 심장과 혈관을 순 환 기 관 이라고 해요.

순환 기관

심 장 — 펌프 작용으로 혈액을 온몸으로 순환시키는 역할을 함.

혈 관 — 혈액이 이동하는 통로 역할을 함.

사회 — 여섯 대륙과 다섯 대양

지구는 5 대 양 6 대 륙 으로 이루어져 있어요.

지구 — 대 양 : 태평양, 대서양, 인도양, 북극해, 남극해

지구 — 대 륙 : 아시아, 아프리카, 유럽, 오세아니아, 북아메리카, 남아메리카

사회 — 대한민국의 영토, 독도

동해 한가운데에 자리잡고 있는 섬인 독 도 는 선박의 항로뿐만 아니라 군사적으로도 중요한 위치에 있어요.

독 도

위치 — 우리나라의 동쪽 끝에 있는 섬. 울릉도까지 거리 87.4 km

자연환경 — 독특한 지형과 경관을 지는 화산섬

개인 — 조선 시대, 안용복이 일본에 가서 울릉도와 독도가 우리 영토임을 확인받음.

독 도 지키려는 노력

정 부 — 독도의 생태계 보호를 위해 여러 법령을 시행함.

민간 단체 — 독도를 알릴 수 있는 홍보 활동 등을 다양하게 함.

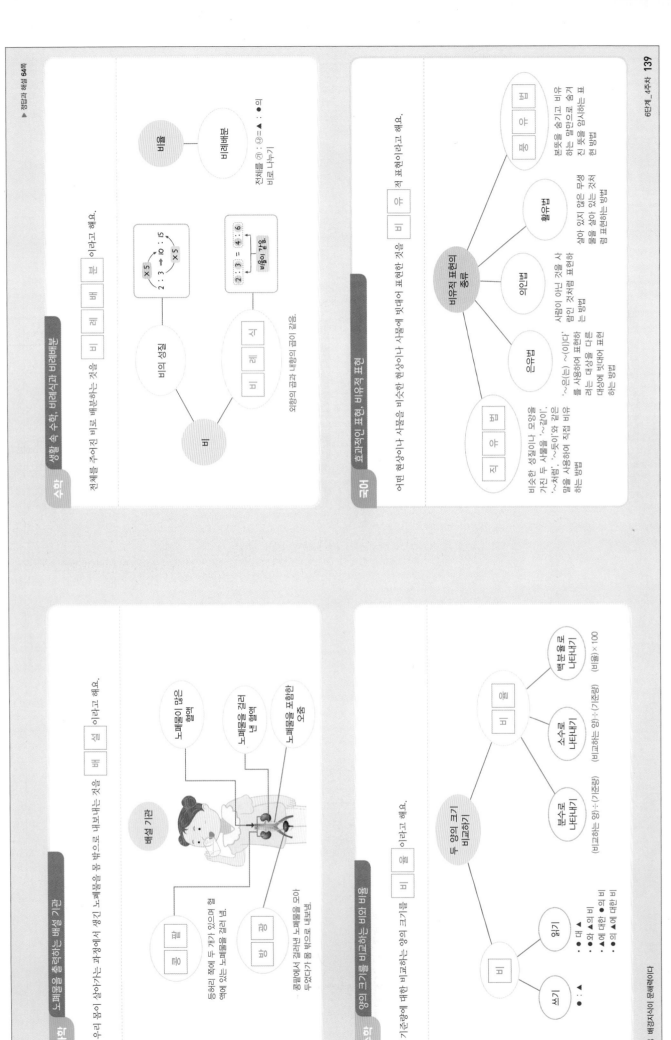

▶ 정답과 해설 64쪽

정답과 해설